GETTING TO MAYBE
HOW THE WORLD IS CHANGED

# 誰が世界を変えるのか

## ソーシャルイノベーションはここから始まる


フランシス・ウェストリー
ブレンダ・ツィンマーマン
マイケル・クイン・パットン
Frances Westley, Brenda Zimmerman & Michael Quinn Patton

エリック・ヤング［序文］
Foreword by Eric Young

東出顕子［訳］
Translated by Akiko Higashide


英治出版

――この本は、英雄や聖人、完璧主義者のための本ではない。この本は、世の中の現状に不満があり、変化を起こしたいと思っている、ごく普通の、欠点のある人々（誰にでも欠点の一つや二つはあるものだ）のために書かれた本だ。普通ではない結果を生みだしたいと思っている、ごく普通の人々のために。

# GETTING TO MAYBE

## How the World Is Changed

*by*

Frances Westley, Brenda Zimmerman, and Michael Quinn Patton

with a Foreword by Eric Young



Japanese translation published by arrangement with
Random House Canada, a division of Random House of Canada Limited
through The English Agency (Japan) Ltd.

# 誰が世界を変えるのか

ソーシャルイノベーションはここから始まる

# 序文――エリック・ヤング

希望を抱いて、ここから出発するすべての人へ

チェコスロバキアの大統領になるずっと前――自分が大統領になるとは、それどころか、最愛の国に民主主義が復活するとは、思いもしなかったころだろう――共産主義体制にさからって人権運動をした罪で四年半にわたって刑に服し、まだ獄中にいたとき、ヴァーツラフ・ハヴェルは、妻オルガへの手紙で、希望についてこう書いている。

「希望とは、精神の一つのあり方だ。私たちの外ではなく、私たちの中にあるものだ」

数カ月後にはこうも記している。

「考えれば考えるほど、この世でいちばん大切なことは、希望と人生そのものへの信頼を失わないことだ、という思いが強まっていく……これは、この世の恐怖に目を閉じるという意味ではない――まったく正反対だ」

また、ハヴェルは希望と楽観の決定的な違いを指摘している。

「希望とは、何かがよくなるという確信ではない。実際の結果にはかかわりなく、何かが意味をもつという確信だ」

ハヴェルの人生とその知恵は、どうしようもない世界を変えたいと思っているすべての人々に、大切なことを教えてくれる。

もう一つ例をあげよう。一五世紀半ば、ヨーロッパ人がアメリカ大陸を発見する前の数十年間、人々は世界の終末が近いと信じていた。終末論的な世界観が広がっていたのだ。当時の権威ある世界の歴史書『ニュルンベルク・クロニクル』には、せまり来る終末の兆候や前ぶれを読者が記入するための白紙のページがあった。

もちろん、世界の終末は近づいてなどいなかった。黄金の国インドもなかった。そして、コロンブスが地球球体説を信じて海にこぎ出したとき、すべてが変化した。想像のつかない未来が、形をもちはじめたのだ。

歴史から何かを学べるとすれば、それは、どんなに頑強な世界でも、ほんとうに変わるということだ。変化――驚きに満ちた、ときには革命的な変化――はほんとうに起こる。ときとして世界はほんとうにひっくり返る。そして、夢のまた夢だった未来が過去になる。

## チェンジメーカーの時代

私たちは、切実に変化が求められ、望まれる時代に生きている。このまま同じ道を進みつづけることはできない。今日の世界を苦しめている深刻な環境問題や社会問題を、無視することはできない。それは人類を破滅させるかもしれないからだ。私たちの社会のほころびや、快適な生活にめぐまれている人々と貧困に押しつぶされて生きている世界各地の大勢の人々との間の裂け目を、無視することはできない。

いまが重要なときだ。私たちはチェンジメーカー（変化を生みだす人）にならなければならない――有能なチェンジメーカーに。

過去二〇〇年以上、人間社会は、蒸気機関からマイクロチップまで、「もの」をつくるという課題のために、すぐれた創意工夫や技能、組織や制度を発展させてきた。これからは、「変化」をつくるという課題についても、同じくらい熟達しなくてはならない。これは現代人にとって必要な能力だ。

実際に、変化という課題は、さまざまな人々を惹きつけており、その数はここ数年、増えつつある。社会変革や社会起業（ソーシャルアントレプレナーシップ）の分野の最近の成長ぶりはめざましい。それは私たちの直面している課題が緊急のものであることを証明しているし、社会変革が時代の主流《メインストリーム》になってきたことを表してもいる。

だが、とても複雑で手に負えそうにない社会問題に、どう向き合えばいいのだろう？　現状を不安がって批判するだけの人や、明るい未来をただ願うだけの人ではなく、大きな変化を生みだす、口先だけではない有能な人になるには、どうしたらいいのだろう？

こうした疑問に答えることを本書はめざしている。

単純な法則はない。重大で意義深い社会変革――ソーシャルイノベーションを起こすには、「複雑系《コンプレックス・システム》」を理解し、それに対処することが必要だ。複雑系の世界は、じっとして動かないどころか、それ自体の論理と生命をもち、自己保存のために戦う、まるで生き物のようなものだ。だが、そうした複雑系の「性質《ネイチャー》」に対して、すすんで心を開くなら、可能性に満ちた世界を見いだすことができる。

本書は、可能性の技術《アート》、可能性の科学、可能性の体験についての本だ。最大の目的は、世界を変える方法を変えることだ。数々の事例から、変化というものは、促すことはできても、強引に動かすことはできないプロセスのようだということが見えてくる。いきいきと描かれた複雑系の科学の事例を知ることで、違うレンズで世界を見ることができるようになり、ものの見方が根底から変わる――複雑性を、障害としてではなく、機会としてとらえられるようになるのだ。

## 本書ができるまで

私は、著者たちから本書誕生のきっかけについて何か書くように頼まれたわけだが、そのいきさつは一九九九年の秋にさかのぼる。デュポン・カナダ社の役員が、同社のコーポレート・シチズンシップ〔企業市民としての社会貢献〕の向上を手助けしてほしいと依頼してきたのだ。有意義な社会運動に助成金を出すだけの活動には興味がない、と彼は言った。これまでとは大きく異なる社会貢献の方法を探したいということだった。

社会起業にたずさわってきた人間として、私はデュポン社に、ソーシャルイノベーションに関する研究活動を支援することを勧めた。社会のあり方を大きく変える効果をもつような、新しい考え方や新しいスキルの研究・開発を支援してはどうだろう、と。

デュポン社は私のコンセプトを理解しただけでなく、飛びついてきた。非営利セクターのリーダーたちとの会議などを経て同社は、マギル大学と共同で、二〇〇二年にマギル-デュポン・ソーシャルイノベーション・シンクタンクを設立する。

その最初のメンバーとして招かれたのが、本書の著者の一人フランシス・ウェストリーだ。彼女は、非営利組織向けのMBAコースの策定者だった。彼女は優秀な学者仲間二名、のちに本書の共著者となるブレンダ・ツィンマーマンとマイケル・パットンを誘った。二人は学識が豊かなだけでなく、社会変革の最前線で非営利組織や公的機関と仕事をした経験も多い。マギル大学の大学院生も研究員として加わることになった。これに私ほか数人が加わり、ソーシャルイノベーションについての研究をスタートした。

私たちは雑種のチームであり、雑種らしい形で活動した。一人ひとりの貴重な経験から生まれたアイディアや洞察、直感をもち寄った。変革のプロセスについての理論を求めて、さまざまな異分野の学問に目を向けた――生物学、生態学、行動心理学、経営学、ネットワーク分析、カオス理論、複雑系の理論。また、成功したソーシャルイノベーションのさまざまな事例を調べ、共通のパターンを探った。すぐれた社会起業家に意見を聞き、生きた経験からヒントを得た。また、ヘンリー・ミンツバーグ、C・S・ホリング、ウィリアム・アイザックスなど、世界を牽引する思想家にも協力を仰いだ。

本書は、各分野で活躍している専門家との、そのような啓発的な話し合いから生まれた。

私たちを突き動かしたものは、何か確かなものを生みだせるかもしれないという考えではなく、希望が希望を生みだせるかもしれないという希望だった。重要な社会変革のケーススタディから、変革のプロセスに関するさまざまな知識を得られるという希望だった。

私たちは、ものの見方は行動を変えられると信じている。考え方は実践に影響を与え、実践は進歩に影響を与えられると信じている。シンクタンクでの成果と、学者として、実践家としての豊富な経験を活かして、フランシス、ブレンダ、マイケルは、本書を完成させた。

## 希望とともに

本書の原題は *Getting to Maybe*（「かもしれない」をめざす）だ。この言葉は、一見、風変わりなものに思えるだろうが、希望と大きな可能性という意味が込められている。Maybe（かもしれない、もしかしたら）は、私たちと世界の根本的な関係を、とても正確に表しているのだ。それは、時間がカギとなる関係であり――前方にあるものとの関係であり、次々に広がり、明らかになっていく関係だ。

前方に広がる世界は、私たちを呼び、私たちに判断を強い、私たちに行動を命じる。世界が私たちに命じるのであり、私たちが世界に命じるのではない。

それでも――世界は変わる。

だから、「かもしれない（Maybe）」は、勇気、創意、冒険のための力強い言葉だ。

もしかしたら、そう、もしかしたら、私たちは、生物を絶滅から救い、病気や暴力がはびこるのを防ぎ、貧困と屈辱から人々を救いだし、偏狭な観念を打ち破り、傷つきやすい地球にかける負荷を軽くする方法を、見つけることができるかもしれないのだ。

「かもしれない」には何の保証もない。チャンスがあるだけだ。しかし、変化をめざした人々――海を越えて新大陸を発見するために、奴隷制を終わらせるために、女性が参政権を手にするために、月面を歩くために、ベルリンの壁を打ち破るために立ち上がった人々――が、この世界でもつことのできた勝算は、つねに「かもしれない」だった。

「かもしれない」は慎重な言葉ではない。受け入れたくない現状に向き合い、けんか腰で可能性を主張する言葉だ。そして、本書を読めばわかるように、世界を変えることはできるのだ。なぜなら、既存のシステムをこり固まったものにし、変化を妨げている、とても複雑な「相互関係」の力は、変化を促すために利用することもできる力だからだ。

「かもしれない」は希望を意味している――自己満足に浸っている人やシニカルな人ではない、すべての人にとって。

本書を、そのすべての人にささげる。

――エリック・ヤング・エンタープライズ会長　エリック・ヤング

二〇〇六年六月、ブリティッシュコロンビア州クワーイにて

誰が世界を変えるのか　目次

## 第4章 強力な他者

■ 原注は本文脇に番号をふって巻末に掲載。訳注は本文内に〔　〕で示した。
■ 引用されている文献には邦訳のあるものもあるが、訳文はいずれも独自に訳出した。
■ 原書では第2～7章の各章末に社会起業関係者へのアドバイスが記されているが、本書では、話の流れを重視し、これらを265ページからの付録としてまとめた。
■ 主なキーワードについて本書では以下のように訳出した。
● social innovation：「ソーシャルイノベーション」
● social change：「社会変革」
● social transformation：これも「社会変革」とした。transformation単独のときは文脈に応じて「変化」「変容」「転換」。changeとほぼ同義で用いられている。
● social entrepreneur：「社会起業家」
● social innovator、change-maker：いずれも原書ではsocial entrepreneurとほぼ同義で用いられている。そのため訳文では日本で定着している「社会起業家」を多用し、文脈に応じて「ソーシャルイノベーター」「チェンジメーカー」とした。
● system：「システム」。一般に「制度」「仕組み」「機構」「系」などさまざまな訳語が当てられるが、本書では規模の大小や物理的実体の有無を問わず、ある状態を現出させている場やパターン、構造、力学を指している。基本的にすべて「システム」と訳した。
● complex system(s)：「複雑系」
● simple／complicated／complex：「単純／煩雑／複雑」
● element：「(構成) 要素」。システムを形作るもののこと。
● agent：「行為者」。システムの構成要素のうち主体性のあるものを指す。
● adaptation, adapt：「適応（する)」
● behavior：「ふるまい」
● global／local：「大域的／局所的」、一部「グローバル」「ローカル」とルビをふった。
● emergence, emergent, emerge：「創発（的、～する)」

(編集部)

私たちがもっとも深く恐れるのは、自分が不十分な存在であるということではない。私たちがもっとも深く恐れるのは、自分が計り知れないほど力に満ちた存在であるということだ。私たちをもっとも怯えさせるのは、私たちの闇ではなく、光である。私たちは自問する。「自分が優秀で、素敵で、才能豊かなすばらしい存在になんてなれるだろうか」と。だが実際、なれないものなどあるだろうか。……端役を演じるのは世の中のためにならない。まわりの人々に遠慮して身を縮めていても何の意味もない。私たちは誰もが、子供がそうであるように、輝く存在として生まれたのだ……一部の人だけでなく、すべての人が。自分自身の光を放つとき、私たちは自然に、他者が同様に輝くことを受け入れる。自分自身の恐れから解放されるとき、私たちの存在は、必然的に、他者を解放する。

マリアン・ウィリアムソン『愛への帰還』

暮れ初めの灯りをつけよ
僕らの安息の部屋のように
そして　ささやかな訳あって
想像の世界が究極の善であると考えよ

ウォレス・スティーヴンズ「内なる情人の最後の独白」

第1章

# 暮れ初めの灯り

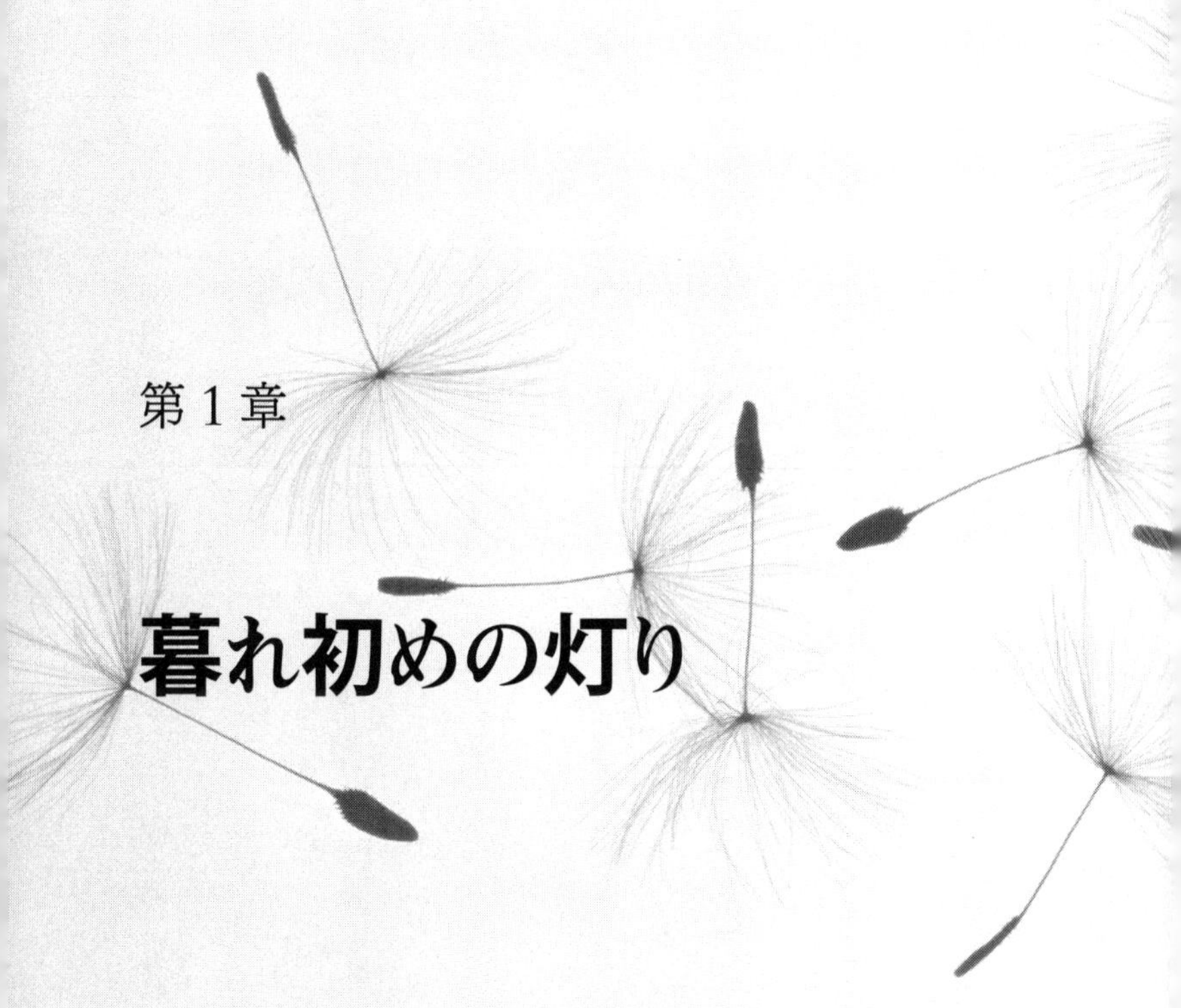

# THE FIRST LIGHT OF EVENING

一九八四年から一九八五年秋にかけて、アイルランド出身のロックバンド〈ブームタウン・ラッツ〉のボーカリスト、ボブ・ゲルドフは、エチオピアの飢餓救済のために六〇〇〇万ポンド以上のお金を調達した。[1] 彼はイギリス・ロック界のスターたちを集めて〈バンドエイド（Band Aid）〉を結成し、まずリリースしたシングルを大ヒットさせた。そして、大西洋をまたいでイギリスとアメリカ両国での演奏を一七時間にわたって生中継するという空前の規模のチャリティコンサート、〈ライブエイド（Live Aid）〉を企画したのだ。

ゲルドフは、エチオピア飢餓を報じたBBCのドキュメンタリーを見て、その救援に立ち上がる決心をした。ライブエイドの成功には実に多くの人々が貢献したが、活動のビジョンを描いたのはゲルドフ自身だ。

ライブエイドは、国境を越えたロックコンサートのあり方を示しただけではない。チャリティ活動の新しいすき間市場《ニッチ》——若者たち——を開拓し、また政府や非政府組織（NGO）の援助を現地に届けるシステムにも異議をとなえた。すでにある支援組織のノウハウや物流システムを活用しつつ、これまで救援物資の到着を遅らせてきた官僚的な手続きを大幅に簡略化したのだ。

ライブエイドでアフリカの飢餓問題が解決したわけではなかったが、ゲルドフはその革新的な社会貢献を多くの人から高く評価された。ナイトの称号を授与されたほか、数々の賞を受賞し、一九八六年にはノーベル平和賞にもノミネートされた。

にもかかわらず、彼は多くの点で、うさん臭いヒーローだった。本人も認めているように、すさんだ生活を送った過去があり、音楽以外には努力らしい努力をしたことがない、ちょっとばかり名の売れただけのミュージシャンだ。貧しい生まれで、ろくに教育も受けていない。あるジャーナリストがこう書いている。「神がドアをお開けになって、このみすぼらしいアイルランド人をご覧になり、おっしゃったのだ。『かまうものか、あの男でよい』」

そう、そのとおりだった。

## ブラジルはなぜ変わったのか

一九九七年、世界銀行は、HIV感染者・AIDS患者数は世界全体で三〇〇〇万人、その九〇%が発展途上国の人々だという推計を出した。[2] 国連の統計では、その数字は二〇〇四年にすでに四〇〇〇万人に達しており、以降二〇年間でさらに二〇〇〇万人増えると予測されている。いちばん深刻なのは南アフリカ共和国で、感染者数がどの国よりも多い。

どの調査結果でも、南アフリカとともにリストの上のほうに記されるはずだったのがブラジルだ。一九九〇年のブラジルのHIV感染者・AIDS患者数は南アフリカの二倍近くあったし、世界銀行の調査では、二〇〇〇年代になるころにはその感染率は天井知らずになると予測されていた。世界銀行の研究員たちは、予防に集中するようブラジルに勧告した――つまり、流行を食い止めるまでは予防を優先すべきであり、既存の感染者全員が死亡したとしてもやむをえない、ということだ。[3]

二〇〇〇年代に入ると、予測どおり南アフリカのHIV感染率は四人に一人となった。しかし、ブラジルでは奇跡が起きていた。感染率が〇・六%に下がったのだ（一六〇人に一人）。現在、ブラジルはHIV／AIDSと闘う発展途上国の模範として喧伝されている。

この奇跡は、どのようにして起きたのだろう？

人々をやる気にさせたカリスマ的なリーダーがいたわけではない。政府の官僚から地域コミュニティのリーダーまで、あらゆるブラジル人が力を合わせて、HIV／AIDS制圧の大原則「貧しくても、地位が低くても、無学でも、誰一人として見放さない」を遂行したのだ。貧困層の権利向上と社会全体の自由創出の大切さを説くカトリック信仰の一種「解放の神学」〔神は社会的・政治的圧迫からの解放のために在るとする〕が、ブラジル社会には浸透している。

医療従事者《ヘルスケアワーカー》は、治療費の支払い能力にかかわらず、誰でも必ず治療を受けられるようにすることをめざし、外部の識者やHIV／AIDS専門家のなかから、埋もれていた人材を探しだした。教会や慈善団体のボランティアの人々は、医療のエキスパートとともに働き、むずかしい多剤併用療法の手助けをしたり、感染予防の知識を広めたりするうえで貴重な役割を担った。政府レベルでは、「国家的な緊急時にはジェネリック薬〔後発医薬品。特許権者以外の製造者が（特許権の期限切れ後に）つくる薬〕をつくる権利を認めるべきだ」という主張が国際貿易協定の条項を盾にして法律論争に勝ち、HIV／AIDS治療薬の価格を下げることに成功した。

感染予防知識の普及にあたって、ブラジル人は恐怖心に訴えるのではなく、ユーモアを使った。コンドームでつくったコスチュームを着たピエロがコンドームつきの棒キャンディを配り、楽しくて覚えやすい方法でセーフ・セックスのメッセージを浸透させた。コンドーム型のテーブルに三人の美女が座っている、冗談めかした屋外広告もあった。美女それぞれの頭上には〈Sim〉〔ポルトガル語でYesの意味〕という吹き出し。つまり、コンドームを使う男性なら三人ともイエスと口をそろえるというわけだ！

こうしたキャンペーンは、諸外国の大半で見られる「コンドームを使うか、死を選ぶか」といった強い調子のものとはきわめて対照的だった。ブラジル人が、「誰一人としてAIDSで死なせたくない」と思っていたのはまちがいない。だが彼らは、若者を意識した。若者はHIVに感染する危険性がもっとも高く、しかも怖いもの知らずで死についてなど考えようともしないし、セックスに際してはなおさらそうだ、と判断したのだ。

## 複雑性は可能性を意味する

ライブエイドは奇跡のような出来事だった。感激して、あるいは「自分にはとてもそんな能力はない」という思いで、彼らを英雄視するのは簡単だ。偉大な、歴史の流れを変える力のあるヒーローだからできたのだ、と。だが、こう問いたい。

ボブ・ゲルドフがこれを一人でやったなんて！　いったいどうやって？

ゲルドフとその周囲に何が起きて、あんなすごいことができたのだろう？

彼自身はこう語っている。

「一週間前はピクリともしなかったドアが、苦もなくスーッと開いたのさ」

何かよいことをしようと思いついても、たいていはソファから立ち上がる前にうやむやになってしまうものだが。ゲルドフはどのように実行したのだろう？

ブラジルでは、さまざまな取り組みが功を奏し、悲劇の一歩前から大勝利に転じた（少なくとも現時点では）。だが、いったい誰がそれを導き、誰が従い、何が障害となり、何が転機となったのか？　多くの個人の努力がどのようにしてこんな結果につながったのか？　この奇跡を生みだしたのは誰なのか？

本書はこうした疑問に答える本だ。不可能を可能にする方法を解き明かす本だ。冒頭の詩のように「暮れ初めの灯り」に「究極の善」を想像するだけでなく、それをつくりだせる世界について語る本だ。

どんなソーシャルイノベーション（social innovation）においても、何か根本的に新しいことが起こる。それを起こすには、まず何よりも、「どんな難問でも解決できる」という信念が不可欠だ。また、行動する勇気のある――ただし完全である必要はない――個人または集団が必要だ。行動を可能にする機が熟すことも欠かせない。

ポイントは、こうしたすべての要素の「関係」を、よく見ることだ。よく見るためには、多くの場合、考え方を変えなければならない。これから述べるように、世の中を「単純（simple）」なもの、あるいは「煩雑（complicated）」なものとして見るのをやめるのだ。社会変革を理解するには、世の中を、「複雑（complex）」なものとして見なければならない。そのため本書は「複雑系（complex system）」の考え方についても、かなりのページを割いている。

これまで人々は、世の中の動きを機械にたとえるような見方をしてきた。「ものごとが時計のように規則正しく進む」とか「油をさした機械のように円滑に」などと表現するし、人間をマネジメント「ツール」を使う人的「資源」と呼んだりもする。機械にたとえることで、たいていは無意識のうちにだが、社会や人の仕事の「生きている」側面を無視してしまう。

複雑系の科学は、世界をありのままに受け入れる。つまり、予測のつかない、創発的《イマージェント》で、進化の途上にあり、柔軟性があるもの——少しも機械らしくないもの——として受け入れるのだ。複雑系の科学は、「世界は機械のようにコントロールすることはできないが、だからといって私たちは無力ではない」ということを示唆している。「世界はどう変わるか」を見抜く力をもつことで、変化を形づくる取り組みに、積極的に参加できるようになる。

人間から株式市場、グローバルな組織まで、あらゆる複雑系は、それを構成する個々の部分を見るだけでは説明できないふるまい《ビヘイビア》をする。「全体」は「部分」の総和ではない。身体のパーツを一覧表にしてみても、人間の身体を完全に理解することはできない。組織図が組織の表面を語るにすぎないのと同じことだ。

複雑系では、「関係《リレーションシップ》」がカギとなる。複雑系がどう動くかは関係によって決まる。組織とは、組織内の関係から成るものであり、フローチャートから成るものではない。この認識はきわめて重要だ。このように認識することで、「複雑なこと」を、「単純なこと」や「煩雑な（煩わしい）こと」と異なるものとして理解できるようになる〔本書で「煩雑」とは、「込み入ってはいるが、個々の要素に分解できる」ことを意味する〕。

ところが、私たちは、複雑《コンプレックス》な社会問題について、単純《シンプル》な解決策を待ち望み、フリーサイズの服のように何にでもあてはまり、測定可能な結果が出せる、機械的な解決策に惹かれてしまいがちだ。そしてしばしばこう感じることになる。「私たちが政治的・文化的・個人的に直面している壁は、あまりにも大きく、頑丈だ。それを乗り越えて社会を変えようと前向きに行動することなんてできない」と。また、よく使われる「複雑」という言葉は、政治家や人々が責任を放棄するときの言い訳のように聞こえるかもしれない。

しかし、複雑系の理論の登場は、「複雑」は可能性を意味するのだという驚くべき事実を明らかにした――本書の序文でエリック・ヤングが鮮烈な言葉で記したように。

## 単純、煩雑、複雑

私たちが人間として直面する課題のなかには、単純なものもある。たとえば、ケーキを焼くという課題だ。レシピどおりに、正確に材料を計量し、正しい順番で材料を混ぜ、オーブンを正しい温度に設定し、タイマーが鳴ったらケーキを取りだせば、まずまずの結果が得られる。ケーキを焼くという行為には、はっきりした因果関係がある。基礎的なスキルを磨いて、くり返すことで習得できる。何度も試行されたレシピが、過去にうまくいき、おそらく今後もうまくいく手順を示してくれるので、はじめてケーキを焼く人でも成功する可能性が高い。人間組織にあてはめて考えてみると、工場の組み立てラインに、似たような「レシピ的」な性質がある。

一方、月にロケットを送るという課題は、いうまでもなく、単純ではない。専門性が必要だし、専門家たちを協調して働かせるにも、それを専門とする人材が必要になる。公式や最新の科学理論にもとづいてロケットの軌道を予測しなければならないし、条件によってどれだけ燃料がいるかも計算しなければならない。これは煩雑《コンプリケイテッド》な問題ではある。しかし、あらゆる仕様を整え、あらゆるテストを実行し、調整・通信システムが精巧に機能して、すべてが正しい順序で実行されれば、よい結果を得られる可能性は高い。しかも、月にロケットを送るのに一度成功すれば、次も成功する確率が高くなる。

ところが、子育てとなると複雑《コンプレックス》だ。ケーキを焼いたり、月にロケットを送ったりするのとは違って、成功を保証するはっきりした法則はない。子供を一人育てれば経験にはなるが、下の子も同じやり方でうまくいくとはかぎらない。これは親なら誰でも知っている。そこで親は専門家の書いた育児書に頼るわけだが、マニュアルというのはどれも不思議なほど、あてにならないようだ。というのも、子供は一人ひとり違った存在で、個人として理解しなければならないからだ。さらに、子供は親の手が及ばないさまざまなものの影響を受けながら成長し、変化していく。小麦粉は急に心変わりなどしないし、重力はつねに一定だ。だが、子供は自分自身の心をもっている。だから、子育てはつねに「相互作用（interaction）」だ。親だけでできることはほとんどない。ほとんどいつも、親と子は相互に作用し合って結果を出すのだ。

ソーシャルイノベーションを成功させるには、三つの問題すべて――単純なもの、煩雑なもの、複雑なもの――を考えなければならないが、理解がいちばん不足しているのは「複雑な問題」だ。

表● 単純、煩雑、複雑の違い [4]

| 単純〔simple〕 | 煩雑〔complicated〕 | 複雑〔complex〕 |
|---|---|---|
| ケーキを焼く | 月にロケットを送る | 子供を育てる |
| レシピが不可欠 | 厳密な計画や公式が必要 | 厳密な計画は部分的にしか役に立たないか逆効果 |
| レシピは誰がやってもうまくいくように検証済 | 一度ロケットを月に到達させれば次回からの成功率が向上 | 子供を一人育てれば経験にはなるが、下の子もうまくいく保証はない |
| 特別な専門能力は不要だが、経験を積めば成功率が向上 | 成功させるには多様な分野の高度な専門能力とトレーニングが必要 | 専門能力は役立つこともあるが、すべての子供に有効とはかぎらない |
| レシピがよければ毎回ほぼ同じケーキが焼ける | ロケットの成功条件は毎回**必ず**同一 | 子供は唯一無二の存在、個として理解しなければならない |
| 最良のレシピがあれば毎回よい結果を出せる | 結果の確実性が高い | 結果の不確実性が残る |
| よいレシピがあれば、必要な「パーツ」の量と種類がわかり、パーツを結合する順番も特定されるが、実験して改良する余地はある | 成功の可否は個別のパーツの開発・改良を方向づけ、パーツの組み立て方、つまりパーツどうしの関係を特定する青写真にかかっている | 全体から部分を分離できない。本質は個別の人間、個別の体験、個別の時が同調する関係にある |

そして、ソーシャルイノベーションがどのようにして起きるかを理解するうえで、根本的に重要なのが「複雑性」だ。

ライブエイドも、ブラジルのＨＩＶ／ＡＩＤＳの奇跡も、複雑な相互作用によって生まれたものだ。個々の人間、個々の行動、個々の組織がそれぞれの役割を果たしたが、これらの要素の間には、とらえがたい関係性の法則があり、その活動《イニシアティブ》にそれ自体の命を与えるような力がある。複雑系は「関係」から成り立っている。関係は、ものごとの間に成り立っている。私たちは個々のものごとを指し示すことはできるが、関係を指し示すことはできない。関係とは、目には見えにくいものなのだ[5]。

複雑な問題が、ただ煩雑な、あるいは単純な問題であるかのように扱われたり判断されたりすると、ひどい結果になることがある。

たとえば、精神疾患に対するいまのアプローチは、症状を抑えるための薬の処方にばかり目が向いている。現実には、具合が悪すぎて処方どおりに薬を飲むことができない患者が多いが、この事実は無視されている。こういう患者に対処するには、接し方の面で、大半の医師にはない力量が求められるからだ。患者のニーズや状況に応じた治療法や支援体制を考えるよりも、投薬療法に従わせることについての専門性ばかりが進歩している。

同じことは学校についても言える。学校というものは、集団教育の効率を上げるようにできている。多様な学習スタイルや能力があることがわかっていながら、それはほとんど無視されている。そして、学習効率の悪い子供を学習障害だと診断し、教育システムを変えるのではなく、子供を治療しようとする。

この二つの例は、どちらも見たところ解決のむずかしい問題だ。そして、煩雑《コンプリケイテッド》な問題に適した方法やツール、研究法や考え方による対処法がとられている。このようなアプローチは、ときには私たちにまちがった安心感を与える場合がある。そうなれば、事態は必然的に悪くなるだろう。

海外旅行、病気の伝染、人口増加や人口移動、グローバルな経済動向などによって世界の相互関係が深まるにつれて、「自分に影響を与える周囲の状況を、自分でコントロールできる」という感覚は小さくなりつつある。それとともに私たちは、変化のスピードと激しさが増しているのを感じている。誰にも行き先のわからない暴走車に乗っているような心境だ。

地球から飛びだして、木星のような、もっと大きい惑星に行ったなら、地球にいたときよりもはるかに大きな重力がかかっていることを痛感するだろう。私たちはいま、木星の重力さながらに、複雑性がかつてなく大きな力を発揮する時代に生きている。私たちの社会・経済システムは、相転移《そうてんい》〔物質が一つの相から別の相に変化すること〕の渦中にある。[6] 自己満足に浸っているぜいたくは、もはや許されない。フランシス・ベーコンが四〇〇年前に言ったように、「新たな救済を求めぬ者は新たな災厄を予期せねばならぬ。時は最大の改革者なのだ」

たしかに、時と時代は、新しい課題と機会を、前例のないグローバルな規模で私たちに提示している。エリック・ヤングはこう述べている。

「確実なことが二つある。（一）二〇年以内、いや一〇年以内にでさえ、世界は大きく変化する。（二）私たちの現在の決断と行動によって、これから出現《イマージェント》する未来が大きく左右される。だが、それがどんな未来なのかについて、確実に言えることは何もない。何でもコントロールしないと気がすまない人には、不向きな時代だ(7)」

一方で、不確実さとともに生きていける人にとっては、悪くない時代だ。複雑性に満ちた時代は、変化の可能性に満ちた時代でもある。複雑性を受け入れる人は、多くの人々が悩んでいる閉塞感や、世の中のシステムは変えられない、飢餓や病気や戦争は避けられないものとしてあきらめるしかない、という感情から、逃れることができそうだ。

## いま自分がいるこの場所が、最良の出発点

リンダ・ランドストロムは婦人服のデザインと製造を手がけている。彼女の日々はファッション一色だった。社会変革の話などありそうにない分野だ(8)。

一九八六年のある日、ランドストロムは自宅で生まれたばかりの娘に授乳していた。赤ちゃんはちょっとぐずっていて、いつもより寝つきが悪かった。ランドストロムが暇つぶしにテレビをつけると、カナダ先住民族《ファーストネイションズ》である指揮者・作曲家のジョン・キム・ベルが映っていて、カナダの先住民族社会の芸術性について語っていた。

ランドストロムは気がつけば夢中になっていた。オンタリオ州北部の鉱山町、レッドレイクで過ごした子供のころの記憶、そして故郷の先住民族に対する人種差別の記憶が、津波のように押し寄せてきた。涙があふれ、とまらなくなった。

子供のころだから、故郷にはびこっていた人種差別について、特に意識したことはなかった。一七歳で家を出てから町に帰ったこともない。それでも彼女は、ジョン・キム・ベルが直接自分に語りかけているような気がしたし、自分が思っていた以上に人種問題を気にしていたにちがいないと感じた。

起業家は、競争心が強いものだ。ランドストロムも例外ではなかった。一五歳のときのことだ。レッドレイクと近隣の町で、地域を代表する少女を選ぶコンテストが開催された。ウィンターカーニバル・ダンスのチケットをいちばん多く売った少女が優勝し、ウィンターカーニバル・クイーンになるのだ。ランドストロムはクイーンになりたかった。しかし競争は激しく、レッドレイクは競合する町のなかでいちばん小さな町だ。売り上げを伸ばすには、誰も使ったことのない手を考えなければならない。

レッドレイクのほとんどの家が、鉱山会社の社宅だった。どれもみな外見は似たり寄ったりだ。ただ、先住民族の人々は鉱山側に、白人は反対側に住んでいた。毎日、先住民族の子供たちは鉱山を迂回して歩き、反対側にある学校に通う。白人の子供たちは鉱山側には立ち入らない。

ランドストロムは、先住民族の人々にもチケットを売って販路を拡大しようと思いついた。そして、両親には内緒で〈ハイアワサ通り〉に向かった。白人がそう呼んで軽蔑している、先住民の集落がある界隈だ。

一軒目では、白人の少女が玄関先にいるのに驚いた女の人が出てきた。ランドストロムはその人の肩越しに家のなかを見て、もっと驚いた。水道も電気もなく、壁紙もなかったからだ。次々に家をまわったが、どこも同じだった。鉱山会社は、先住民族の従業員にも社宅を提供し、すべての従業員を平等に待遇しているかのように見せかけていた。だが、うわべだけの家だったのだ。

ランドストロムは、ドアを開けてくれた先住民たちには一人残らずチケットを売り、ウィンターカーニバル・クイーンになった。しかし、ダンスに現れた先住民は一人もいなかった。

ジョン・キム・ベルの番組を観て、ランドストロムはあの〈ハイアワサ通り〉に引き戻されたような気がした。だが、もうティーンエイジャーではない。三〇代半ばの、実力のある、成功したビジネスウーマンだ。あの若いころの経験を「忘れていた」と思うことはできなかった。自分も人種問題の当事者の一人であり、だからこそ見て見ぬふりをしてはいけなかったという良心のとがめは、涙がかわいたあとも消えなかった。

数日後、どこかで何か始めなければならないと決意した。ランドストロムは、ボブ・ゲルドフもそうだったように、最良のスタート地点はいまいるところだと直観的にわかっていた。ゲルドフは、自分にできるたった一つの方法で飢餓問題に取り組むことにした。そう、レコードをつくることで。ランドストロムもまた、自分にできるたった一つの方法で人種問題に取り組むことにした。そう、新しいファッションを企画することで。

ランドストロムはジョン・キム・ベルに電話をかけた。彼が創設したネイティブ・アーツ財団（現ナショナル・アボリジナル・アチーブメント財団）に寄付を申し出るだけでなく、自分の思いつきを話し合うためだった。

彼女がスポンサーになってアート・コンテストを開催していく話がまとまった。入賞したアーティストの作品は、伝統的なイヌイット・パーカ（フード付きの毛皮製ジャケット）ふうのコートの装飾に採用する。その先住民のモチーフを施したコートには、それぞれアーティスト名とデザインの意図を記したカードも添える。

また、ランドストロムは、故郷の先住民に会うためにレッドレイクに里帰りした。女性たちの手によるビーズ細工に感嘆し、自社製品に使うアクセサリをつくってくれないかと依頼した。定期的に集まってビーズをつくることになった女性たちは、やがて自分たちを〈ビーズワーカーズ〉と呼ぶようになった。ランドストロムの目標は、生計を立て、事業を起こす機会を先住民に提供することだったが、彼女は〈ビーズワーカーズ〉の社会的影響の大きさに驚くことになった。ビーズをつくる女性たちは、その集まりを互助的な組織に発展させ、自信をつけ、社会的な発言力を高めていったのだ。

そのファッションビジネスが成長するにつれて、ランドストロムの意見は世の関心を集めるようになった。コミュニティや業界団体に招かれてスピーチをする機会が増えていく。ここぞとばかりにレッドレイクで育ったころの体験や人種問題に取り組む使命感について話した。オープンに正直に話せば話すほど、ますますスピーチの機会が増えた。

彼女はスピーチの謝礼でキーシク基金〔Kiishikは太陽・光の意味。またレッドレイクの先住民に多い姓〕を設立した。基金の目的は、学校で先住民の言葉や芸術、伝統を体験させ、子供たちに先住民族について学ばせることだ。また、先住民族の子供たちのために、大人や教師とともに森林を歩いて先祖について学ぶ体験学習プログラムも提供している。

ランドストロムは読書家でもなければインテリでもない。ただし、人生という学校の卒業生だ。その地域活動への称賛は高まるばかりで、コミュニティづくりに貢献したことが認められて二つの大学から名誉博士号を授与され、国内外いくつもの賞を授賞した。それでも彼女は、二〇年の活動は人種問題にささやかな一石を投じたにすぎないと言うだろう。

ゲルドフと同様、ランドストロムも宣教師のような人物ではない。自分の能力に大きな自信があったわけでもない。ただ、ほかに選択肢がなかったからそうしたのだ、と彼女は思っている。行動を起こさずにいたら、自分が正しくないと思っているシステム〔社会のあり方や構造〕の一部になっていた。だから、自分にとっていちばん手っ取り早そうな方法で、行動を起こしたのだ。たった一人で、成功の保障もないのに。

彼女にとって意外だったのは、反応が好意的だったことだ。先住民族の女性職人たちが同意し、各界のリーダーたちが彼女の考えを支持し、アイディアは泉のようにわき出て、広がった。こうして社会変革は起きるのだ。

## 結果を予測できなくても

ラスティ・プリチャードと妻のジョアンナは、最初の子が生まれると、ちょっと変わった決断をした。ジョージア州アトランタの安全で芝生が青々とした郊外に引っ越すのではなく、市の中心部の、ドラッグや売春で悪名高いスラム街に家を買ったのだ。(9)

ラスティはアトランタにあるエモリー大学の教授だったが、研究のために近所に引っ越したのではない。その選択は、「自分たちがスラム街に住むというリスクを取れば、地域がスラム街の汚名を返上するうえでささやかな貢献ができる」という信念にもとづく行動だった。

彼らは、社会正義をめざす活動をする、リベラルで進歩的なキリスト教福音派グループに入っていた。メンバーは思慮深くて教養のある人々、アメリカの都市のコミュニティを再生させる決意をもったジョン・パーキンズやボブ・ラプトンのような作家に関心がある人々だった。(10)

プリチャード夫妻は、コミュニティ再生という変革のプロセスを、とても複雑なものととらえていたが、同時に、ともに行動する個人が少人数でも集まれば、システムの力学《ダイナミクス》をくつがえすことはできると考えていた。つまり、ある地域に住む中流層の人々が一定の割合になれば、その地域の暴力やドラッグ使用は減少するだろう、と。

ただし、これは比例的な変化にはならないだろうと彼らは考えていた。中流層がXパーセントになっても何も変化しないのに、さらに一パーセント増えると急に変化するのだ。バケツの水が満杯になれば、水は急にあふれ出る。——プリチャード夫妻はそう信じ、みずからバケツのなかの一滴になろうとしていた。そうすることが、自分たちにとっても住民にとっても住みやすい地域をつくることにつながると信じていた。

ラスティたちの仮定を裏づける研究がある。イリノイ大学のジョナサン・クレインが、企業のマネジャーや専門職や教員など、社会的な地位や役割の高い人々が占める比率が異なるコミュニティを比較し、一〇代の妊娠と学校中退の比率の推移を全米規模で調査しているのだ。[11]

専門職の構成比が五％未満のコミュニティでは、一〇代の妊娠と高校中退の件数が多かった。しかし、専門職の構成比が五％の閾値《しきいち》を超えると、この数は劇的に少なくなったのだ。水が氷になるときのように、五％という値が「相転移境界」だった。五％を境にシステムの変容が起きるらしい。五％からさらに高くなっても、結果はほとんど変わらなかった。ところが、五％をわずかに下回るだけで、中退と一〇代の妊娠の発生率が二倍になった。これは「ティッピング・ポイント（転換点）」といわれるもので、マルコム・グラッドウェルの同名の著作で広く知られている用語だ。

こうした研究の裏づけがあり、また、彼らのほかにもその地域に越してきた中流家庭は数世帯あった。とはいえ、ラスティとジョアンナのしたことは一か八かの賭けだった。なにしろ、これは研究のための実験ではなく、二人の暮らしそのものだったのだ。

二人は、関《エンゲージメント》わりがカギだ――そのようなめざましい変化が起きるとすれば、それは地域内の相互作用による波及効果があってのことだ――と考えていた。引っ越しのあと、ラスティは、何か住民と関わる方法がないかと周囲を見回した。やがて、近所の子供たちのもっている自転車の大半が故障していることに目をつける。土曜日の朝、自宅の前の路上で自転車修理教室を開くことにした。たちまち子供たちが習いにくるようになる。これが始まりだった。

自転車修理クラブは、いまでは高校や、ラスティたちが始めたサマーキャンプのジュニアカウンセラー養成講座にもあり、他の地域の子供たちにも広がっている。ラスティはこう話す。

「若い男女が、他人のために働くことができる、実にいいリーダーになっています！　自転車修理グループは分かち合い《シェアリング》という奇跡をもたらしました。スペア部品、タイヤ、チューブ、補修パッチ、どこからともなく必要なものがたくさん集まり、誰でも使えるようになっています」

また、ラスティはじめアトランタ南部四地域に越してきた中流層の人々は、定期的に集まって、コミュニティの再生について考えるようになった。もちろん、地域には古くからの住民も少なからずいた。かつては、彼らは地域内のつながりももたず、治安の悪さを恐れてひっそりと暮らしていた。しかし、「その人たちがいま、表に出てくるようになり、健全なコミュニティを再燃させるのに欠かせない燃料となっています」とラスティは言う。

ラスティとジョアンナ、そして志を同じくする仲間たちは、みずからコミュニティの燃料となり、(重要なことだが) 意図的な火花となって、良好な社会関係資本《ソーシャルキャピタル》を再燃させたのだ。

これは進行中の物語であり、進行中の変化だ。これは、ソーシャルイノベーションにおいて大切なことの一つと言える。ソーシャルイノベーションに、固定的な住所はない。着いたときには目的地が変わっている。だから、忍耐と根気が必要だ。

誰も、とりわけラスティ本人は、彼の行為自体をソーシャルイノベーションだと賛美したりはしないだろう。だが、ブラジルのＨＩＶ／ＡＩＤＳの奇跡がそうだったように、ラスティは、自分にできる小さな行動によって変化の一部になれると信じる、多くの人々とともに行動している。ラスティとジョアンナは自分たちの良心に従ったわけだが、それをムーブメントのように考えていた。

「なぜやってみようと決心したか、ですか?」ラスティは言う。「いたって単純なことで……ほかには何もできなかったからです。それまで私たちは、〈もらう人／与える人〉という関係のなかで社会正義をめざす教会活動をしていましたが、まったく満足できませんでした。コミュニティの一員になり、学びたかったのです。たとえ、そこに変化が生まれなかったとしても。私たちのグループのメンバーは誰も、答えに到達したとは思っていません。私たちに正義の問いを投げかけつづけるコミュニティに加わっただけだと思っています」

この姿勢が大切だ。ソーシャルイノベーションを起こすには、たとえ結果《アウトカム》を予測できなくても、より変化につながりそうな相互作用《インタラクション》を生みだすことが求められる。ラスティとジョアンナは考え、行動し、忍耐強く待った。こうしてソーシャルイノベーションは起きるのだ。

## 世界の変化の一部になる

本書の目的は、「変化を生みだす《メイク・ア・ディファレンス》」ことを望む人々を結びつけることだ。行動には、必ず時間と場所の制約がある。自分以外の何かになって行動することもできない。こうした明確な制限は、実は、私たちの大きな強みでもある。社会とつながろうとするとき、どんなにささやかな方法であっても、私たちは社会の複雑性とともに存在し、自分自身が変わりはじめるにつれて、身のまわりのパターンを変えはじめる。

ソーシャルイノベーションは、個人と社会システムが出会うところで始まる。関わる勇気、関わりつづける勇気がいる。確実なことも、はっきりしたこともないままに、行動する勇気がいる。ただし、無関心な傍観者でいても不確実性から自分を守ることにはならない。ボブ・ゲルドフもリンダ・ランドストロムも気づいていたように、ある意味では、傍観者でいれば、自分と社会の間の壁は強化されるが、未来はもっと暗くなる。一方、いつ、どのように関わるかに目を向ければ、ラスティとジョアンナや、HIV／AIDSに挑んだブラジル人のように、壁を打ち破ることができる。それだけではない。可能性に関わり、「かもしれない」こと（what may be）に関わる。すると、奇跡としか思えないようなことが可能になる。

社会起業家やチェンジメーカー、ソーシャルイノベーターと呼ばれる人々の目的は、変化を生みだし、社会を変容させることだ。しかし、本書を読んでいくと、社会起業家が活動している世界は、みずから変容しており、世界を変えようとしている社会起業家をも変えていることがわかるだろう。そのため、コントロールするのではなく、あいまいさを許容し、「なせば成る《キャン・ドゥ》」という精神《メンタリティ》を脱ぎ捨て、ビジョンをもちながらも、次々と生じる予測不能な成り行きに柔軟に対応する姿勢が必要だ。ソーシャルイノベーションの成功者は、意図的にしろ、そうでないにしろ、戦いをリードする英雄タイプの人物というより、むしろ変容の力学《ダイナミクス》の一部なのだ。

頼りない話に思えるかもしれない。私たちは、嵐の海を航海する船乗りのイメージよりも、突進する荒馬にまたがるリーダーのイメージを好む傾向がある。馬上のリーダーは自分自身の運命を握っているように見えるが、船乗りは嵐の海に翻弄されるものだ。海はあまりに強大で、力で打ち勝つことはできず、あまりに気まぐれで、予測はあてにならない。

だからこそ、船乗りは天候を読み、天候のパターンを理解し、変化に対応し、船を操ることに熟練しなければならない。つまり、こういうことだ。――現実の世界でソーシャルイノベーションがどのように展開するのかについて、できるだけ敏感になり、その展開に合わせて行動しなければならない。そうすることで、より大きな成功のチャンスが得られるのだ。

複雑系の科学といえば、一般に、ハリケーンや津波のような、予測がきわめてむずかしく、混沌としているものばかりがイメージされている。そして、複雑系の話題のなかでは、「何が起きるかは、ものごとが起きてからしかわからない」「まったく同じものごとは二度と起こらない」という主張によって、無力感や宿命論が語られがちだ。たまたま起きたことをわざわざ解明する意味があるのか？　というわけだ。複雑系の研究者は、単純な因果関係のモデルよりも複雑系のほうが実社会のダイナミクスを描くのに適していると考えてはいるが、人間の力の可能性を軽視、いや無視する傾向がある。

しかし本書では、複雑系の理論から得られるヒントによって、ソーシャルイノベーション成功の可能性を高められると考えている。成功の保証ではない。保証や確実性などないのだ。見込みがきわめて薄そうな状況をくつがえし、ソーシャルイノベーションを成功させるにはどうすればいいか、それを本書は考える。「かもしれない《ゲッティング・トゥ・メイビー》」をめざして――。

## 思考は行動の一形態

意図性と複雑性――この二つの視点は緊張関係にある。何かをしようとすることは、変化をもたらす行為に「意図的に」関わるということだ。一方、複雑系の科学は、人間の意図とは関係のない（というより、人間の意図を無視した）予測不能な創発《イマージェンス》を扱うものだ。この二つの視点が、本書の基本的な問いにつながっている。つまり、どの程度なら、そしてどんな方法でなら、私たちのコントロールや意図にかかわりなく創発するように見えるものごとに対して、意図的・計画的になれるのか、という問いだ。この答えを探す旅に出るにあたって、何か道標はあるだろうか？　いくつか方向づけのポイントをあげておこう。

●**「問い」がカギを握る。**複雑な状況では最終的な答えというものはない。だが、いくつかのカギとなる問いがソーシャルイノベーションの問題を解く手がかりになる。

●**「緊張」と「不確実性（あいまいさ）」が、問いを通じて見えてくる。**ソーシャルイノベーションは緊張を生みだす。いったん理解すれば、望む変化をもっと増幅させるためにこの緊張を利用——単に管理するのではなく——できる。

●**「関係」が重要だ。**ソーシャルイノベーションを成功させるには、関係者全員が役割を果たさなければならない。システムが変化するにつれて、すべての関係者——出資者、政策立案者、社会起業家、ボランティア、評価者——が影響を受ける。変化は、人、組織、コミュニティ、システムの一部、などの間に——「関係」に起きる。

●**ある「マインドセット（考え方）」が不可欠だ。**確実性を求めるのではなく、探求すること。逆説を受け入れ、複数の視点を許容すること。

問い、緊張、不確実性、関係、マインドセット。どれも、熟慮や内省を求めているようだ。イノベーションとは、本質的に行動をともなうものではないのか？　もし、ゲルドフやランドストロム、プリチャード夫妻やＨＩＶ／ＡＩＤＳ撲滅運動に参加した多数のブラジル人が、頭で考えていただけなら、それをイノベーションとは呼ばないだろう。それとも呼ぶだろうか？

私たちは、「思考」と「行動」は別のものだと教えられてきた。だが本書では、思考は行動の一形態だと考える。そして、行動は思考や内省、学びの機会であることを強調したい。複雑系の科学では、ものごとを人がどう考えるかが重要だとされる。社会学には、「人が何かを現実だと認識するとき、その結果としてそれが現実になる」というトーマスの法則がある。本書はこう補足する。「世界をどう考え、どう理解するかが、私たちの行動を規定する」。いや、もっと根本的なことを言おう。「ものごとについて考えるかどうかが重要だ」

ものごとを鋭く考える能力は、行動という領域においては、しばしば過小評価されている。しかし、政治哲学者のハンナ・アレントは、思考力を、健全で弾力的な民主主義の土台とみなした。ナチスドイツの全体主義を逃れてアメリカに亡命したアレントは、生涯の大半を、全体主義とその対極にある民主主義の研究にささげた。討議で思慮深く考えることと民主主義的に行動することはつながっている。一方、全体主義は欺瞞と思想統制の上に築かれ、その二つによって維持される。アレントはそう信じていた。そして、人を欺き、思想を統制しようとする力に抵抗するには、思考する練習をすることが必要だとした。アレントはこう書いている。

「思考する能力は……あらゆる能力と同様、ただ実践《プラクティス》によって、練習《エクササイズ》によってのみ、獲得できるのだ(12)」

本書では、ソーシャルイノベーションのための行動はすべて、関係者にとって、思考を練習・実践する機会だと考える。

昨今の国際政治における行動は典型例だ。アメリカのイラク侵攻は、体制変更を目的とした、手間のかかる、煩雑《コンプリケイテッド》な課題だとみなされていた。アメリカ軍はイラク侵攻を「衝撃と畏怖」

戦略にもとづいて計画した。圧倒的な軍事力と前代未聞のスピードでイラク軍を鎮圧するというものだ。もとの計画から少々逸脱したものの、全体としては、イラク侵攻は、細かく描かれた青写真をなぞるように展開した。「使命は果たされた」とジョージ・W・ブッシュ大統領は宣言した。ある程度はそのとおりだ。しかし、今度は平和維持という課題が浮上したのだ。

国家を建設するのは複雑《コンプレックス》な課題だ。月にロケットを送るより、子育てに近い。だがイラクを占領したアメリカは、平和を維持し、民主主義を制定し、新国家を建設するという仕事を複雑な問題ではなく煩雑な問題として扱った。おそらく、「責任者」たちが、自分たちの管理能力の欠如はもとより、こうした状況につきものの不確実性や、急速に変化する不安定なシステム・ダイナミクス、そして予測できない創発的な反乱を、事実として認識できなかったのだろう。複雑な状況をただ煩雑な問題として判断したせいで、イラクの混乱は増し、政情不安と人命の損失を招いてしまったのだ。

## 「かもしれない」をめざす

本書の原題は、交渉術のバイブルとされる*Getting to Yes*[13]〔『ハーバード流交渉術』〕を言いかえたものだ。「かもしれない」をめざす（Getting to Maybe）ことが、私たちにできること、つまり実行可能な最善の策ではないだろうか。

思考と行動の間に緊張関係があるように、意図性と複雑性とがバランスを保っているように、

「かもしれない（Maybe）」という言葉は二つの概念を結合したものであり、両者は拮抗している。

**MAY**——可能性。もし〜すれば……になるかもしれないという意図の本質。

**BE**——存在の状態。ものごとのあり方、存在、現実……

「かもしれない」をめざすとは、複雑で不確実な世界で、その世界の中に入り、その世界の一部となって、計画的、意図的に行動するということだ。本書で紹介する社会起業家たちが、それぞれの可能性（maybe）の山を登り、可能性の実現という頂上にたどり着くと、はるか彼方に、また新しい可能性の山が必ず見えてくる。……だが先走るのはこのぐらいにして、まずは旅——本書を読み進むという旅——の予告編を示しておこう。

事例のほとんどは本人にインタビューして調査したもので、そうでない場合は自伝を詳しく調査した。そこから次のような典型的なストーリーが見えてきた。活動的で思いやりのある人物が、社会問題に心を痛めるようになる。その人物が、これは放っておけないと心を決める。ものごとの可変性（この世で不変のものはない）が、変化の可能性を生みだす——「かもしれない」を生みだす。可能性の誕生とそれを認識する瞬間、これが第二章のテーマだ。

行動を決意することによって、この人物は「社会起業家」や「ソーシャルイノベーター」と呼ばれるものになる。事例から言えることは、最終的に成功する人々は、状況や自分の不満の原因になっているシステムを十分に理解することから出発しているということだ。彼らはまず「静思の時」（第三章）を過ごす。観察し、考え、分析し、熟考し、そして行動もする。いまいる場所、いまの自分、味方はどこにいそうか、どの程度の変化が必要かを見きわめる。そのとき、既存のシステム――まさに彼らが変えようとしているシステム――から恩恵を受け、それを守ろうとしている堅固な力に遭遇する。そして、この「強力な他者」（第四章）と遭遇することで、彼らはイノベーションに欠かせない資源を発見し、再構成し、解き放つ。

社会起業家が流れ《フロー》に乗り、他の人々と同調《シンク》するようになると、物語のテンポは、多くの場合、劇的に速くなる。まったく予想外の、想像すらしなかった展開が、急速に前に進んでいく。自分が何かを探していたはずなのに、突然、向こうのほうが自分を見つけたことに気づくのだ（第五章「世界があなたを見つける」）。「なるかもしれない（may be）」が、いきなり、「なるだろう（will be）」や「なるにちがいない（must be）」になっていく。

ただし、忘れてはいけない。ソーシャルイノベーションは非線形の変動であり、予期せぬことの連続だ――一筋縄ではいかない。新しい障害が現れる。変化を恐れる勢力の反撃もある。反対勢力もまた変化の兆候を見ているし、彼らはそれを望んでいないのだから。抵抗がわき起こる。やりかけたことが白紙に戻りそうになる。「ものごとはよくなる前に悪くなることが多い」という言葉が、理屈ではなく、事実になる。不信感が生まれ、大きくなり、ほかの動きを圧迫する――もしくは、そうなりそうになる。たしかにそう感じられる。旅のこの段階では、社会起業家は自分でも気づかないうちに「冷たい天国」（第六章）に陥ってしまう。

そして、場合によっては最悪のときに（結論からいえばこれが典型的だが）、「希望と歴史が韻を踏む時」（第七章）が訪れる。局地的《ローカル》で個人的な活動だと思っていたものが、突然、もっと大きな力と結びつく。タイミングがぴたりと合い、そのときが来たことがわかる。計画したのでもなく、論理的に目標を設定したのでもなく、慎重に管理したのでもなく、強くコントロールしたのでもない。適切な時に適切な場所にいただけなのだ。勇気ある人が意識的にもたらした（単なる偶然や幸運ではない）歴史的瞬間にいたのだ。意図が可能性と結びつき、歴史的な力として結集し、シェイマス・ヒーニーの詩に詠われる「月満ちて新しい命の誕生の悲鳴と産声」になる。普通の言葉でいえば、ソーシャルイノベーションが成功したということだ。

ドアは開いていた。社会起業家は当時をそう振り返る――あくまで手短にいえば（第八章「ドアは開く」）。はじめは、ドアが開くかどうか半信半疑だった。それでも、ドアは開いた。意図、現実世界のダイナミクスに注意を払うことから生じた意識、そして可能性というビジョンがあったからこそ、彼らはドアが開いたことを知り、ドアが開くのを見て、意志をもってドアから一歩を踏みだすことができたのだ。

――以上が本書のあらすじ、つまり本書があなたを招待する旅のあらましだ。単純な答えはない物語だ。結果を自分だけの手柄にできるような英雄《ヒーロー》は登場しない。にもかかわらず、本書は英雄的《ヒロイック》な行動に満ちている。

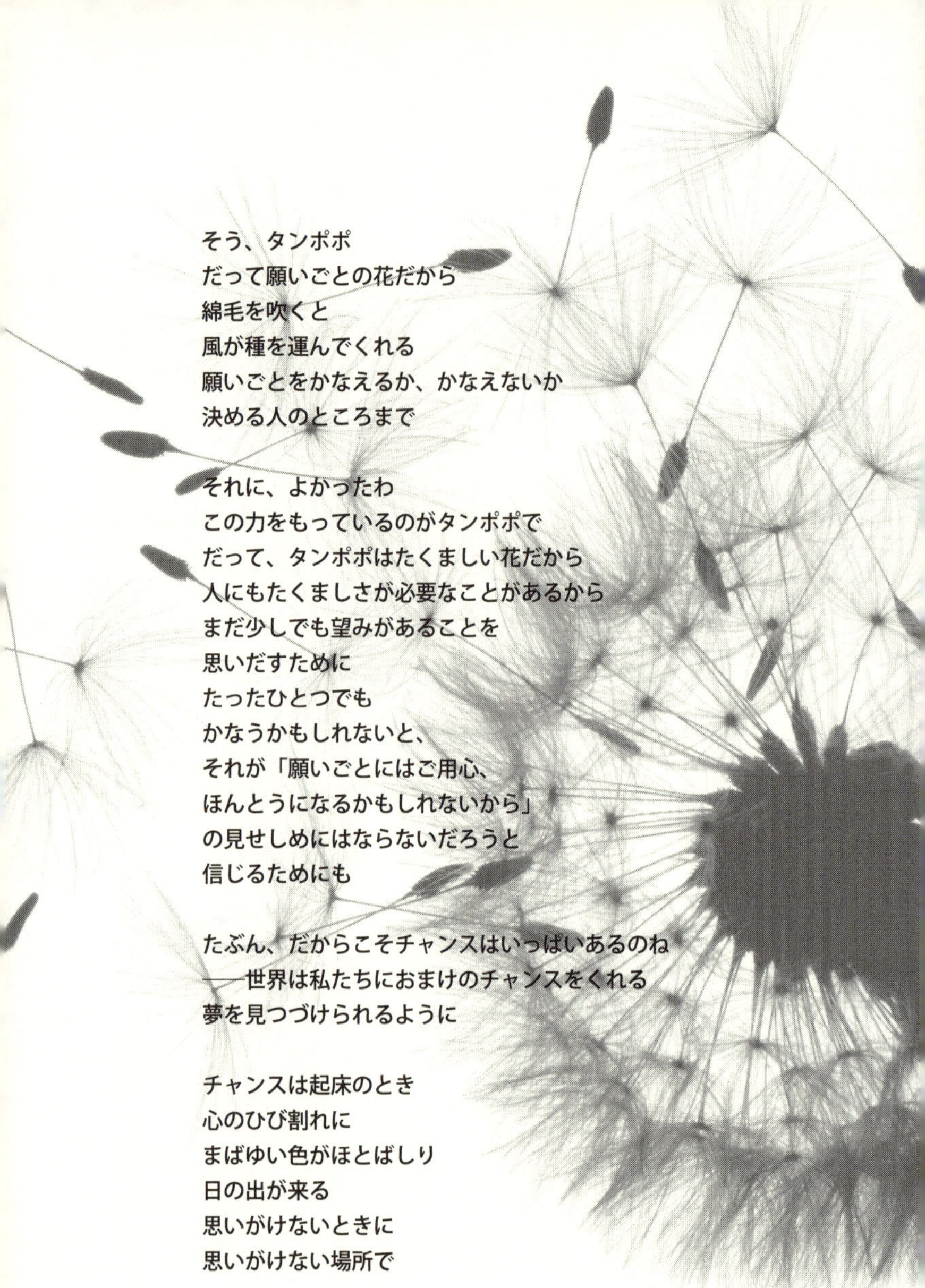

そう、タンポポ
だって願いごとの花だから
綿毛を吹くと
風が種を運んでくれる
願いごとをかなえるか、かなえないか
決める人のところまで

それに、よかったわ
この力をもっているのがタンポポで
だって、タンポポはたくましい花だから
人にもたくましさが必要なことがあるから
まだ少しでも望みがあることを
思いだすために
たったひとつでも
かなうかもしれないと、
それが「願いごとにはご用心、
ほんとうになるかもしれないから」
の見せしめにはならないだろうと
信じるためにも

たぶん、だからこそチャンスはいっぱいあるのね
——世界は私たちにおまけのチャンスをくれる
夢を見つづけられるように

チャンスは起床のとき
心のひび割れに
まばゆい色がほとばしり
日の出が来る
思いがけないときに
思いがけない場所で

エリー・ショーンフェルド「ルシアンの誕生日の詩」

第２章

# 「かもしれない」をめざして

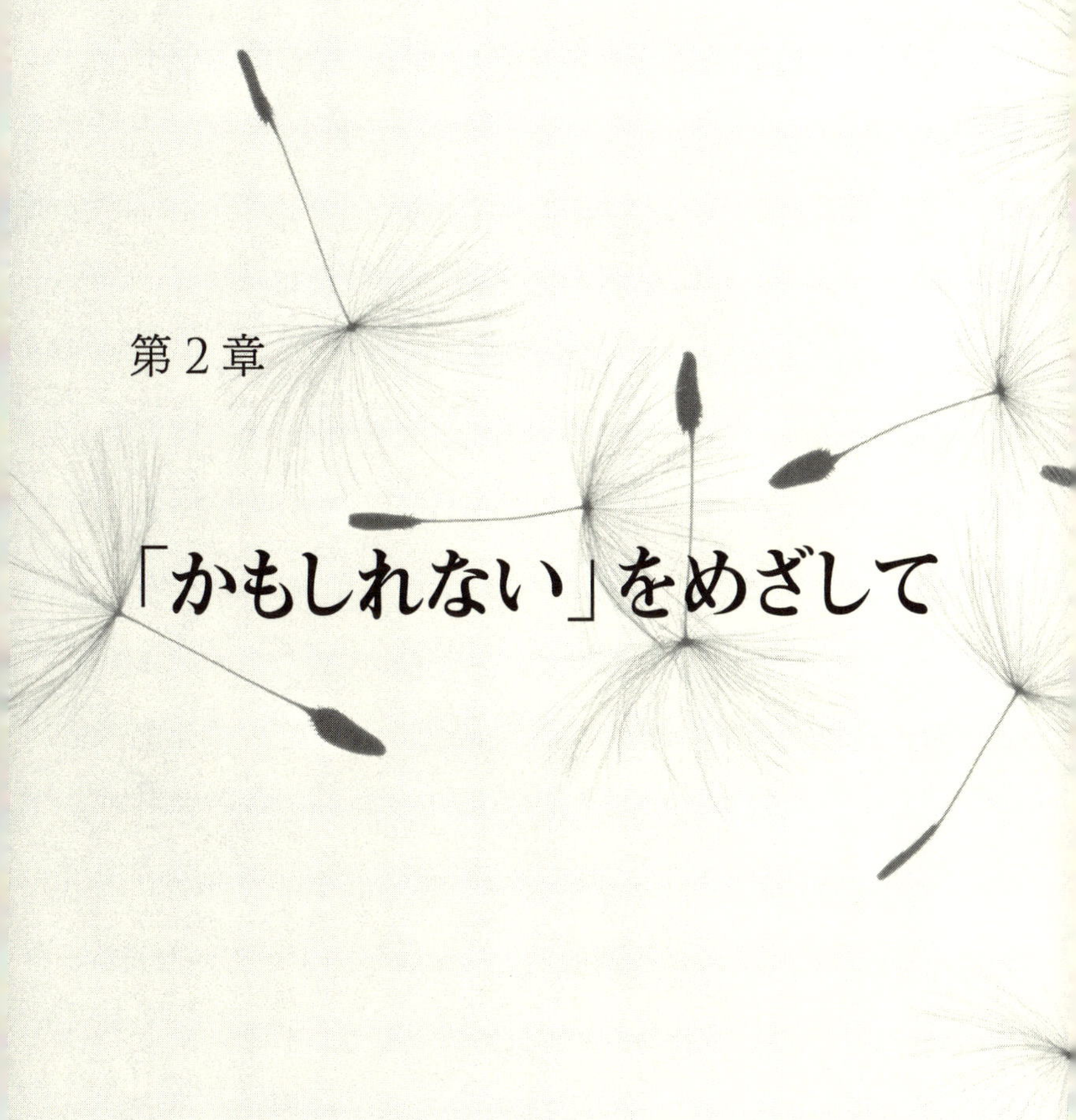

GETTING TO MAYBE

世の中、まちがっている。——何かの折にそういう気持ちになったことのある人は少なくないだろう。それは、テレビを見ているときだったかもしれない。あるいは、寒い冬の日に街を歩いているとき、新聞を読んでいるとき、友人と話しているときだったかもしれない。「女性が殴られて死んだり、ホームレスの子供がいたり、餓死する人がこんなに多いなんて、いまの時代にそんなことがあっていいのか?」

そんなことを思う。激しいフラストレーションを覚え、「何とかできたらいいのに」と思う。だが、その願いもたいていは絶望感に変わってしまう。

「こんな自分が社会を変えるだって? この問題についてろくに知らないのに! 貧しい人を貧しいままに、飢えた人を飢えたままにしている力は、途方もなく大きいのに! どこから手をつけたらいいのかもわからない。何とかするには、何もかも変えなくてはだめではないか?」

この不可能性という大きな壁を前にして、いったいどうやって社会変革が起きるのだろう? 絶えず新聞やテレビをにぎわす悪いニュースを前にして、社会起業家は、どうやってそこに可能性を見いだすのだろう?

## ボストンの奇跡

一九九〇年から一九九九年の間に、ボストン市内の殺人事件が年間一五二件から過去最低の三一件に減少した。約八〇%減だ。この激減は驚異的で、二〇〇〇年三月、『ニューヨーク・タイムズ』紙は、市が暴力根絶にめざましい成果を上げたことを評して「ボストンの奇跡」と呼んだ。

この十年間に何が起きたのだろう?

この物語は複雑で、多くの要因が糸のようにからみ合い、多くの夢が織り合わされている。しかし、その夢という糸の一本一本をさかのぼっていくと、ボストンを変える決意と行動に引き寄せられた、あるいは引きずりこまれた、数人の人々にたどり着く。

奇跡のカギは、殺し合っている若者を何とかしようと力を合わせた数人の牧師の行動だった。その一人、ジェフ・ブラウン師のケースが特に示唆深いので、詳しく見ていくことにしよう。


若き神学生だったころ、ブラウンの夢はいたって単純なものだった。自分の教会を建て、信徒を増やす。いい車に乗り、郊外にいい家を買って家族と住む。それが夢だった。[1]

一九八七年、ブラウンはマサチューセッツ州ケンブリッジにあるユニオン・バプテスト教会の牧師になった。郊外にいい家を買い、車も買った。

しかし、夢の実現にはほど遠かった。受け持ちの教区はボストン市の中心部にあったが、そこでは青少年の殺人事件や暴力沙汰がピークに達しており、コカインやギャングの闘争が日々の現実だった。

愕然としたブラウンが最初にしたのは、説教にもっと力をこめることだった。

「毎週日曜日、暴力と闘おう、と熱弁をふるって説教したものです。一九八〇年代の終わりごろには、力強い説教にかけては得意中の得意になっていました。口うるさい牧師でしたね」

ブラウンは、住民やその地域で働く人たちと同様に、ドラッグやギャングの問題に見て見ぬふりをするボストン警察に強い不満をもっていた[2]。一九九〇年には、ブラウンの教区をはじめ、市中心部に住む親たちは、子供を外で遊ばせないようになっていた。事態は悪くなるばかり。通りはギャングやドラッグ、銃であふれている。それでも警察は手をこまねいているように見えた。

警察にはアイルランド系カトリック教徒の白人男性が多く、黒人コミュニティと警察の間には大きな不信感があった[3]。この不信感は、一九八九年五月に暴力の拡大を阻止する目的で警察が導入した「疑わしきは職務質問」「疑わしきはボディチェック」の方針によって助長された。黒人コミュニティからすれば、その方針には人種的偏見がある——つまり、黒人はつねに疑いの目で見られると感じられた。しかし、警察も増えつづける暴力を前にお手上げ状態だった。保護観察官でさえ、担当の少年が仮釈放中の条件を守っているかどうか街を見回ろうとしなかったのだから、ギャングの少年たちは野放しにされているようなものだった。

自分の説教に何の効き目もないことは明らかだった。かといって、ほかに何をすればいいのかブラウンにはわからなかった。そんな自分の状況が身にこたえていた。彼は当時をこう振り返る。「暴力が自分の教会の四方八方に蔓延していたというのに、夕方になれば車に乗り込み、ギャングがたむろしている街を走り抜け、平和な郊外の家で待つ幸せな家族のもとに帰る毎日でした」

ある晩、ブラウンは暴力についての公開講座に参加し、そこで耳にした一言にショックを受ける。「きっかけは、ある女性の発言でした。その人は『いまの世代はもうあきらめて、次の世代をどうにかすることに集中するべきではないか』と言ったのです。そのとき悟りました。いまの世代を無視すれば次の世代の運命も決まると。次の世代の子供は、犠牲にしようとしている世代から生まれるのです。そうなったら、次の世代を誰が守るのですか？」

たしかにそうだ。誰が守るのだろう？

## 立ち上がった牧師たち

その講座の直後、ブラウンがよく知っている少年が殺された。犯人はやはり少年で、ジャケットがほしかったからというのが犯行動機だった。

この事件がブラウンのティッピング・ポイントになった。ためらっているのを止める時、説教で何とかしようとするのを止める時が来た。いまこそ行動の時だ——自分がそう確信したというより、確信のほうから手を伸ばしてきて、ブラウンの心をわしづかみにしたような感覚だった。選択の余地はなかった。

ジョゼフ・キャンベルは、歴史に残るヒーローとされている人物たちの体験について書いている『千の顔をもつ英雄』。キャンベルによれば、彼らは行動を始めるにあたって、使命、つまり無視できない強いメッセージを世の中から受け取っている。重要なのは、使命は無視「できない」というところだ。抵抗しようとしても、たいていはすさまじい苦闘となり、夢というより悪夢の入口に、文字どおり、無理やり引っぱりこまれるのだ。出口は、それをやり通した先にしかない。

ブラウンもまた、そのような使命を感じた。

若者のほうから自分のところにやって来ることはないとブラウンにはわかっていた。自分が若者のところに出向かなければならない。考えただけでもおじけづいた。

ブラウンが勇気をふるい起こそうとしているとき、また別の襲撃事件が発生し、彼を闘いへと駆りたてた。ある若いギャングのメンバーが走行中の車から撃たれて死亡し、その葬儀がモーニングスター・バプテスト教会でおこなわれていたときのことだ。殺された若者の友人ジェローム・ブランソンが参列するため教会に入ると、敵対するギャングのメンバーたちがそのあとをつけて教会に乱入し、怯えて呆然とする会葬者を前に、ブランソンを殴り、祭壇の上で何回も刺した。[4] モーニングスター事件として知られるようになった出来事だ。宗教界は憤慨し、にわかにブラウンは自分がひとりではないことを知る。

ボストンにあるさまざまな宗教・宗派のリーダーたちが記者会見を開き、モーニングスター事件やギャングの暴力、青少年の殺人事件について糾弾した。そして、協力して暴力の問題に対処する道を探ろうと、あらゆる宗教団体に呼びかけた。約三〇〇人の聖職者がそれに応え、ブラウンはそのなかで仲間を見つけた。

ブラウン、レイ・ハモンド、ユージーン・リヴァーズ、そのほか九名ほどで〈街角委員会《ストリート・コミッティー》〉を結成した。委員会の目標は、街に出て、ギャングに接触し、暴力に直接対峙することだ。

「私たちは、状況をありのままに体験したかったのです。……最善の行動は、街に出かけ、実際に起きていることを自分の目で見て、少年たちから学び、少年たちについて学ぶことです。私たちはそういう考えで一致していました」

毎週金曜日、深夜から午前四時まで、市中心部の界隈に出かけ、ともかく歩きまわってみることが決まった。このギャングの縄張りへの侵入を、ブラウンは「二つの世界の衝突」と呼んだ。一つは、街を捨てて郊外の安全な場所を求めた人々の世界、もう一つは、その街で暮らし、死んでいく若者の世界だ。

## 社会を変えるために自分が変わる

ブラウンたちは、いつ暴力沙汰が起きてもおかしくない暗黒の世界、彼らがこれまで努めて避けてきた世界へ、おそるおそる足を踏み入れるツアーを開始した。

はじめの数回は、長時間ビクビクさせられることを除けば何も起こらなかった。少年たちは、牧師グループに接触してくることはなく、様子をうかがっているだけだった。

だが、六週間たったころ、かすかな変化が見られた。緊張緩和のきっかけが何だったのかは、いまもはっきりわからないという。

「テストに合格したということでしょうか。私たちは何も求めていない、ただ学ぼうとしているだけだ、ということをギャングがわかってくれたのでしょう」

ギャングが牧師たちを観察し、牧師たちがギャングを観察する。少しずつ双方の認識が変わりはじめた。ブラウンたちはギャング内の連帯を目にした。ギャングは家族のようなものであり、家族のようにくっつき、互いに守り合っていた。

街角委員会の一人ひとりが、ギャングに対する偏見を改めはじめた。ギャングのメンバーはみんな、貧困家庭の生まれだったり、麻薬中毒の親がいたりした。そんな彼らにとって、おそらくギャングは新しい家族だったのだ。――認識を新たにするにつれ、牧師たちの目には、ギャングのメンバーは、自分自身の家族をつくり、それを守ろうとしている少年として映りはじめた。そう考えると、自分たちと大した違いはない。

ある晩のことだ。街角委員会が街を巡回していると、一人の少年がレイ・ハモンドに声をかけ、通りの片隅に呼んだ。残された委員たちがその場にたたずみ見守るなか、その少年は、それまで自分がしてきたことのせいで魂をなくしてしまった気がするとハモンドに打ち明けた。そして、もう一度魂を見つけだす手助けをしてほしいと頼んだのだ。決定的瞬間だった。

かつてブラウンは、非行少年には信仰心などなく、物質主義で冷淡だ、という社会通念に染まっていた。ところが、彼と街角委員会の仲間たちの目には、それが事実でないことがはっきり見えてきた。ブラウンが自分とギャングの間に引いていた溝は、ついに崩壊した。自分と同じように、非行少年もいい車、いい靴、ブランド物のズボンがほしかったのだ。自分と同じように、非行少年も家族を求め、その家族を命あるかぎり守ろうとしていたのだ。そして、自分と同じように、もっと意味のある人生を求めていた。その夜の出来事でブラウンは悟った。ギャングの少年たちも自分も、同じ人間だということを。

街角委員会は、毎週金曜日の夜に街を歩き、週末には感じたことを話し合った。何かに取りつかれたようになっていた。気がつけば四六時中、電話をかけ合い、前日の出来事について議論し、目にしたことの意味を理解しようとしていた。委員会は、地域の警察や弁護士、少年裁判所の関係者など、ほかの人々も活動に巻き込んでいった。共通の目的を探り、見つけだした。そして、一〇項目の行動計画をとりまとめ、活動していくことにした。彼らはそれを〈一〇ポイント連合（Ten Point Coalition）〉と呼んでいる。(5)

「みんなが変わり……私が変わりました……」

ブラウンの言葉は、おそらくソーシャルイノベーションにおける特徴的な傾向を表している。それは、「何かを変えようとすることは、自分自身の変化を受け入れるということだ」という逆説《パラドックス》だ。人と世界は、いわば共進化《コ・エボリューション》〔生物学の用語。複数の生物体が相互に作用し合って同時に進化すること〕している。人は「システムの一部」であり、完全にシステムの外にいることはけっしてない。内省（self-reflection）と自己表出（self-revelation）が求められる。

ブラウンの場合、ギャングに心を開いてもらうため、まず自分がギャングに親近感をもつようになったことを認めなければならなかったわけだ。彼は、相手に影響を与えることはできても、相手をコントロールすることはできなかった。自分も変化のプロセスの一部であることが必要であり、変化の当事者でなければならなかった。そのような、自分自身と相手の双方に生じる変化（相互作用）を自分がコントロールしていると思いたい誘惑に抗わなければならない。ブラウンはそれを学んだのだ。

## 使命が自分をつかまえる

社会起業家にとって、ものごとは、よくなる前に悪くなることがめずらしくない。それでも、社会を変えたいという強い願い、変化を生みだそうとする使命感は、少しも衰えない。いろいろな出来事があり、関係者が増えるにつれて、このボストンの活動《イニシアティブ》の方針は、何度も変更された。だが、一貫して彼らを前進させつづけたもの、行動に向かわせたものは、「何かが変わらなければならない」という気持ちであり、「たとえ自分たちが適任でなかったとしても、変化の必要性を知っている以上、自分たちが率先して変化を起こすのだ」という強い気持ちだった。

ボブ・ゲルドフが、レコーディング契約の交渉にイライラしていたとき、たまたまテレビをつけると、飢餓に苦しむエチオピアの子供たちのことが報じられていた。ゲルドフの反応は強烈だった。「気分が悪くなり、腹が立ち、ショックだったけれど、それより何より、とても恥ずかしかった」とゲルドフは書いている。

「こんな恐ろしいことが起きているのに、知らなかったなんて。僕たちみんながこれを許していたんだ。そして、もはや何が起きているかをちゃんと知っていた。そのまま放っておくことは人殺しも同然だった……この悪事の共犯者であることを真剣につぐなうには、自分のもっているものを差しださないといけない。それまで僕は目をつぶらされていたんだ。自分の同意を撤回しなければならなかった(6)」

『オックスフォード英語辞典』によれば、calling（使命）という名詞は「神のお召しであるという内的な感情、もしくは信念。正しい行動として何かをしようとする強い衝動」と定義されている。callingという発想はそもそも宗教的な使命感と結びついており、そうした思いによって立ち上がる社会起業家も少なくない。宗教的な動機でない場合は、無視したり忘れ去ったりできない価値観によって駆り立てられるようだ。

「かもしれない」をめざすことは、まちがいなく使命だ。ジェフ・ブラウンが、ボブ・ゲルドフが、リンダ・ランドストロムが使命を感じた。「使命」は遠慮がちな招待ではなかった。不意打ちされ、強引に入口に引きずりこまれ、楽しいどころかおじけづくような、それでいて降板は許されない舞台に引っぱりだされたようなものだった。

使命は、さまざまな形で、さまざまな人に降りてくる。ただし、選択の余地はなく、絶対であり、自己にとって不可欠であると感じる点は、使命を感じた人々みんなに共通している。ある人にとって、使命は長期間の献身的な行為となり、またアイデンティティと宿命を織り上げたものとなり、あるいは、もっとも愛し信じていることと現実の職業とを結びつける努力となる。アメリカの詩人、ロバート・フロストはこう書いている。

私の生きる目的は
私の仕事と使命を一致させること
私の二つの目が一つのものを見るように(7)

また別の人にとって、使命は目下の緊急事態、とっさの反応が必要な危機から生まれる。たとえば、火事の建物から勇敢に人を救いだし、「その場にいたら誰だって同じことをしただろう」と言ってのけるような人がそうだ。本書で扱う事例は、それとはちょっと違う。本書に登場する社会起業家の使命は、長期間の持続的な努力を必要とする。

ブラウンにとって、最初の使命は牧師としての務めだったかもしれない。しばらくはそれを全うしようとした。しかし、暴力のエスカレートという危機によって、別の道を命じられ、行動を変えなければならないと確信せざるをえなくなった。それでもまだ、街に出かけていくのは勇気のいることだったが、それしか方法がなさそうだった。そして、ついには不屈の精神を発揮し、仲間と始めた活動に執念を燃やすようになった。ブラウンはいつまでも街を見回りつづけると述べている。ソーシャルイノベーションには信念と勇気が必要であり、そして、通常言われる粘り強さ以上に、持続的な献身も必要だ。

## ストレンジ・アトラクタ

ジェフ・ブラウンの事例が示すように、使命は、人が何かまちがっていると感じるものに出会ったときに降りてくる。使命は無視することもできるし、応えることもできるが、無視しないほうがいい。無視すると、世界で孤立したような気分になるだろう。

問題に直面したり、使命を感じたりするのは、システムのほうでも変化の準備が整ったというサインかもしれない。たとえば、社会の反響が予想外に大きいのは、準備が整ったことを告げている。モーニングスター事件のあと、ブラウンは行動を起こす時が来たという心境になり、そして、意外にも仲間がいることを知った。ソーシャルイノベーションの事例では、似たような話はいくらでもある。

複雑系の理論は、こうした現象への洞察を与えてくれる。

ジェフ・ブラウンやボブ・ゲルドフが、彼ら自身が変化の口火を切ったものごとにおいてリーダーであることはまちがいない。一方で、初期のためらいがちな彼らの歩みが、遠大な戦略の一端ではなく、むしろ、ほかに手がなく試さずにはいられなかった実験だったことも明らかだ。

しばしば本人がいちばん驚くのだが、彼らの第一歩に対する反響は、肯定的だっただけでなく、まるで化学反応のように作用した。システムがまったく想定外の変わり方をしていくようだった。複雑系の理論で考えれば、成功の理由は、彼らが馬にまたがる将軍のように部隊を率いたことよりも、彼らの行動が新たな相互作用のパターンを示し、それを誘発したことにある。要するに、彼らは「ストレンジ・アトラクタ」をつくりだし、強化もしたわけだ。

「アトラクタ(attractor：惹きつけるもの)」という概念は昔からあり、さまざまな科学理論のキーワードだ。アトラクタは、あるシステムを現在のパターンに保持したり、新しいパターンに引き寄せたりする。

アトラクタにはいくつかの種類がある。たとえば、ペーパークリップを入れた皿の上にかざした磁石は、「シングルポイント・アトラクタ」だ。ペーパークリップは一点、つまり磁石に向かって引きよせられる。ぬかるみにはまった車を何人かで押す場合も、全員のエネルギーが一点に向かっている。ボートに乗った水夫たちは、岸辺をめざして力を合わせて漕ぐ。ヒーロー、つまりその道の達人であり、みんなを一つの目標に導く単独のリーダー像が昔から支持されてきたのは、こういう状況においてのことだ。

周期的だったり、二点間を振り子のように行ったり来たりするアトラクタもある。心臓の鼓動には周期的な自然のリズムがある。心臓は、血液を「送りだす」と「休む」をくり返している。呼吸には「吸う」と「吐く」を往復する自然のパターンがあり、息を吐いたら、次は吸うのだと予測できる。

ビジネスの季節性も周期的なアトラクタかもしれない。季節性のあるビジネスのキャッシュフローは、呼吸のリズムに似ているところがある。出費の時期のあとには回収する時期が来る。この場合も、関係者にとって目標ははっきりしており、それに合わせた方法で行動を切り替えることができる。追い風でなければ、水夫はジグザグに進路をとりながら岸辺をめざさなければならないこともあるだろう。だからなおさら、変化を先読みして先手を打つ、ヒーローとしてのリーダーが求められるわけだ。

ところが、いまでは一九六〇年代の有名な発見とされているが、気象学者のエドワード・ローレンツが、気象パターンの難問を解き、第三のアトラクタ「ストレンジ・アトラクタ」の存在を

立証した。(8)

「天気予報はなぜもっと当たるようにできないの?」という疑問は聞き飽きているのではないだろうか。この疑問は、「十分なデータがあれば、高い精度で天気を予測できるはずだ」という仮定にもとづいている。だが、そうではない。

とはいえ、天気予報はあてにならないくせに、気象はランダムではないパターンを示す。ローレンツは、気象データを調べたうえで導き出した相互作用の非線形方程式を、いくつかコンピュータでシミュレーションしてみた。すると、一見してわかるパターンが表示された。立体的な一対の蝶の羽のような形だった。ある場所の気象に予測可能なパターンはほとんどなかったにもかかわらず、地球全体のレベルでは、はっきりしたパターンを観察することができたのだ。

このパターンは単一の変数（シングルポイント・アトラクタ）でも、振動（周期アトラクタ）でも説明できなかった。何らかのアトラクタや力が作用していることは明らかだが、特定するのはむずかしい。それで、「奇妙《ストレンジ》なアトラクタ」というわけだ。

ローレンツのシミュレーションは、ごくわずかな初期値の違いが、気象変動の軌跡に影響することを示した。つまり、特定の気象事象を正確に予測することはできないということだ。しかし、ストレンジ・アトラクタを形づくる何らかの根本的なルールやダイナミクスは、視覚的に把握できる全体的なパターンをもっている。ただし、ストレンジ・アトラクタの正確な性質は、あいまいなままだった。

## 世界は驚くほど単純なルールで動く

クレイグ・レイノルズは、複雑系を形づくるルールを積極的に見つけだそうとした人物であり、彼もまた研究にコンピュータ・シミュレーションを活用した。レイノルズは、鳥や魚、ミツバチなどが群れをつくるときのパターンに、気象と類似した点があることに気づいていた。個々の鳥の正確な飛行経路は予測できず、群れの経路を予測するのもむずかしかったが、全体的なパターンはそうではなかった。何らかの根本的なダイナミクスかストレンジ・アトラクタによって統制されているようなのだ。

家や職場の窓に鳥が飛びこんできたことがあるか、と何人かの人に訊いてみてほしい。ほぼ全員が「ある」と答えるにちがいない。今度は、鳥の群れが窓に飛びこんできたことがあるか、と訊いてみてほしい。「ない」が普通の答えだ。ついでに理由も訊いてみよう。こう質問していくと、大半の人が不思議に思うはずだ。

鳥や魚、ミツバチの群れは、個体のときより最大五〇倍も環境の変化に敏感だと知ったら驚く人が多いだろう。つまり、単独でいるより、群れという集団を形成したほうが、天敵や窓などの刺激に容易に反応できるということだ。

群れをこのように過敏にしているものは何だろう？　レイノルズは興味をもち、これは「部分」だけを見ていては説明できないという結論に達した。個体の鳥をヒーロー的リーダーとみなすと説明がつかなくなる。そこでレイノルズは、鳥の群れを環境の刺激や変化に敏感にさせている相互作用のパターンに着目し、群れの行動をシミュレーションすることにした（彼はコンピュータでつくったバーチャルな鳥を使って実験した。それを彼は「ボイド」〔boid：birdoid（鳥もどき）を略した造語〕と呼んだ）。試行錯誤の結果、レイノルズはついに相互作用の三つの単純なルールを導きだした（レイノルズは、四つ以上のルールを適用するとボイドの敏感度が低下するということも突きとめた。最小限かつ決定的な数のルールがあるらしく、それを超えると敏感さが妨げられる）。ストレンジ・アトラクタは、複雑系の特徴とされることが多いが、それ自体が複雑である必要はないのだ。次のとおり、びっくりするほど単純だ。

**①ほかの鳥や物体（たとえば、窓）との最小距離を保つ。**
**②近くの鳥と同じ速度を保つ（周囲の速度を三次元で計測）。**
**③群れの中心方向に進む。**

三つのルールはつねに働いていなければならない。たとえば、第三のルールだけが働いた場合、惨憺たる結果になることは確実だ。三つすべてが機能して、レイノルズがつくったバーチャルな鳥たちは、実際に空を飛ぶムクドリの群れさながらの、流れるような動きをする。

これは人間の集団でも実験できる。広い部屋で、一人ひとりが次の三つのことをするように指示するのだ。

**①「目印」となる人を二人決め、これから数分間この二人から目を離さないようにする。**
**②空間内を誰にもぶつからないように動きまわる。**
**③目印の二人からなるべく等距離を保つようにする。**

全員がそうしているとき、誰かがバルコニーのような高い所から観察すると、本人たちは気づかないが、鳥の群れを彷彿とさせるパターンが見えるだろう。さらに、誰か二人を選んで、こっそりこう指示する。「目印の人から等距離を保ちながら、少しずつドアに向かって、ドアから出ていってください」。一分もしないうちに、集団全体が部屋からぞろぞろ出ていくだろう。これは、単純なルールがパターンを動かすことを劇的に示す実例だ。

つまり、複雑系を形づくっているストレンジ・アトラクタは、あとから見れば非常に単純なルールによって規定されているかもしれないのだ。残念ながら、そのような単純なルールを教えてくれる社会変革のルールブックはない！　また、単純なルールのなかには、なかなか変化しないものもあるが、自然と人間社会の両システムにおいて変化し発展するものもあるだろう。

## ハリケーン・カトリーナが教えたもの

少年犯罪のような、負のパターンを持続させているルールを特定するには、どうしたらいいのだろう？　クレイグ・レイノルズは、コンピュータ・シミュレーションを駆使してシステム全体を見る感覚を磨いたが、身のまわりの小さな相互作用を注意深く観察したり、綿密に分析したりすることが、コンピュータと同じくらい役に立つこともある。ストレンジ・アトラクタの特徴の一つは、とても小さいもの（数羽の鳥）からとても大きいもの（渡り鳥の大群）まで、どんな規模《スケール》でも、ルールは（したがって力学《ダイナミクス》も）同じようにはたらくことだ。本質的には、部分の中に全体を見ることができる。

ローレンツの気象パターンには、この特色が表れていた。データを一週間単位で入力しても、一年単位で入力しても、つねに立体的な蝶の形が表示された。人間社会のシステムにおいても、あるシステムがあるストレンジ・アトラクタによって影響されるとき、見たところ時間的にも空間的にも結びつきのない異なる部分が、類似したパターンや形に従うようになる。

たとえば、飛行機で旅をして、フライト・アテンダントが不機嫌なことに気づいたとしよう。簡単なことを頼んだだけでも、ぶっきらぼうな口のきき方をする。こんな態度のアテンダントはこの人だけなのかと様子をうかがうと、ほかのアテンダントもみんな不機嫌そうだ。乗客に対して愛想が悪いだけでなく、同僚どうしの雰囲気も悪い。この航空会社にいる友人にどういうことなのか訊いてみると、会社の経営が苦しくて手当てがカットされたという話が出る。経営が苦しい理由を訊いてみると、業界全体が同じ課題に悩んでいることがわかる。飛行機で見た行動は、もっと大きなシステム・ダイナミクスの兆候だったのだ。あらゆるレベルで、ストレスや不機嫌、チームワークの不足、といった問題が見られる。

ハリケーン・カトリーナの余波で、多くのアメリカ人がこれを体験した。テレビの映像を見たとき、ニューオーリンズが発展途上国の天災に見舞われた地域——インドネシアやソマリアあたり——にそっくりなことに目を奪われた人は多かった。あんな映像が、アメリカの都市、音楽と祭りで有名な観光名所のものだとはショックだ。それだけではない。あの大災害は、何十年単位で地球規模（大域的スケール）の経済成長と環境破壊をもたらしてきた一連の経済ルールと相互作用の局所的な（局所的スケール）兆候にすぎなかった。

ニューオーリンズの堤防の修復や、市の沿岸部をハリケーンから守ってくれる湿地帯の保護や復元に投資するのを怠ってきた政策の根本にあるのは、ほとんどの天然資源やある種の人的資源を無償のものとみなし、経済成長率維持に必要な資源にかかるコストを読みまちがえている経済思想だ。いわゆる「外部コスト」が見落とされている〔たとえば、企業が環境汚染の対策をとらなければ、そのコストは社会と環境に転嫁（外部化）される〕。地球規模では、先進国の生産活動によって排出される$CO_2$（二酸化炭素）が地球温暖化や発展途上国の人々の生活に影響するといわれており[9]、その$CO_2$排出コストを外部化しているのは、やはりこの手の経済思想だ。

こうした経済システムが、局所的《ローカル》スケールから大域的《グローバル》スケールまで、あらゆるレベルで、経済成長を環境保護より優先している。また、発展途上国の債務であれ、先進国の貧困層が利用するクレジットカードの債務であれ、貧しい人々が支払う利子の上に富を築いている。富める人々は、その富をもたらした経済活動が一因となっている環境災害から逃れることができ、貧しい人々は逃れることができない。そして貧困層は、アフリカでもアメリカでも、多くは黒人だ。ニューオーリンズの映像がソマリアに酷似していたのは、偶然ではない。

## 社会起業家はルールを変える

社会起業家の多くは、身のまわりの相互作用にあるパターンを見抜くのがうまい。占い師がヤナギの占い棒で水脈を探り当てるように、彼らはカギとなる単純なルールに目をつけ、それを変えたくなる。

ボブ・ゲルドフは、ロックミュージックを「消費」する不平不満のある若者と、食べるものが何もないエチオピアやスーダンの飢餓難民の関係、また、わずらわしい官僚主義のせいで思うように活動できないNGOの人々と、その支援が必要な人々との関係——つまり断絶に目をつけた。ゲルドフは本能的に、こうした関係をどうにかしたくなった。ルールを変えたくなったのだ。

当初は、何をどうしたらいいかよくわからなかったし、結果について確実な見込みはまったくなかった。これは覚えておくべき大切な点だ。社会起業家が確実な見込みをもって何かを始めることは、ほとんどない。むしろ、使命について先述したように、いよいよ時が来たという思いと信念によって行動に駆り立てられることのほうがずっと多い。またジェフ・ブラウンの事例で見たように、行動には勇気もいる。

ジェフ・ブラウンと仲間の牧師たちは、彼らが変えようとしているシステムの一部だった。はじめのうちは、自分たちが住んでいるコミュニティの人間関係を決定しているルールや相互作用を強化している側だった。たとえば、こんなルールだ。

**分離のルール**——街のチンピラと自分たちは違う人間だ
**回避のルール**——スラム街は危険な場所だから行ってはいけない
**不寛容のルール**——暴力を非難はするが、理解はできない

一連の出来事や政策、固定観念の強化などすべてが、このシステムを、固定化した現実に閉じこめてきた。同じパターンが毎夜毎晩くり返される。またギャングがらみの殺人事件が起きた。また黒人の青年が逮捕された。また厳しい犯罪対策が立てられた。また朝刊でそんな記事を読んでも驚かなくなった——。

敵に対する恐怖心も、このパターンを持続させている重大な要因だった。黒人と白人、若者と大人、失業者と雇用者、善と悪、危険と安全など、何も共通点のない対立するものが敵味方に分かれた論争がくり広げられていた。このストレンジ・アトラクタが、ボストンをひとまとめにして危険なダンスをつづけさせていたのだ。

ボストンの変化は、これら基本的なルールが変わることによって始まった。ブラウンたちは、それぞれ恐怖心と不信感はあったものの、自分の価値観に忠実になる必要があると感じた。街に行こう、きっとギャングも自分たちと大した違いのない人間だ、だから、暴力を非難するだけでなく、理解することもできる。そう心を決めた。信念と直観から生まれた行動だった。そして、局所的なスケールで、恐怖の悪循環をつくっていたルールを変えはじめたのだ。

ボストンの事例でおもしろいのは、また、どうやって「かもしれない」をめざすかを理解するカギとなるのは、ギャングと牧師たちの間の相互作用が、当事者である彼らの関係とアイデンティティを新たにしていっただけでなく、それがボストン全体を巻き込み、もっと大きなスケールで起きていったという事実だ。

警察の腐敗が発覚し、警察は道徳の執行者だというイメージはぐらついた。「疑わしきはボディチェック」方針は、もっと慎重な職務質問に移行していった。個人も集団も自分のアイデンティティを見つめなおすようになった。かつては敵対していた両陣営が、(ギャングや聖職者、警察がそうだったように)どちらにも帰属集団への過度の忠誠と保護主義という傾向があることを自覚した。両陣営は相容れないという根本的な思いこみが崩れはじめた。対立関係が完全に消えたわけではなかったが、何もかもが違うわけではなく、何もかもが対立しているわけではないと人々は気づいたのだ。ボストンじゅうで、不安にかわって希望が生まれはじめた。そして殺人件数は下がりつづけた。

さて、ジェフ・ブラウンたちが街に足を踏み入れなかったら、それでもシステムは再編されたのだろうか？　複雑系では、何が決定的な要因となったかはわかりにくい。ブラウンたちが行動を起こしたときのことを思いだしてほしい。選択の余地はありそうもなく、応えなければならない使命だったのだ。彼らは局所的なシステムを重要な方法で変えようとした。この行動の意義を否定する人はまずいないだろう。しかし、彼らの行動が力を発揮した一因は、システムのほうでも変化を受け入れる準備が整っていたことにある。どの雪のせいで枝が折れたのかなど、誰にわかるだろう？

これは、成功するソーシャルイノベーションの本質を物語る逆説だ。人は使命に従って行動する責任から逃れられない。それでいて、自分の行動の結果を、すべて自分の功績だとも、責任だとも言えないのだ。

この章は、「……願いごとの花だから　綿毛を吹くと　風が種を運んでくれる　願いごとをかなえるか、かなえないか　決める人のところまで」というタンポポの詩で始まった。変容していく結果と自分の行動の足並みがそろっているように見えるとき、場数を踏んだ社会起業家でさえ、この詩が詠っているように、しばしば深い驚きを覚えることになる。彼らは何かがかなうことを夢見て、「綿毛を吹く」。そして、いつか、「起床のとき」が訪れたことを知るのだ。

心のひび割れに
まばゆい色がほとばしり
日の出が来る
思いがけないときに
思いがけない場所で

私たちは、変えようとしている世界の外に立っているのではない。世界が変われば私たちも変わり、私たちが変われば世界も変わる。「かもしれない」をめざすことは、確実性とはまず無縁だが、偶然性、信念、探究心、冒険心などとは深く関わっている。

立ち止まれ。
眼前の木々も傍らの茂みも
消え去ってはいない。
いまどこにいようと、そこが「ここ」
それを強力な他者と心得よ。
互いに知りあう許しを求めよ。
森は呼吸している。
聞くがいい、森の声を。
私がおまえを取り巻くこの場所をつくったのだ。
もし、そこを去っても、
おまえはまた戻ってくるだろう、そう「ここ」に。
カラスにとって二つとして同じ木はない。
ミソサザイにとって二つとして同じ枝はない。
もし、木や枝のなすことがおまえに通じないなら
そのときおまえはほんとうに道に迷ったのだ。
立ち止まれ。森は知っている
おまえがどこにいるのかを。
それがおまえを見つけるのにまかせよ。

デイヴィッド・ワゴナー「迷い人」

第３章

# 静思の時

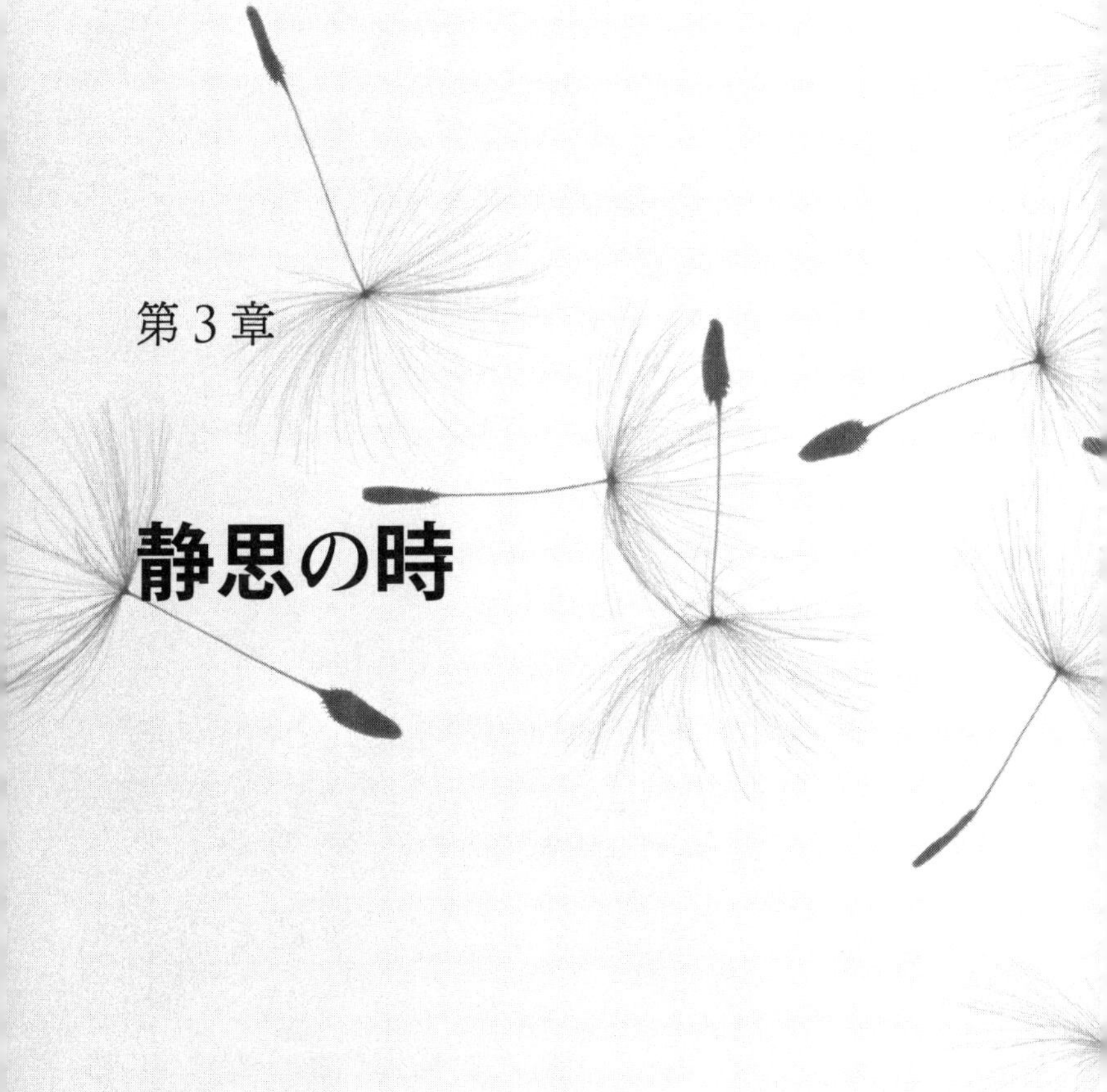

STAND STILL

いまでは、グラミン銀行は現代のもっとも有名な社会的発明の一つというより、一金融機関のように見える。三〇年の歴史をもち、二五〇万人に融資しており、借り手はすべて貧困層、しかもそのほとんどが女性だ。正規の金融機関からは融資を受けられない人々に「マイクロクレジット（小額無担保融資）」を提供する金融サービスは、いまでは世界中に広がっている。この制度は、ある問題を理解しようとした一人の男が始めたものだった。

## ムハマド・ユヌスの怒り

経済学者としての教育を受けたムハマド・ユヌスは、一九七二年、三二歳のとき、独立戦争後のバングラデシュに帰国した。アメリカのヴァンダービルト大学で学んでいた彼は、祖国の未来を思い描いていた大勢の国外居住者の一人だった。彼の自伝には、「私たちは民主主義を支持することを望んでいた。自由で公正な選挙と貧困のない生活に対する国民の権利を確立することを望んでいた」とある。独立後に帰国したのは、「故国再建に参加」しなければならないと思ったからであり、「それが自分の義務だと考えた」からだった。[1] ユヌスは、祖国の運命をみずから引き受けたのだ。

ユヌスは政府の計画委員会の職を得たが、ほどなく退屈を覚えて辞職し、チッタゴン大学経済学部長に就任した。そこでなら、経済論がほとんど見向きもしない貧困問題に取り組めると思ったのだ。二年間にわたって、ユヌスは大学周辺の村を観察し、自身の専門分野と貧困問題のむずかしさについて深く考えた。

一九七四年、バングラデシュは飢饉に見舞われた。大学という場所はオアシスだったが、その周囲一帯では土地が不毛のまま放置され、何千人もの人々が灌漑用水の不足によって飢えている。ユヌスはそれに憤りを感じた。彼はこう書いている。

「大学が知識の宝庫だというなら、一部でもいいから、その知識を周辺地域にも広めるべきだ。大学は、成果を社会に還元せずに学者が知識をきわめるだけの孤島であってはならない[2]」

ユヌスは、経済学者らしからぬ実践的研究に飛びこみ、農民が食糧を増産できるように、さまざまな作物と灌漑法を実験した。だが、まもなく、農業の技術革新によって小地主は前より豊かになったが、それがかえってこれまで気づかなかった問題を浮き彫りにした、という結論にいたる。自分と家族の食いぶちにも満たない低賃金で収穫期に地主に雇われて働く、土地をもたない貧困層——多くは女性——には、農法を変えても直接の恩恵はなかったのだ。

ユヌスはそうした貧困層を救いたかった。そのためには、あえて未知の海域に出帆する必要がある。

ユヌスは問題がどこにあるかを自分の目で確かめるために、大学周辺の極貧家庭を訪問しはじめた。一九六〇年代にアメリカの大学で学んだユヌスは、公民権運動とベトナム戦争に抗議して街頭デモをくり広げた若者文化に感化されていた。今度はバングラデシュで、ユヌスが教え子たちに、自分たちの力で社会や国を変えることができると教える番だ。貧困層全体の生活を改善する方法を探ろうと、ユヌスは学生を連れて周辺の村をまわった。そんなある日、彼は、竹の椅子を編んで生計を立てているジョブラ村の住民と、グラミン銀行誕生のきっかけとなる出会いをする。

その人たちは、ほぼ全員が子供のいる女性で、悲惨な状況に陥っていた。椅子を編むには、竹を買わなければならない。竹を買うには、借金しなければならないが、借金は椅子が売れしだい、ただちに返済しなければならない。高利貸しの利子は法外で、借金を清算すると子供たちに食べさせるのもやっとのお金しか残らない。だから翌日には竹を買うためにまた借金しなければならない。こうして悪循環はつづく。ある女性の生活をユヌス自身の言葉で紹介しよう。

スフィヤ・ビーガムの収入は一日二セントだった。それを知ってショックだった。大学の講義では、何百万ドル単位の理屈を教えているというのに、ここに、私の目の前にある生死の問題が、セント単位の話だとは。何かがまちがっていた。なぜ、うちの大学の教育はスフィヤの生活の現実にふれもしなかったのか？　私は腹が立った。自分に腹が立ち、自分の率いる経済学部にも、この問題に対処しようとも解決しようともしてこなかった大勢のインテリの教授たちにも腹が立った。一セントの貯金もできず、経済基盤を広げるための投資もできないほどスフィヤの収入は低かった。既存の経済システムのもとでは、それが永久につづくように思われた。スフィヤの子供たちには、彼女がかつてそうであり、彼女の親もまたそうだったように、食べるものにも困る、その日暮らしの生活が運命づけられている。たった二二セントがないために困窮している人がいるとは、それまで聞いたこともなかった。私にとっては、ありえない、ばかげた話に思われた。ポケットに手をつっこんで、商売の元手に必要なはした金をスフィヤにわたすべきだろうか？ そんなことは簡単だったが、スフィヤにお金をわたしたい衝動をこらえた。彼女は施しを求めているのではない。一人の人間に二二セントをさしだしたからといって、根本的な問題解決にはならないのだ。(3)

## 「システム」を変える

椅子の材料の竹を買うのに必要な二二セントを工面するスフィヤ・ビーガムの日々の苦労を知ったことがきっかけとなって、ユヌスは背中を押されるように壁に立ち向かった。行動せずにはいられなくなった――本書が使命と定義するものだ。ユヌスのいきさつも、ゲルドフやブラウン、ランドストロムのそれと酷似しているが、彼の場合は、バングラデシュの貧困の研究に四年間、集中的に取り組んできた学者だった。だから、立ち止まっていても、スフィヤ・ビーガムに代表される貧困層を餓死すれすれの生活から脱けだせなくしている悪循環の性質を理解することができた。そして、その知識を利用して問題に介入した。

スフィヤ・ビーガムのような女性がお金を借りられる方法があったらどうだろう？ この問いが、ユヌスが「クレジット（信用貸し）は人権だ」という結論にいたった道のりの出発点だった。貸付金は高額である必要はなかった。竹の椅子の例でいえば、地元の高利貸しに取られる法外な金利を払わなくていいなら、一日二二セントで十分だとはっきりしていた。だが正規の銀行がそんな取引に興味を示すはずがない。融資額も収益率もあまりに小さいし、スフィヤ・ビーガムのような人々には担保も信用履歴もなく、借金の連帯保証人もいなかった。それに、実際問題、一人二二セントの貸付金を管理するのはたいへんなことだと予想された。

しかし、ユヌスはただお金を与えるのはよしとしなかった。高利貸しに搾取されるかわりに施しに頼っても、悪循環は断ち切れないと考えていた。となると、次のアイディアは？　地域社会を再編して、ユヌスの「銀行」を支える制度をつくればいい。融資を受けたい人は少人数のグループを結成し、グループローンの形で融資を受け、メンバー全員でローン返済に励む。個々のローンの管理もグループ自体が担う。そういう制度を考えた。

ところが、これではまだ十分ではなかった。ユヌスは自伝にこう書いている。

「ジョブラ村では、借り手がグループを結成することは必ずしも簡単ではないことがわかった。一人目の融資希望者は率先して動き、銀行の仕組みを二人目に説明しなければならない。これが村の女性にとっては特に難関だ。友人を説得するのに手こずることが多い。怯えたり、疑ったり、あるいは夫からお金を扱うことを禁じられたりしがちだからだ。それでも、やっと二人目が、グラミン銀行の融資を受けたほかの家庭の成功例に気をよくしてグループに加わる……しかし、よくあることだが、やっと五人そろったと思った矢先に、一人が、『だめ、夫が反対するわ。私が加わることに対していい顔しないの』と言って、心変わりする。かくして、グループは四人、三人、ときには一人に逆戻り。その一人はまた一から出直しだ」(4)

借金返済の悪循環は、女性を価値のない無能なものと決めつけ、他人にへつらう自信のない存在にさせている、貧困の文化によって増幅されていた。社会的序列がこの貧困文化を膠着させていた。ユヌスが、そして小グループを結成して融資を受けようとするすべての人々が挑んだのは、この「システム」を変えることだった。これには何年もかかった。何カ月単位の話ではない。だが、一つまた一つとグループができ、成功していった。彼らは事業を起こし、滞りなくローンを返済していった。

振り返ってみれば、大きな成功を収めたことがわかる。数グループから始まったグラミン銀行は、一一七五支店にまで成長し、四万一〇〇〇の村でサービスを提供し、バングラデシュの六〇%をカバーしている。グラミン銀行を模したマイクロクレジットは、世界の貧困層の推定二五〇〇万人以上に融資している。数えきれない人々の決断に支えられてここまで成長したが、ムハマド・ユヌスの洞察と情熱がなければ、グラミン銀行は存在していないだろう。

ムハマド・ユヌスは行動せずにはいられなかった。ただし、分析と内省にも時間を費やした。それも一度だけではない。彼は、分析と情熱に導かれてバングラデシュに帰国し、農村の貧困層とその資金繰りニーズに強い関心をもつようになった。分析と情熱に導かれて、自分の考えた経済モデルを何度も調整し、もっといい方法はないかと模索しつづけた。

## 社会起業家は行動しながら考える

社会起業家は探検家だ。道を見つけるには、身のまわりのパターンはもちろん、パターンの変化にもいつも注目しておく必要がある。よくある戦略モデルというものは、時間をかけて懸命に考え、あらゆるデータを集め、それから行動するのをよしとしている。まるで、世の中はすべて論理的で、周到に計画を立てれば予想できると言うかのように。親たちは、「跳ぶ前に見よ」と子に言い聞かせる。しかし、ユヌスのようなタイプの人間は、行動の途中で立ち止まる能力、変えようとしている力学《ダイナミクス》を深く理解するために身のまわりのパターンを見つけだす能力をもっている。

デイヴィッド・ボーンスタインは、そんな社会起業家が、多くの障害物があるなか、どのように問題に取り組み、何を変化の原動力として行動するのかを研究している[5]。世界中のソーシャルイノベーションの成功者一〇〇人にインタビューした結果、その資質に多くの共通点があることがわかった。特に、自分の直観、つまり自分の問題認識を信じ、行動しながら学ぶという点で共通していた。

要するに、沈思黙考と行動を両立できるのだ。これはめったにあることではない。一般に、私たちは沈思黙考と行動が分離した文化に住んでいる。黙って考える場である学校に行き、行動のための準備をする。行動の世界に足を踏み入れようと思わない人間は、学者として学校に残ったり、修道士や物書きやアーティストになったりする。一方、ただちに行動する人間は、働きすぎで倒れて休暇でも取らないかぎり、黙想する時間や立ち止まる時間をめったにもてない。

深い内省においては、細部はもちろん、それらの関係性をも慎重に観察することが求められる。「カラスにとって二つとして同じ木はない。ミソサザイにとって二つとして同じ枝はない」。デイヴィッド・ワゴナーは、「迷い人」という詩でそう書いている。「もし木や枝のなすことがおまえに通じないなら、そのときおまえはほんとうに道に迷ったのだ」と。ソーシャルイノベーションを成功させる人間とは、思慮深い行動者であり、休むことのない思索家だ。ワゴナーが木や枝を不動のものとして扱っていないことに注目してほしい。カラスやミソサザイとの関係において、枝はただ存在しているのではなく、何かをなしている。内省しつづけることが必要なのは、複雑系では、パターンがいつまでも定位置に収まっていることはなく、人が介在した結果を予想できることもない、という事実があるからだ。世界は外から影響されるものではなく、むしろ、たいてい意外な形で人と相互に影響し合う。

## 変化が始まるとき

シェイクスピア劇のブルータスは、「人の行動にも潮時がある。上げ潮に乗じておこなえば、首尾よく運ぶ」と言った。潮時を知る感覚がカギだ。いつ動くべきか、いつ静止すべきか、本能的に感じ取るのだ。正しいタイミングは、つくりだすものでもあり、向こうからやって来るものでもある。ユヌスの場合を見てみよう。

一九七四年の飢饉はだらだらと長引き、事態が悪化すればするほど、私はいてもたってもいられなくなった。もはや耐え切れず、大学の副総長に会いに行った。社会派の小説家でもあるアブル・ファザルは、国民的有名人であり、多くの人々からバングラデシュの良心と評価されていた。彼は私を丁重に迎えてくれた。

「用件は何かね、ユヌス?」

天井の扇風機が頭上でゆっくりと回り、蚊がブンブン飛び交っている。用務員がお茶を運んできた。

「たくさんの人が飢え死にしています。それなのに、誰もがその話を避けています」

ファザルはうなずいた。「で、どうしたいのかね?」

「あなたは世間から尊敬されている人です。新聞に声明を発表していただけませんか」

「かまわないが、どんな?」

「国民と政治家に対して、この飢饉を終結させるよう呼びかけてください。あなたが音頭を取ってくだされば、このキャンパスの全教員が、あなたの声明に共同署名するにちがいありません。そうすれば世論を動かせるでしょう」

「よし」と言って、ファザルはお茶をすすった。「ユヌス、きみが声明を書きなさい。私が署名するから」

「あなたは作家じゃありませんか。どんな声明がふさわしいかご存知のはずです」

私はにこやかに答えた。

……あなたをおいて国民の関心を飢饉に向けさせることができる人はいない、いや、きみが書きなさい、と押し問答がつづいた。ファザルが自分の主張を曲げないので、私は自分でやってみると約束せざるをえなくなった。翌朝、草稿をもって行き、ファザルが目を通すのを待った。

読み終わると、ファザルはペンに手を伸ばし、こう言った。

「どこに署名すればいいかね？」

私は唖然とした。「いやしかし、それでは語調がきついと思いますので、手を入れていただいたほうがよろしいかと思いますし、補足していただくこともあるかと」

「いや、いや、いや、これで結構じゃないか」

それだけ言うと、ファザルはその場で署名した。[6]

ファザルがユヌスの原稿に署名した、この小さな行為が決定的だった。それが、ユヌスが必要としていた大学内での支持を彼に与え、本人の言葉によれば、それを機に「連鎖反応《チェーン・リアクション》が始まった」のだ。もし、大学の責任者が違う人物だったら、飢饉が起きなかったら、ユヌスがバングラデシュに帰国しなかったら……「もし」をあげたらキリがない。だが、状況はそろい、ユヌスはそのことを知った。

デイヴィッド・ボーンスタインの研究のとおり、社会起業家は勝機を知ることにかけては熟練者だ。だからといって、完璧に、あるいは永久に知っているということにはならないが、パターンをつかむことができるときには、彼らはそれをつかみ取る。彼らはつかんだものを頼りに行動する勇気をもっている。そして、その行動が新しいパターンを生みだす。その新しいパターンをもまた彼らは見ることができるのだ。

## 人と世界の対話

パターンをつかみ、それにもとづいて行動するということは、どれほどむずかしいことなのだろう?

アメリカの思想家であり教育運動家であるパーカー・パーマーは、それはとてもむずかしいことだと考えている。[7] 世界を知るばかりでなく、自己認識も必要だ。パーマーは、深い思想と教育への献身、そして詩によって人に自分の仕事の意味を見つけさせる手法を広く評価されている。ある昔話になぞらえるという彼流のひかえめな方法に啓発され、自己認識と世界認識の関係を理解した人は数えきれない。

その昔話とは、王子に鐘台を彫ることを命じられた道教徒の木彫師の物語だ。木彫師はみごとに仕事をやりとげるが、世間はその名人芸を、木彫師が強いつながりをもっているにちがいない神々のおかげだとする。このとき、木彫師は、このうえなく謙虚に、それは人智を超えた成り行きだったと示唆するのだ。まず彼は、世俗の雑念(王子を落胆させたらわが身はどうなるだろうという恐れ、功名心、欲)を七日間の断食によって取り払った。断食の終わりには世の中のことも自分の体さえも忘れ去った。それから木々の自然な姿を知るために森に入った。

これだ、という木が私の眼前に現れたとき、
木の中に鐘台の姿も現れた。くっきりと、何の迷いもなく。
私がしなければならなかったことといえば、手をさしだし、
そして彫りはじめることだけだった。
もし、この木に出会わなかったら
鐘台もなかっただろう。
何が起きたのか？
私の冷静な思考が
森の秘められた力に出くわしたのだ。
この生きた出会いから
人が神々の技と見まがうほどの作品が生まれた。(8)

この物語は、思考と行動の間で、人と状況の間で交わされる特別な対話とイノベーションの関係をみごとに表現している。ムハマド・ユヌスやジェフ・ブラウンなどの社会起業家は冷静な思考の名手だ。しかし、森や世界の役割、偶然の関係の役割、生きた出会いの役割にも注目してほしい。鐘台は木彫師の腕前がなければ存在しなかっただろう。しかし一方で、あの特別な木、そして双方が出会う空間がなければ存在しなかったともいえる。

「木の中に鐘台の姿も現れた」――準備の整った心に見えるパターンに相当するものは何だろう？

また、あるときは手を伸ばしても隠れたままなのに、あるときには同じ行為が、力強く、美しいものを解き放つのはどうしてだろう？

## レジリエンス

C・S・ホリング〔クロフォード・スタンリー・ホリング。生態学者、エコロジー経済学の提唱者〕、通称バズは、使命をもった人物だ。数々の栄誉に輝き、学界や現役の生態学者から大きな尊敬を集めているにもかかわらず、尊大さはみじんもない。それよりも、自然（自然科学と社会科学の両方の意味で）の営みに子供のような好奇心と興味をもちつづけている。

ホリングは、生態系のなかに見えるパターンに魅了され、最近では社会システムや政治システム、芸術的な形式にも同じパターンを見いだすようになってきた。そして、自分が率いる学際的なチームが、健全なシステムに欠かせない特質の一つを理解しはじめていると考えている。それはレジリエンス（resilience：復元力）だ。[9]

レジリエンスとは、大きな変化を経験しても、もとの状態を保つ能力だ。変化と安定のバランスをとることではない。均衡状態に落ち着くことでもない。むしろ、大きな変化と安定を、同時に逆説的にはたらかせるものと言える。

レジリエンスの事例はどこにあるだろうか？　個人と組織、二つのレベルの変革について考えてみよう。

人は、ときとして、すべてが変わってしまったかのような人生の一時期を経験することがある。何もかもが同時に起きたようだった。配偶者や子供との死別、離婚、新しい町、それどころか外国への引っ越し、転職や突然の失業、たびたび起こる構造転換、いろいろなことが対処するまもなく身に降りかかってきた。そのような激変の時期には、何一つ変わらないものはないように見える。それなのに、自分は相変わらずの自分だ。自分を取り巻く状況がどんなに変化しても、変わらない自分本来の姿がある。

今度は歴史の長い一流企業を思い浮かべてほしい。数十年間一つの業種を専業にしてきたが、経営陣は新しく台頭してきた業種に事業転換を図ることを決定する。事業転換が進むにつれて社員の多くが退職する。事業の場所も変わるかもしれない。それでも、同じ会社には見えないほど変わってしまったわけではない。大がかりな方向転換にもかかわらず、主要な価値基準や機能のなかには、そっくりそのまま残り、ゆるがないものもある。

以上二つの例では、個人と組織にレジリエンスがある。両者は変化すると同時に不変でもある。そう考えると気が楽になる。動揺しても、基本に立ち返らせてくれるもの、一種の試金石があるのだから。ただし、立ち止まる時間、つまりパターンをじっくり考える時間をもたなければ、レジリエンスは見過ごされてしまうだろう。

ホリングのレジリエンスの研究は、生態系《エコシステム》、特に森の生態系を観察することから始まった。彼にとって、何百年も存在してきた森がたびたび大変貌をとげることが、つきない興味の対象だった。火災や病気、干ばつから森を守っても、けっして森の存続を保証することにはならない。

むしろ、森は大規模な変化を絶えることのない進化の一部として利用しているように見えた。

## 変革のサイクル

ホリングは、このレジリエンスという能力を、解放（release）、再編（reorganization）、利用（exploitation）、維持（conservation）と名づけた四つの段階に分けて具体的に考えた。四段階のサイクルは継続的かつ同時的だ。しかも、困難をはらんではいるが、健全な生態系ならどこにでも存在している。ホリングはこの四段階を適応《アダプティブ》サイクルと呼んだ。

### ①解放と「硬直の罠」

山火事やイナゴの異常大発生、銀行の破綻などは災難以外の何ものでもなく、いいことなど一つもない、という見方をするのが普通の人間の反応だ。ところがホリングの説は違う。災難はたしかに既存の構造を破壊するが、

図● 適応サイクル(10)

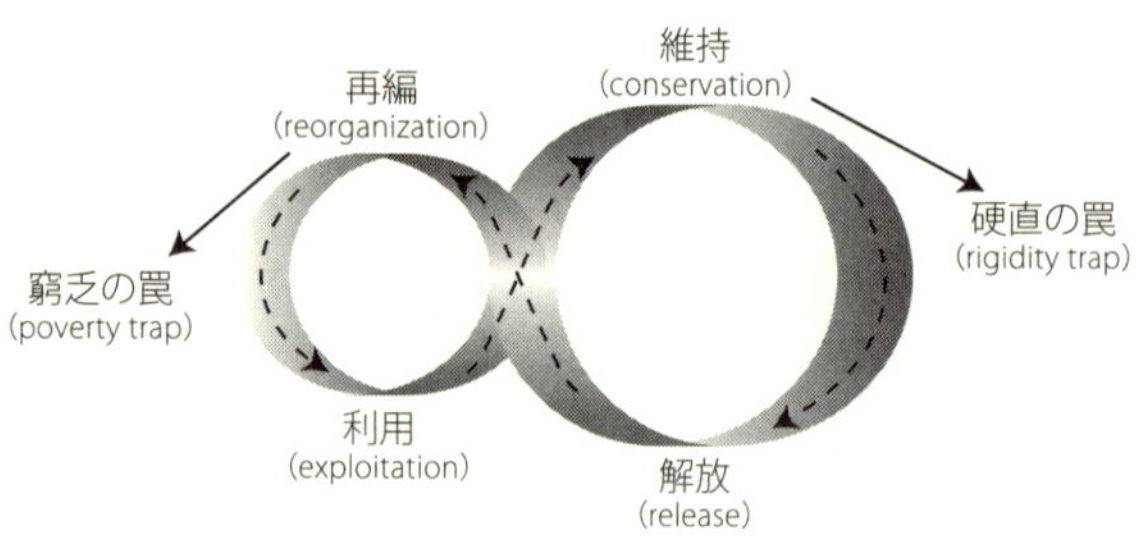

その一方で、束縛されている資源や養分を新しい生命のために「解放《リリース》」するというのだ。たとえば、ある地域の水や養分がすべていま生えている木にとられているとしたら、木を焼き払ってしまえば、養分は新しい植物の生育のために解放されるわけだ。

経済学者であるヨーゼフ・シュンペーターの一九四〇年代の造語「創造的破壊」は、これと同じ考え方だ。シュンペーターは、健全な経済はイノベーションや創造性を解放するように見える破壊のサイクルを通過することに着目した。シュンペーターが経済に見ていたパターンを、ホリングは生態系に見た。自然のシステムも経済のシステムも、ともに成長段階のあとは成長を維持する段階に入り、解放の必要性が生じてくる。創造性の解放に失敗して次の段階に入れないと、システムは硬直状態に陥る。ホリングはこれを「硬直の罠（rigidity trap）」と表現した。ものごとの一面だけを見ていると、硬直の罠にはまるリスクをおかすことになる。

グラミン銀行は、硬直の罠に陥ったシステムに新しい視点をもたらした実例だ。スフィヤ・ビーガムに代表される人々は、生計を立てるたった一つの道しか見つけることができなかった。昼も夜も働いて借金を返し、また借金をして働く、という終わりのないサイクルだ。ポケットに手をつっこんで、スフィヤにお金を握らせたところで、この硬直の罠を壊すことはできないとユヌスはわかっていた。そのかわり、クレジットを人権として定義する道を歩みはじめた。一般の銀行は、信用リスクの高い貧困層に融資する方法など、とうてい見つけられなかった。ユヌスは別の道、グループを結成してメンバーの借金返済をバックアップする方法を見つけた。

この種の変化を起こすのはむずかしい。多くの場合、何年もしてきたことをやめることを意味するからだ。仕事を辞める、プログラムを終了する、うまくいっていたアプローチやシステムを捨てる、ということになりかねない。しかし、適応サイクルに照らしてみれば、慣例や制度のなかで固定されている時間、エネルギー、金銭、技能などの資源を解放しないかぎり、何か新しいものごとを創造したり、違う視点でものごとを見たりすることはむずかしい。そのような新しい視点がなければ、また、私たちの生活や組織やシステムに目新しさやイノベーションを絶えず吹きこまなければ、ゆっくりと、だが確実に、レジリエンスは失われ、社会は硬直性を増していく。

このリスクは最良のシステムであっても避けられない。それどころか、卓越したパフォーマンスの達成によって、硬直の罠に対してかえって無防備になることもある。ダニー・ミラーは、一時的に優良企業ともてはやされるが衰退してしまう企業を研究した。[11] その結果、そうした企業の成功は、ミラーが「単一性の構造」と呼ぶものの追求によって達成されることが判明した。資源のすべてを単一の、最良の方法につぎこんでしまうのだ。たるみを引きしめて士気高揚を図り、重複を省いて、全社一丸となって戦略的な優先事項に専念する。その結果、周辺視野や周辺的視点を失う。ギリシア神話のイカロスが、ロウで固めた翼で飛んでいることを忘れて、太陽に接近しすぎてしまったように。そして、成功の頂点で、眼中になかったライバルに蹴落とされたことに気づく。

ミラーのメッセージは、ホリングと同様に、「全盛期の行動にしがみつくと、それがもはや機能しなくなったとき、罠にはまる」ということだ。罠にはまると、低迷期が長く深刻になる。

ユヌスのような社会起業家は、「見ること」――バランスのとれたものの見方や周辺視野を保つこと——に長けている。彼らは、世界に新風を吹きこむためには変化が必要だということを知っている。そして、その変化は、大切なもの、慣れ親しんだもの、無難なものを失うような感覚をともなう場合があるのだ。

## ②再編と「窮乏の罠」

解放、すなわち創造的破壊の次には、「再編《リオーガニゼーション》」の段階が来る。新しい機会を探し、新しい関係を築く段階だ。この段階では、場所や資源をめぐる激しい競争が起きる。山火事で焼き払われた原野を想像してほしい。そこでは新しい生命がたちまち成長する。白樺やカエデ、ポプラの種がこぼれ落ちた場所には、十数種の新しい植物が二、三センチ間隔で芽を出しているかもしれない。一夜にして、こぼれ種から新しい生命が生まれ、地面を一面におおう。組織や社会集団にとって、この再編の段階は、探究心で高揚する時期となるだろう。何かが起きそうで、楽観的なムードがただよう。

ところが、生態系や社会システムは、この段階でも罠にはまることがある。ホリング率いる研究チームは、これを「窮乏の罠（poverty trap）」と呼ぶ。新しい発想が何も根づかなかったり、育たなかったりするような状態を指す。

再編の段階は、探究心に満ちた雰囲気と再生の明るい見込みで高揚しているが、その高揚に引けをとらないようなシステムのレジリエンスを維持したいなら、何らかの「死」がこの場合にも必要だ。多数の種が二、三センチ間隔で生育していたのでは、すべてが成木となることはできない。

生態系では、成木に成長するために利用可能な資源を獲得した種が「勝ち」、そうでない種は必然的に枯れていく。創造的な組織では、複数のチームが競い合ってプロトタイプ（原型）を考案することが多いが、思い描いたプログラムやサービスのうち実際に採用されるのは、ごくわずかだ。だから、個体や種のなかには、適応サイクルの次の段階に進むため、消え去るにまかせなければならないものがある。

### ③利用

「利用《エクスプロイテーション》」の段階に入ると、システムは勝ち残った種や提案に重点的に投資する。種や提案の側にすれば、利用可能な資源に強く依存するということになる。非営利セクターならば、発想の段階から、それを実現するために身を粉にして働く段階へと移行したことを意味する。手に入るかぎりの資源を総動員して提案を実現させる段階だ。

社会起業家は、通らなかった道を振り返ることはめったにない。ランドストロムやプリチャード、ブラウンやユヌスが行動を起こす使命を感じたときに、それぞれの脳裏をかすめたかもしれない、変化を生みだすためのいろいろな可能性は、新しい製品ラインを立ち上げる、あえてスラム街に家を買って自転車修理教室を開く、街に足を踏み入れる、新しい融資制度を導入する、というそれぞれの行動を前にして消え去った。

すぐれた社会起業家は、パーカー・パーマーの木彫師のように、たしかに立ち止まり、システム全体を見るが、同時に社会変革のサイクルの、段階ごとの現実に没頭する。分析したからといって停滞するわけではない。彼らは立ち止まり、かつ行動する。

## ④維持

適応サイクルの四段階の最後は、「維持《コンサーベイション》」、すなわち成熟の段階だ。森でいえば、木々が成木になり、景観の主流を占めるようになる段階だ。生い茂る成木は新しい生命が成長する機会を制限する。大木は資源のすべてを消費し、他の植物が生育できない日陰をつくる。組織や社会運動でいえば、努力の成果が見える「製品やプログラムの成熟」段階だ。プロジェクトやサービスに十分に投資してきたからこそ実を結んでいる。しかし、成果に目がくらみ、「解放」の必要性を忘れてはならない。成功の時は、次のサイクルのために資源を解放することについて考える時でもあるのだ。

レジリエンスは、システムの進化を妨げる硬直と窮乏の両方の罠にはまるのを避ける力だ。だが、レジリエンスは、適応サイクルの段階が移り変わるとともに、私は誰なのか、私は何を知っているのか、私は何を大切にしているのか、の取捨選択をともなう。段階から段階へ移行することは、自分自身を喪失するような危機感をともなう場合がある。しかし、この適応サイクルは、「破壊と再生、生と死は、健全なシステムにとって不可欠だ」ということを私たちに思いださせてくれる。

Crisis（危機）の語源はギリシア語で「転じる」という意味だ。転じるということは、もはや不要なものは手放し、本質は保持することを示唆している。レジリエンスは、去るにまかせ、同時にしがみつくという、この「転じる」能力を意味している。問題は、何を、どうやって去らせるかだ。

立ち止まるという行為は、山火事を目の当たりにしているときは、できそうにもない。にもかかわらず、適応サイクルのモデルでは、それが求められている。非営利セクターの組織なら、何を築き、何を手放すかについてのピントがずれたり、選択をまちがったりするようになると、「窮乏の罠」にはまるリスクが高い。

また「硬直の罠」を避けるには、自制心と勇気が必要なので、もっとむずかしいかもしれない。プロジェクトの期間を限定することで、硬直の罠を避けようとしている組織もある。数年ごとにプロジェクトを強制的に死滅させることで、束縛されたエネルギーや時間や資金の解放が可能になるのだ。プロジェクトが急死する期日を設けるのは独断的な気もするが、未練を断ち切り、感情的な負担を軽減する一面もある。解放された創造力は、組織や社会運動に再投資することもできるし、どこか別のところに投資することもできる。

ホリングは、健全な生態系は四段階すべてを連続的に、しかも同時にさまざまな規模《スケール》で経験していると考えた。

健全な森にはレジリエンスがあった。各段階を次へのインプットとして利用したのだ。しかし、人の手が入りすぎた森には、レジリエンスがまったくなかった。人間はごくかぎられた種類の樹木しか植えない。山火事があれば早く消そうとするため、たとえば、森が下生えを焼き払い、養分を解放して種に与えるという仕事をする機会を奪ってしまう。こういう森は不安定で脆弱になった。手のつけられない山火事や病気の蔓延など、ひとたび天災に見舞われると、自然な解放や再編の段階に進まず、進むにしても、健全な森なら数カ月や数年ですむところが数十年単位という異常に長い期間を要した。

組織や社会運動なら、あまり長い間現状にとどまると、人の手が入りすぎた森と同じことになる。成熟段階は居心地がいい。自分が何をしているか、それをどうすればいいかを把握できている。だが、その快適さが盲点だ。再生をもたらす解放や再編の必要性から目がそれてしまう。

## 生活の質とは人間関係だ

一九八〇年代、数人の人々が、カナダのブリティッシュコロンビア州バンクーバーでわが子の将来について考える会を始めた[12]。メンバーはそれぞれ障害児を抱える親だった。ミーティングを開き、親としての喜びや不安を話し合い、子供たちの夢や生活の保障、世の中での居場所について考えた。親たちは例外なく、わが子のために学校教育、住環境、医療、心理的なケア、経済支援、などを勝ち取ろうと政治とわたり合い、傷ついた体験をもっていた。現状のシステムをよくわかっていたし、それを乗り越えてはきた。だが、疲れていた。そして不安だった。

わが子のために闘う背景には、医療の進歩とともに、障害があっても子供が親より長生きする可能性が高くなったことがあった。遅かれ早かれ、子供は親を失い、現状の社会に投げこまれる。

そうなれば、親にとって最大の心配の種である絶望的な孤独から、わが子を守ってくれるものはない。親たちは自己不信にさいなまれていた。社会的支援を得るための闘いや、結局は親が生きている間のわが子のニーズに応えるにすぎない非営利団体の設立に、貴重な年月を費やしてしまったのではないか?

パムという娘をもつジャック・コリンズもそうだった。彼は後悔とともに、認識を改めた。

「私たちはみんな、わが子にサービスを提供するはずの非営利組織を立ち上げるのに何年も費やしてきましたが、できあがった組織は個人のニーズをほんとうにはわかってくれませんでした……障害者の地域生活を支援する地元の協会も、協会側のニーズに合ったプログラムを提供する以外は、何の役にも立ちませんでした……パムのことを何か頼めば、決まってトレーニングプログラムに入れて終わりでした。マフィンを焼く講習を受けさせられたこともありました」

コリンズだけでなく、この会の親たちは、こうした非営利組織の多くに直接的に関わった経験があった。創設に関わり、運営に関わり、役員になり、政府に陳情した。政治と政策の問題、法律と財政の問題に詳しくなった。子供に残す資産のためにファイナンシャルプランニングの専門知識も身につけた。メンバーのなかには、障害のある子供を支えるのに適した遺言や信託について学ぶワークショップに関わっている人もいたほどだ。それでもなお、自分たちが関わってきた組織には、何か重要なことが欠けている気がしてならなかった。

この小さな会の望みは、何かまったく違うものを生みだすことだった。それまでとは違う組織、それまでとは違う社会運動。あるいは、障害者が人間として心から必要としていることを知り、それに対応すること。わが子をはじめとする障害者の未来が守られる世の中とはどんなものかを思い描くこと。

小額ではあったが企画調査の助成金を得て、会は三年を費やして徹底的な調査活動をおこなった。少しずつ、障害者コミュニティと支援組織を考えるうえでのヒントが見えてきた。共通のテーマが浮かび上がった。障害者の幸福には次の四つの要件が欠かせないという結論にいたったのだ。家族と友人、経済的保障、収容施設ではなくやすらぎの場所としてのホーム、そして、希望や選択を尊重してもらえる能力。

一九八九年、会は、この新しいアプローチを実現するためにＰＬＡＮという新しい組織を設立した。ＰＬＡＮとは、Planned Lifetime Advocacy Network（人生設計支援ネットワーク）の略だ。創設メンバーのうち、アル・エトマンスキが非常勤の理事長に、ヴィッキー・カマックが常勤の事務局員になった。エトマンスキは忍耐力と情熱を備えた人物だ。娘のリズとその障害にともなう課題が、彼の人生を一変させてしまった。娘や障害者の生活を改善したい一心から、それが副業となったばかりか、天職にまでなった。妻のカマックは、障害者とその家族の生活を改善する新しい効果的な方法を求めて、夫の協力者となった。

ＰＬＡＮの創設メンバーは、わが子の幸福な生活を築く要件を手に入れるために、単純な介護という発想を乗り越えたいと考えていた。課題は、どうやって要件を達成するかだ。

四つの要件はどれも――ホーム、家族と友人、選択の尊重、そして経済的保障でさえも――

個人の有意義な人間関係を育てることを求めていることをメンバーは実感した。人間関係が生活の質（ＱＯＬ：Quality of Life）につながるのではなく、人間関係が生活の質であると。この原則を深く、緻密に理解するにつれて、息子や娘のために求めているセーフティネットは、この生活の質というものから切り離せないのだということも認識するようになった。

　メンバーは、障害者にふさわしいセーフティネットについての過去の調査を参照した。ＰＬＡＮ理事のテッド・クンツはのちにこう書いている。

「その調査の結果から、ソーシャルワーカー、法律を執行する役人、法律の細則など、法律を執行する手段の多少と障害者のセーフティネットの間には関係がないことがわかった……むしろ、障害者のセーフティネットは、個人の人間関係の多少に左右されていた。人間関係が多ければ、セーフティネットも強固になり、人間関係が少なければ、脆弱性が高まるのだ[13]」

　必要な人間関係は、職業的なものではなかった。親子や友人どうしの関係のように、愛情のある関係、出会い、そして関心をもつ関係、一人ひとりの充実した生活に組みこまれ、相互に与え、相互に存在することの上に成り立つ関係でなければならなかった。障害者が受け取るだけの一方通行の関係ではない。

　この時期を振り返って、エトマンスキは次のように話す。

「私たちはこのコンセプトのために闘わなければなりませんでした。何となく人に伝わるものではありませんでしたし、『ああ、しばらくはそうしてみるよ』と言われたものです。ある問題のために連続五回もミーティングを開いて議論し、何か結論を出しても、六回目のミーティングではまったく違う方向に進むことが決まるということはざらでした。礼儀はわきまえていましたが、価値観をめぐる対立がありました……あいまいなほうがずっと楽でした……前の仕事では一日に二〇回は何かを決定していました。すべてがいい決定ではなかったでしょうが、決定できていました。それが今度の仕事では、何カ月も何も決定しないことが求められました。私たちは辛抱づよく、多角的に問題を検討し、『よし、これだ、この方向に行ったほうがいいだろう』となったかと思うと、すぐに気が変わりました……私たちは学びのグループでした。誰もが好奇心旺盛でした」

多くの社会変革の事例と同様に、PLANは一九八九年に「何とかしなければ」という思いで始まった。PLANの親たちは現状のシステムに失望していたが、この失望に絶望してしまうのではなく、やる気を出した。もっといい方法があるはずだと思ったのだ。PLANの親たちは、解放、つまり「創造的破壊」のなかにいた。ある夢をあきらめ、ある方法をあきらめ、別のものを探していた。悲しみや絶望でさえも、何か違う方法があるにちがいないという強い信念と結びついていた。この希望があったからこそ、方向が定まらず、新しく加入したメンバーのエネルギー以外は進むあてがほとんどない時期を、乗り越えることができた。

新しいメンバーが加わるにつれて、PLANは再編と探求のモードに入っていった。PLANの事例でのこの段階は、エトマンスキがみごとに表現しているように、「深い探求」を特徴とする時期であり、「本音で語り合い、ときには議論にもなるメンバーどうしの対話、世の中の人々との対話に没頭した」時期だった。転機の正確な瞬間ははっきりしないが、それまでのあらゆる話し合いが、人間関係がカギだという考え方に収束した。そして、発想に具体的な形を与える時がきた。

こうして一九八九年、ＰＬＡＮが誕生したわけだ。バンクーバーの狭いオフィスを借り、常勤の事務局員一人と非常勤の理事長一人をおいたが、最終的に何をめざすのかはまったく漠然としたままだった。創設メンバーにとって、苦労してたどり着いた、直観的な最初の原則、「人間関係が生活の質につながるのではなく、人間関係が生活の質である」だけが頼りだった。運営の詳細は、まだ何も決まっていなかった。

ほかの組織で経験してきた妥協や反対者の取り込みを懸念して、創設メンバーは、資金面ではどんなに苦しくても、組織の独立がカギだと判断した。政府の助成金は受けないことにした。そのかわり、入会した家族は終生会員とし、入会金（現在は一五〇〇ドル）と年会費三五〇ドルを払うシステムにした。また、個別のサービスを利用する場合は時間決めの料金を払ってもらうことにした。資金不足を埋めるために個人や企業に寄付を依頼するにしても、大口寄付者に恩義を感じたり、その組織のニーズに縛られたりすることは、けっしてしたくなかった。ＰＬＡＮの独立と信頼を守るために、理事の過半数はつねに会員家族の代表者にすることも決まった。

## 成長のステップ

ＰＬＡＮの目標は、子供たちの人間関係のネットワークを拡げる方法を見つけることだった。

人間関係を育てるには普通、どうするだろうか？

まず親たちは、「子供会員」をそれぞれネットワークの中心にすると決めた。そして、パートタイムのファシリテーターを雇うことにした。その役割は、子供一人ひとりを知り、既存の人間関係を探し、それらが最大限に活かされるよう指導し、さらに可能なかぎり新しい人間関係をつくることだ。

ファシリテーターには専門技能よりも人間関係の探求心が求められる。各ネットワークは、肉親、遠縁、旧友、新しいボランティア、仕事仲間、隣人など、予測不能な多様な顔ぶれで構成される固有のものとなる。その子供を中心にしたネットワークがすでにある場合は、ファシリテーターや協力者がそれをさらに強化し、偶発的で不定期的なものから意図的で定期的なものにしていく。ネットワークに新人ボランティアが加わるときは、ファシリテーターは双方をお互いの世界に紹介するという、慎重さが要される役目を担う。いずれにしても、ものごとが進展し、ネットワークの協力者が積極的に関わるにつれて、ファシリテーターの役割は目立たなくなり、たまに事務手続きをしたり、親睦会に顔を出したりする程度になるはずだった。

このネットワークはすぐにはできあがらなかった。十分に深く、強くなって持続するようになるまで数年がかりのことが多かった。しかし、年を追うごとに、活気のある長期のネットワークが増え、PLANの評価は高まっていった。

この道の途中には驚きもあった。ネットワークが持続するようになると、自然にサポートや支援活動《アドボカシー》が活発になり、孤立感や疎外感が薄れていった。会員は、自分のネットワークはまるで家族の延長のようだと語った。以前は知らなかった者どうしが、ネットワークの中心にいる障害者に対する愛情とコミットメントという共通点で結ばれて、親しい友人になった。会員家族もネットワークを頼りにするようになり、家族が遠方に出かけているときや、連絡がつかないときは、ネットワーク内の協力者に子供を任せることさえあった。

ＰＬＡＮ会員は、与えるという行為がほんとうに双方向になったことに気づきはじめた。

アル・エトマンスキは、エミリーという二〇代の会員について話す。エミリーは二歳のときの自動車事故で負った頭部損傷が原因で重い障害を抱えており、事故以来、病院暮らしをしていた。歩くことも、話すことも、自分で食べることもできず、何年も家族との接触がなかった。エミリーの食事の介護には時間がかかり、ＰＬＡＮがはじめてエミリーの人生に関わったとき、病院は看護師が食事の介護をしやすいよう、エミリーの歯を全部抜こうとしていた。ＰＬＡＮはエミリーの友人関係のネットワークづくりに着手し、抜歯の阻止に成功する。そして、ネットワークの人間関係が深まるにつれて、友情と人間的な接触がエミリーの意識を回復させた。まもなく、エミリーは退院し、グループホームに入った。

エミリーのネットワークの協力者の一人は、アンという非常に活動的な老女だった。アンはつねにコミュニティのプロジェクトの一つ二つに取り組み、いくつもの委員会の委員を務め、さまざまな方法で社会貢献をしていた。アンはエミリーのために週一回、優雅なディナーを用意するのが習慣になった。いちばん上等な皿と銀器を使い、エミリーのそばに座り、二、三時間かけて料理を食べさせた。エミリーが週一回の交流から何を得ていると感じるかと訊かれて、アンは「簡を落とし、意義深く、心から平和を感じるような、人との結びつきをもてるようになったの」あわただしく動き回らないひとときよ。エミリーがくれる時間という贈り物のおかげで、ペース訊かれて、微笑みながらこう答えた。「自分にとって、エミリーと過ごす時間は、一週間で唯一、と充足感は顔を見ればわかる」。またアンは、エミリーと過ごす時間にはどんな価値があるかと「エミリーは自分と会うことも、料理も、気に入ってくれている。言葉では表せなくても、喜び単にわかる」と答えた。

一方、PLANは少しずつ組織的なネットワークも育てていき、一九九〇年代の半ばには、その数は五〇になっていた。また、アル・エトマンスキは、PLANの活動を紙上に残すことにした。本のタイトルは『安全と保障』（*Safe and Secure*：未邦訳）。同書の貢献もあって、PLANはブリティッシュコロンビア放送業協会人道賞を受賞した。ブリティッシュコロンビア州の大手放送局がPLANに出資することを決定した。ドラッグストア・チェーン〈ロンドン・ドラッグ〉の全店舗で『安全と保障』が販売されることになった。電力会社のBCハイドロ、消費者信用組合のヴァンシティ・クレジット・ユニオンなど、多くの企業がPLANと業務提携した。

PLANの全国的な知名度は上がり、一九九九年には定評のある団体となっていた。国内のほかの地域にもPLANを模したプロジェクトが立ち上がり、支援依頼が殺到した。新設組織はそれぞれ法的に独立していたが、PLANは、組織化やトレーニング、コンサルティングで中心的な役割を果たした。四年以内にカナダじゅうに約一〇の提携組織ができた。

ほかの組織の立ち上げに協力するにつれて、PLAN自体の組織も大きくなっていった。二〇〇三年には、一一六のネットワークを抱え、中核となる業務が大きくなりすぎるのを防ぐために上限を設ける必要があるのではないかと検討する段階に入っていた。また、政府の職員もPLANを真剣に意識するようになり、PLANは州の政策に対する影響力をもちはじめていた。州は、PLANの主張に応えて、障害者手当受給者の資産上限を引き上げた。これは法律上の変更だったが、障害をもつ子供のために経済的保障を確立する活動をしている家族にとっては劇的な変化だった。PLAN創設時からの熱心な支持者である弁護士は、そのような専門的な問題に関して立法機関を動かす力はないだろうと思っていたと認める。彼は肩をすくめ、「アルがみごとに成功させた手品だった」と言った。PLANの人々は、こうした活動によって、さまざまな政策決定について、より人間味のある結果が得られると信じている。

もっと劇的な成果は、ブリティッシュコロンビア州の法的能力の定義を変えさせたことだった。障害者が自分の生活に影響する意思決定に大小問わず参加することを認めさせるために、PLANは努力してきた。一九九〇年代、PLANは大きな法改正運動の先頭に立った。有意義な人間関係を形成・維持する能力が、後見人を指名する能力の判断材料となりうることを裁判所に認めさせ、後見法を改正させるのが目的だった。人間関係、つまり対人関係の知識は、知性のまぎれもない一形態であり、人間関係を形成・維持することが可能ならば、自分の後見人の決定に意思表示をすることも可能だ、というのがPLANの主張だった（それまでは、第三者が指名した後見人しか認められていなかった）。現在、「信頼のおける介護関係」をもつことを法的能力の判断材料として認めているのは、世界でもブリティッシュコロンビア州の裁判所だけだ。

要するに、ＰＬＡＮは初期の経験や洞察を活かして、組織規模、活動範囲、影響力において成長をとげた。一九九〇年代の終わりには､同じような組織を増やし､自身も成長するというプレッシャーを受けながら、ほとんどの面で成功していた。成熟すなわち「維持《コンサーベイション》」の段階に到達していたわけだ。

ソーシャルイノベーションの世界では、「維持」は相反する性質をもつ段階でもあり、表現でもある。ある面では成功なのかもしれない。ＰＬＡＮの革命的な新しいアプローチは、いまでは広く評価されている。ジェフ・ブラウンの一〇ポイント連合もそうだ。グラミン銀行はあらゆるルールを破ったが、あらゆる予想を超えて成功した。

しかし、社会問題は、技術的な問題とは異なり、けっして完全に「解決」することはない。成功したと思ったそのときに、忘れているものはないか、対処する必要がある反対事実（反対意見）はないか、それまで以上に、立ち止まって考える必要があるのだ。――

ラッシュアワーとミリオンダラーブリッジを渡る都会の人波。信号が青に変わり、行き交う車が途切れるのを待つ。全市民が騒々しくそれぞれの家に帰るとき。用心するのがルールだ。電気人間の合図を見て、通りに一歩を踏みだす。

車に乗った女が、威圧するように目を合わせて、私の進路に割りこんできた。こちらもにらみ返し、その横暴さに「信じられない」と首をふる。女はしぶしぶ速度を落として私を通らせ、サーブのウィンドウを降ろすと、「信号を見たらどうなの？」と怒鳴り、中指を立てる。

私は、叱られた子供みたいに泣きそうになり、心は嘆き悲しむ。人類はどうかしてしまったの？あまりにも多くの人間が群がりすぎて、空間を得ようとやっきになっている。——お先真っ暗だ。

だから、コーヒーとマフィンをめざし、落ちこみながら帰り道を歩く。紙袋からマフィンをつまみ、車が密集して疾走していくのをながめながら、また道を渡るのを待つ。信号無視をするつもりなんてなかったが、男の乗った車が止まった。パリッとしたシャツにまぶしい赤のネクタイを締めたエグゼクティブふうの男は、手のひらで先にわたるようにと合図し、私が横断する間、後続の車すべてを待たせる。ラッシュアワーの只中で、男と私はともに人類全体の罪をつぐなう。

アリソン・ホーソーン・デミング「都会の掟」

第 4 章

# 強力な他者

# THE POWERFUL STRANGERS

世の中には変化が必要だ、と考えたことがある人の大半は、何もできない無力さを味わう。何を変える必要があるかは理解できる。不正に憤るときもある。そうはいっても、いざ行動となると、自分の心が、ときには体が激しく抵抗する。どこから手をつけたらいいのかわからない。すぐに障害物にぶつかる。アリソン・デミングの詩のように、車の流れに足を踏み入れようとすると、交通ルールを知らずに叱られた子供のように怖気づき、通行権のあるドライバーたちを前に萎縮する。

## 敵はどこにいるのか

第三章では、デイヴィッド・ワゴナーの詩を紹介し、深い内省とパターン認識を行動に結びつけることの大切さを見てきた。しかし、ワゴナーによれば、立ち止まったあと、道に迷って最初にする仕事は、その状況を「強力な他者《パワフル・ストレンジャー》」として扱い、「互いに知り合う」ために他者との関係を築くことだ。

それは、未開の地で道に迷うのと同じくらい、恐怖感のある体験となるだろう。同時に、何か力を与えられるような体験となるかもしれない。デミングが二度目に赤の他人と遭遇したとき、そこにはまったく違う種類のコミュニケーションがあり、それは「人類全体の罪を償う」ものだった。ワゴナーもデミングも、強力な他者は人の一日を良くも悪くもするという点で見解が一致している。また、両者とも、他者がもっているらしき力と自分との関係を理解することが、森から脱出する道、あるいはラッシュの道路をわたるすべを見つけるカギだと示唆している。

それなら、これらの敵は誰だろう？　ある意味では、変化に抵抗する強力な敵は、自分の中にいる。一九六〇年代の新聞連載漫画の主人公、フクロネズミのポゴのせりふのように、「僕らは敵に出くわしたが、そいつは僕らなのだ」というわけだ。変化を起こすには、自分の偏見や盲目、恐れ、そして創造も破壊もできる自分自身の力に気づき、それと向き合わなければならない。ジェフ・ブラウンは自分の安全な生活を手放し、リンダ・ランドストロムは、自分は人種差別をどうすることもできない単なるファッションデザイナーだという思い込みを手放した。二人とも、最終的には手をさしのべることになる人々に対する偏見と向き合わなければならなかった。

そして、無難なものからではなく、憤怒や反乱や強い正義感からスタートする人々にとって必要なのは、他人に対しても自分自身に対しても寛容になることである場合が少なくない。ボブ・ゲルドフは自伝をW・B・イェーツの詩のこの一節で始めている。

アイルランドよりわれらは生まれでた
激しい憎悪、ちっぽけな余裕
初っ端から不具者にされてしまった
私は母の子宮から運んできた
わが狂信者の心を[1]

ゲルドフは、人生のほとんどを怒りと権力者への敵意を抱えて生きてきたので、イェーツの詩に自分を投影していた。しかし、のちにライブエイドとして実を結ぶ変化を起こすために、ゲルドフは権力側の人間とともに働かなければならなかった。相手の土俵に入っていき、立ち向かうだけでなく、同志とならなければならなかったのだ。

## 権力とは何か

権力とは、現状を維持する力であり、変える力でもある。権力とは、資源——時間、エネルギー、金銭、才能、社会的な関係——をコントロールするものだ。何か新しいものを創造するには、このような資源が必要だ。森の樹木が成木になると、自分自身の目的のために（地表に新しい植物が成長するのを妨げるために）独占的に光を吸収し、土壌の栄養を枯渇させるように、どんな社会でも、確立された組織や制度は資源のほとんどを奪い、イノベーションのための資源がほとんど残らないこともある。土壌や光がなければ種が樹木に成長できないのとまったく同じように、イノベーションが発想から現実に変わるためには、人的資源が必要だ。イノベーションには、まず人のエネルギーや時間、スキルが燃料になるが、資金も必要だし、最終的に、アル・エトマンスキの成功例のように、変容が自力で「空気の一部」になるまで定着するには、既成の構造に浸透するための十分な権威も必要だ。

ところが、資源を見つけるむずかしさは、資源が足りないことだけによるのではない。多くの場合、社会を変えようとする人は、強い抵抗にあう。人類の歴史は、ある個人や集団が富と権力を蓄積するための闘争の歴史でもあった。富や権力が公平に分配されている社会はないに等しい。富める人間は、それにしがみつきたがる。(2) 強き者と弱き者の溝を埋めるのはむずかしい。レナード・コーエン〔カナダの詩人、作家、シンガーソングライター〕の不朽の名曲がある。

誰でも、さいころに細工がしてあると知っている
誰でも、ひたすら幸運を祈りながらさいころを転がす
誰でも、戦争が終わったことを知っている
誰でも、いい奴たちが死んだのを知っている
誰でも、戦いが八百長だったと知っている
貧乏人は貧乏のまま、金持ちはもっと金持ちに
世の中はこんなふうになっていると
誰でも、みんな知っている(3)

ものごとを変えるために権力や資源を動員することは、社会起業家に一つの逆説を提示する。システムを変えたい人は誰であれ、現状が牛耳っている資源を解放《リリース》しなければならない。解放という言葉は、カギのかかったドアの外、つまりシステムの外に誰かがいることをイメージさせる。ところが、何度もくり返してきたとおり、人は変えようとしているシステムの一部だ。強力な

他者と遭遇したら、相手を知り、こちらを知ってもらうことが必要だとワゴナーが書いた理由はここにある。

さて、どうやって始めればいいのだろう？　確実なことはない。リスクもある。権力を相手にすることは、危険な仕事になるかもしれないのだ。

## リーダーシップの転換

一九八〇年代の初頭、ＨＩＶ／ＡＩＤＳが北米ではじめて発生したとき、それは恐怖と混乱をもって迎えられた。さっそく、ゲイの病気だというレッテルが貼られ、矛盾する定義が続出した……これは罪を犯した罰ではないか、軽い病気の疾患群ではないか、治療できる病気か、それとも死にいたる病気か？　混乱した医師が、診るのが怖い患者や治せない患者を「選り分けた」。個々の患者は隔離され、世間から疎まれた。だが、それは長くはつづかなかった。

不満と脅威を感じ、ゲイ社会は戦闘体制に入った。[4] 初期のＨＩＶ／ＡＩＤＳ患者は、おいそれとはかなわない階級と衝突した。医師や保険会社、製薬会社だ。彼らはカギを握っているプロであり、患者《ペイシェント》は患者らしくしていればいいとされていた――我慢せよ《ビー・ペイシェント》と。

ゲイの活動家たちはまず結集して患者のコミュニティをつくった。リーダーたちは、自分たちが「患者」でも「犠牲者」でもなく、「ＨＩＶ／ＡＩＤＳとともに生きる人々（ＰＬＷＨＡ）」であることを強調した。「患者」というアイデンティティを払拭し、仲間が増え、怒りも大きくなり、もっと積極的に抗議しはじめた。臨床試験薬の利用をコントロールする医師の権利、利益をあげる製薬会社の権利、保障範囲を確立された治療法に限定する保険会社の権利を攻撃した。まもなく、そのコミュニティは社会運動《ムーブメント》になり、抗議は激しさを増していった。〈ウェイクアップ・カナダ〉や〈ＡＩＤＳアクション・ナウ！〉のような団体が、ＨＩＶ／ＡＩＤＳの国際会議があるたびに製薬会社を標的に声を上げ、抗議運動をおこなった。

しかし、とげとげしさと摩擦は増したが、体制側に歩み寄りの反応はなかった。医療当局、保険会社、製薬会社は非難に対抗して団結した。抗議運動は、試練のときを迎えていた。

非暴力闘争では不十分だった。「ＨＩＶ／ＡＩＤＳとともに生きる人々」が必要としている資源を解放すること、体制側の人間とのつながりをもつ、別のタイプのリーダーが必要だということが明らかになった。ＨＩＶ／ＡＩＤＳコミュニティ内の医師や弁護士、つまり専門的なスキルをもつ人々が頼りにされるようになった。運動の基調は、強力な他者との対立から、橋渡しや一体感にまで変わっていった。

この運動がリーダーシップの移行に成功したことは、社会変革の成功事例のなかでも新しい部類の一例だ。リーダーシップを移行させるには、アイデンティティの面でも、「活動家」から「支援者」への、冒険とも言える変化が必要だった。新しいＨＩＶ／ＡＩＤＳ支援者は、製薬会社や医療機関の研究者やマーケティング担当者との関係を築くことができた。だがもちろん、そうすることで、怒りに満ちた抗議でドアを開けた活動家とは距離を置くことになった。支援者は、活動家が開いたドアを通り抜けたが、そのアプローチは決定的に違うものだった。ある製薬会社のMR（医薬情報担当者）は当時を思いだしてこう語る。

「はじめてHIV／AIDS運動のボス二名と会ったときのことを覚えています……何が待ちかまえているのかわかりませんでした。これから会う男にひどい目にあわせられるぞ、と言われていました。ふたを開けてみると、その男は正真正銘の紳士で、とても頭が切れ、何かのゴールドメダリストで……MBAまでもっていました。もう一人の男は、ビジネス専攻の学生でした。私たち三人は腰をおろして世間話をし、二人からかなり鋭いビジネス上の質問をいくつか受け、私は妥当な答えを返しました。それだけのことだったと思います(5)」

この話は、ジェフ・ブラウンと非行少年の出会いを思いださせる。意外にも、人は敵の中に自分自身を発見し、ときには自分自身の失われた部分を発見する。HIV／AIDSの事例では、「支援者は自分自身をビジネス志向のコミュニティメンバーとして再認識し、一方、製薬会社のMRは自分自身をコミュニティ志向のビジネスパーソンとして再認識した(6)」

このMRの話を聞くと簡単に思えるが、これはなかなか容易なことではなかった。古い境界や関係を壊すことが必要だったし、新しいものを創造することが必要だった。ビジネス・プロフェッショナルとしてのアイデンティティを活かして医学界との関係を築こうとした人々にとって、それは同胞、つまり自分たち以外の、共通の病気という基盤があって抗議運動に参加してきた「HIV／AIDSとともに生きる人々」から距離をおくことでもあった。かつて敵対してきた相手を取り込むことは、内部からの非難を招きかねなかった。だが、そうはならなかった。そのかわりに、資源の転換が起き、古い線は引き直され、新しい形の社会的行動を可能にした。

最終的に、対立とその後の協力を通じて、北米のＨＩＶ／ＡＩＤＳ活動家・支援者は、強力な他者との遭遇にとどまらず、互いに知り合うところまでこぎつけた。彼らはまず自分自身の恐れに遭遇し、次に「ＨＩＶ／ＡＩＤＳとともに生きる人々」の間のつながりを築き、そして新世代のリーダーを動員し、医療資源の門番である強力な製薬会社や政府の職員の理解を得た。これにより、薬に保険が適用されるまでの期間が短縮された。プラシーボ（有効成分のない偽薬）を投与する対照群と比較しない臨床試験に患者が参加できるようになった。その結果は、ＡＩＤＳ治療をおこなう組織周辺の変化にとどまらず、多くの製薬会社のＭＲの役割をマーケティングから教育に移行させた社会変革であり、一般に容認された医学研究計画に対する挑戦でもあった。

しかし、ハッピー・エンディングだけが物語の、あるいは（Ｃ・Ｓ・ホリングならこう言うだろうが）適応サイクルの終点ではない。新体制が旧体制の特性を肩がわりするかもしれないという懸念はついてまわる。成功したビジネス・プロフェッショナルである支援者とコミュニティ志向のＭＲの提携によって生まれた、いわば新たなＡＩＤＳエリートは、旧体制の医療の砦と同じくらい排他的にならないだろうか？　彼らエリートは、女性やＩＶＤＵ（ドラッグの静脈注射常用者）や移民の問題に対してオープンになるだろうか？　複雑系における権力は、本質的に「粘着性《スティッキネス》」をもつ。中心勢力が引き受ける資源が多くなればなるほど、それ以外の人には資源は行きわたらなくなる。

ホリングの適応サイクルで学んだように、「利用《エクスプロイテーション》」と「維持《コンサーベイション》」の次の段階は、「解放《リリース》」と「再編《リオーガニゼーション》」の新ラウンドだ。出発点に戻る。「僕らは敵に出くわしたが、(よく見ると)そいつは僕らなのだ」から「僕らは敵に出くわしたが、そいつは(かつての)僕らになったのだ」になる。

このHIV/AIDS運動の事例は、強力な他者と関わるリスクと見返りについて物語る寓話のような気がする。変化に必要な初期の力と資源は「つながり(connection)」を通じて見つかることが多い。つまり、情熱や時間やエネルギーを主な資源とする、旅の道づれや同好の士どうしが団結してつくるコミュニティを通じて見つかることが多いのだ。これがうまくいくと、コミュニティは社会運動になる。社会運動になれば、「衝突(confrontation)」のドアが開く。つまり、金銭や権威、利用権の大部分をコントロールしている体制側が変化の要求に抵抗したとき、衝突する可能性が生まれるのだ。そして、システムを転覆ではなく転換させたいなら、改革側と体制側の「協力(collaboration)」が不可欠だ。それがうまくいけば、資源分配に抜本的な変化が起きるだろう。つながり、衝突、協力のそれぞれに社会起業家にとっての課題があり、学びがある。

## 絶滅危惧種を救え

野生動物を愛する人にとって、ここ一世紀はよい時代ではなかった。種の絶滅は前例のない驚くべき速さで進行している。

都市に住む人々にとって、この問題は、街のホームレスやスラムの貧民に対処するほどの緊急性はないかもしれない。だが、種の保存に取り組んでいる世界中の人々にとって、種の最後の成員が死んだときの絶望感と喪失感は、まぎれもない個人的な現実だ。「あるとき、父に連れられて学校を早退し、ノーフォークホーン種の純血種で最後の一頭になってしまった羊を死ぬ直前に見に行きました」と、ある自然保護運動家は振り返る。「翌朝、その種は絶滅しました。そのときの喪失感は強烈でした」(8)

二〇〇三年に亡くなるまでの約二〇年間、アメリカで、おそらく世界でも、種の保存運動の先頭に立っていたのは、ユリシーズ・S・シールだった。(9)シールは、豊かな白髪に白いあごひげ、鋭い目、朗々とした声の持ち主だった。バージニアで生まれたシールは、アウトドアとあらゆる種類の動物をこよなく愛しながら育った。大学では心理学を専攻したあとで生化学を学び、最終的にはミネソタに引っ越して、人間の癌を専門とする生化学の職に就く。それでも動物への愛を忘れたことはなかった。副業として、地元の動物園の手伝いに出向き、血液サンプルを採取したり、大型哺乳動物に麻酔をかけたりしたものだ。大のお気に入りはトラだった。

シールは権力のダイナミクスにかけても素人ではなかった。あるいは、立ち止まって考えることにかけても。いろいろな種が絶滅していること、そして動物園にとって希少資源になってきている動物がいることも理解していた。こうした動物は発展途上国の政府にとっても希少資源だった。途上国政府は、めずらしい動物を生物多様性の源泉、すなわち観光の呼び物とみなしていた。希少動物は、それを研究する科学者にとっても、それを救いたい動物愛好家やNGOにとっても、それを仕留めたい土地のハンターにとっても希少資源だった。彼らはそれぞれ、種をどう管理すべきかについて強い思いをもっていた。希少資源をめぐる人がつねにそうであるように、利害関係者は、争うか協力するか、どちらに転んでもおかしくない状態にあった。

「動物園の園長や学芸員にとって、動物は流通し、交換する代用通貨でした。昔は何十年もの間、動物の入手費用など、動物園全体の予算のごく一部に過ぎませんでした。しかし、希少種が増え、国際的な規制も厳しくなるにつれ、動物園のコレクションは莫大な価値をもつようになったのです」とシールは言った。「かたや、科学者がいました。生態学者は、野生動物の飼育を主張する人々に深く憤慨しました。絶滅危惧種は野生でいるより飼育されたほうが繁殖しやすくなるとしても、とにかく生態学者はこう主張したのです。あらゆる資金は種を野生のまま保護することに注がれるべきだ、と」

データを重視する科学者として、シールは、これら利害関係者間の議論は思いこみや感情論が先にたち、正確な知識にもとづいていないことに気づいていた。動物園は絶滅危惧種の繁殖に熱心だったが、個々の動物の医療記録や生活史の記録はないに等しかった。ここが問題だった。個体群が小さい場合、近親交配は種の絶滅の主な原因だ。医療記録や生活史の記録がなければ、ある繁殖ペアが危険かどうかを判断するのはきわめてむずかしい。何の記録も添えずに動物園どうしで交換した動物の場合は特にそうだった。

同様に、たとえば、タイのテナガザルを例にすると、なぜ減っているのか、どのくらいの個体数が残っているのかといった事実を理解しないまま、表面的な減少を見て政府機関やＮＧＯが危機感をもってしまうおそれがあった。党派間の議論は、論理よりも、誰が権力やお金をもつかによって決着することが、あまりにも多かった。この対立は激しく、ときには世界中の関係者を巻きこむこともあった。

「たとえば、アラビアオリックス〔ウシ科の動物。角目的の乱獲で絶滅の危機に瀕した〕の例がありました。この動物をめぐって並々ならぬ対立がありました。いくつもの国の一〇〇以上の動物園で飼育されていますが、それぞれの関係者がそれぞれの飼育計画を立てており、遺伝的な情報は共有されていませんでした。そのため、科学的なレベルでの対立があり、大陸間の対立がありました。数が減っていたので、単に購入して動物園に売ろうという民間の起業家グループどうしの対立もあったのです」

## 「つながり」を築くこと

種の保存をめざす人々がこれら希少資源の保護の成果をもっとあげる方法があるとシールは信じていた。この場合の「かもしれない」をめざすには、憂慮する科学者と実務レベルの人々が、種の状態や個々の動物の履歴の分析を、科学的根拠にもとづいた、よりよいものにすることが必要だった。「人は、現場で何が起きているのかも、現地がどうなっているのかもわかっていないのです」とシールは述べている。

分析を改善するためには、それぞれがパズルの一ピースをもち寄るかのように、あらゆる種類の組織が同じテーブルにつき、知識を共有する必要があった。しかし、これは長年の対立と不信のせいでむずかしかったため、違いを乗り越えて協力できるように、シールが彼らの間に立った。ここでもまた、権力が問題だった。科学者は研究に関してはエリートとみなされていたが、不完全だからとか未発表だからという理由で知識の共有を嫌がることが多かった。政府機関は法的権力をもっており、NGO、特に欧米のNGOはメディアに近く、世論を動かす権力をもっていた。しかし、最終的に種を管理するのに最適な立場にいるのは現地の野生動物保護管理官（いわゆるレンジャー）だった。彼らはもっとも力をもたない集団だった。シールはこう述べている。

「カギを握るのは保護管理官です。科学者や専門家は専門知識を分け与えるためにそこにいるのですが、実際は逆で、支配しようとしています。それが問題です。学者の反射的な反応は『もっと研究しよう』です。これは保護管理官にとっては妨げでしかありません。保護管理官から何度もこういう不満を聞かされました。『今日はあっちで何か手伝わなくちゃならない。あなたがたは情報や専門知識というものをもっている。仕事には全力を尽くしたいさ。だが、学者さんがもっと調査する間、五年もじっと座って待っていろと言われても、納得がいかないね』。私は学者畑の出身ですが、何年も保護管理官と一緒にたくさんの仕事をしてきたことは幸運でした。彼らの高潔さを尊敬しています。種を絶滅から救えるとしたら、それをするのは彼らなのです」

シールの焦点は明快だった。協力してよりよい科学的な知識を蓄積する方法を見つけること、変化を起こすことのできる者の手に権力を委ねる方法を見つけることだ。

まず動物園にはたらきかけて、協力関係を築くことから始めた。そして一九七九年、シールは、スイスに本部を置く非営利団体、国際自然保護連合（IUCN）の分科委員会である飼育下繁殖専門家グループ（CBSG：Captive Breeding Specialist Group）の会長に就任した。シールは、趣旨に賛同しボランティアとして一緒に働いてくれる科学者を起用し、広大なネットワークを組織した。そして、動物園の園長、野生動物保護管理官、科学者、NGOスタッフが対等な関係で保全計画を策定するワークショップを開始した。このワークショップは個体群と生息地の存続可能性評価（PHVA：Population and Habitat Viability Assessments）と呼ばれ、従来の権力構造をひっくり返してしまった。

「ワークショップの形式そのものが、権力を弊害として無視します」とシールは見ていた。「私は、『ここに人が集まっているのは種の保存に対する関心を共有するためだ』と話してワークショップを始めます。また、種の絶滅の危機がどれくらい迫っているかを確認するプロセスに、全員の専門能力と専門知識が貢献することも強調します。さらに、『さまざまな利害を代表しているという事実は、全員にハンディを負わせることになる』と指摘します。全体的にはこれでうまくいっています。ときには、『主役はすべて同じ部屋にいる』ということをはっきりさせるのに苦労することもありますが。それで私は、権力の問題を完全に取り除くために働くのです」

ワークショップで、シールと協力者は、徹底的な情報交換と行動計画の立案を促した。時間のプレッシャーのもと、科学的な調査研究、フィールドノート（現地調査で得たデータの記録）、現地のハンターや村々から集められた観測、何であれ、あらゆる情報を駆使して、種の健全度と存続可能性を評価した。そして、この評価にもとづいて、行動のための共同提言が作成された。

このワークショップを求める声が世界中で着実に増えていった。

「どんどん楽になっていきます」とシールは打ち明けている。「実は、ものごとを生みだし、自分たちの行動が有益だとわかれば、当事者側に大きな満足感があるのです。人と出会い、問題に取り組み、資源を確保する。小グループに分かれて仕事をし、レポートを作成する。このプロセスは、コンセンサスを得るうえでおおいに威力のあるツールになっています」

## 権力と巧みにわたり合う

シールとCBSGの活動《イニシアティブ》は大きな影響力をもった。ある人はこう表現している。「シールの率いるチームがヒョウの問題を分析するために現れたとしたら、無意味なことには一切耳を貸さないだろう。党派の利害や視野の狭い見解には影響されないのだ」[10]。シールは、ワークショップという手法で権力の平等化を図り、意思決定が科学者や野生動物保護管理官以外に左右されないようにした。特定の結果を求める圧力がかかるのを避け、また官僚のお役所仕事で身動きがとれなくなるのを避けるために、シールは権力のある助成機関と手を組むのを避けた。シールはこう述べている。

「大金のかかる活動を求めているわけではないので、（そのような資金援助）なしでやっていけます……自分の専門知識のために単独の機関や団体に頼るつもりはありません。活動のために単独の政府には頼りません。もし、その国が援助を取りやめたら、何もできませんから」

シールは実際にわずかな資金で仕事をするのを好み、ときには身銭を切ることもあった。シールのもっとも豊かな資源は、彼が蓄積してきた、膨大な個人や専門家からの信頼だった。シールは、一緒に働くボランティアの科学者たちに、自分たちの能力は大きな可能性を秘めている、自分たちの行動が大きな変化を生みだすのだと感じさせる存在だった。科学者たちは、ＣＢＳＧと一緒に働くと少ない労力で成果が上がり、普段はイノベーションを妨げる障害物がどういうわけか取り除かれることを知った。ある国のワークショップで導入された新しい技術やプロセスは、数週間以内に世界のほかの地域で採用され、活用された。そのため、関係者は自分の時間や専門知識をすすんで提供した。

「学問の世界は掘り起こされるのを待っているのだと気づきました」とＣＢＳＧのメンバーは言う。「世界でもトップクラスの個体群生物学者たちが、ときどき何か人の役に立つことをしたがります。当代随一の遺伝学者に電話をかけて、『フロリダパンサー（ピューマ）のことでミーティングを開くのですが』と言ってみてください。相手はこう言うでしょう。『ああ、はい、ちょうどいい論文があるよ、二五部しか残ってないな』『交通費と宿代を出します。専門家の力が必要です』『わかった！』――これで世界最高の遺伝学者を二日間押さえられるのです」

シールは自分の影響圏にいる人々を干渉から守るために奔走した。一緒に活動するようになった専門家が、所属組織から時間とエネルギーを流用したと非難される恐れがあるときは、なかなか厄介だった。だがシールは、強力な他者に対処するために、普通とは違うアプローチをした。シール自身もともと有力な科学者であり、権力側の人間とどう話せばいいかわかっていた。

CBSGの基幹業務を支援している動物園の園長や財団の理事長など、権力者との有意義な関係を、時間をかけて築いていった。

シールの旅路は忍耐の連続だった。ワークショップ開催にこぎつけるまで高官や役人と一緒に仕事をするのは、つきることのない忍耐を要した。反対派にあうと、あからさまな対立を避けるために懸命に努力した。世間の注目を浴びることをできるだけ避けて、縁の下の力持ちに徹しようとした。結局、シールは彼が思い描いていた変化が実現するのを見ることはなかった〔シールは二〇〇三年に逝去した〕——だが、その変化への希望は彼が出会った若者に受け継がれた。シールは若者たちが互いに結びつくべきだと感じ、熱心な若者に出会うと、すぐに遠い国で開かれるワークショップに招待したものだった。こうした人々のなかから、活動の新たな担い手が、たくさん現れたのだ。

シールのアプローチは、たしかに「粘着性の《スティッキー》」ものだった。それは、貴重な種を救うため、また、この成果をあげている刺激的なコミュニティの一員になるため、両方の目的で長く懸命に働こうという人々を惹きつけた。あるボランティアの証言を借りれば、「バッテリー充電器」だった。おもしろいことに、シールの努力が成果を見せはじめ、ネットワークが大きくなってくると、シールは賞賛を浴び、賞を授与されるようになった。シールはこれに抵抗した。よくあるスピーチは省いて、ぶっきらぼうな「ありがとう」のひと言で国際的な賞を受け取る光景はめずらしくなかった。この手の表彰は一種の誘惑であり、リーダーに自分がシステムの力の源だと誤解させる恐れがあると認識していたのだ。そのかわり、自分が長い時間をかけてつくり、育てようとしてきた、人と人との「つながり《コネクション》」のなかにこそ力があると信じていた。新しい関係、変化した関係の中に、システムを変容させる力があった。そのようなつながりは、絶滅危惧種を救うための世界的な協力のもととなった。——ところが、ときには衝突もまた変容のカギなのだ。

## 一〇代の母親のために

メアリー・ゴードンはカナダを象徴する人物となった。二〇〇二年に独創的な仕事が認められてアショカ・フェロー〔アショカ財団が選ぶすぐれた社会起業家〕に選ばれた彼女は、赤毛の元気な女性で、ウィットと美しい歌声の持ち主だ。だが、彼女を世界的に有名にしたのは、学校のいじめをなくそうという試みだった。(11)

ゴードンは、ニューファンドランドの陽気な大家族で育った。市民参加や社会正義に関心のある一家だった。「父は社会正義の意識がとても強い人でした」とゴードンは言う。「私たちに、『おまえたちより運の悪い子供もいるんだぞ』と、つねづね言い聞かせていました。私の育ったところは貧しい人たちがたくさんいて、わが家はちょうど中流階級。お金持ちではありませんでした。でも、貧しくて、いやなにおいのする友達を家に連れてくると、母はちゃんとしたお客様のようにもてなしたものです。ある女の子——臭いので、遊ぶとからかわれました——の家に遊びに行ったとき、赤ちゃんが台所のシンクに寝かされていたのを覚えています。非難するつもりはありませんでしたが、びっくりしてしまいました。でも母に言われました、『誰かの家に行くときはいつも、それがその人のお城だということを忘れないように、そのつもりでふるまいなさい』と」

大学卒業後、ゴードンは幼稚園の先生になった。教員になった当初から、彼女は、親は子供の将来を形成するうえでいちばん大きな力をもっているので、親に教育への理解を深めさせること が大切だと考えていた。しかし、学校というところは、ゴードンが思い描いていたような、家庭が参加するための場所ではなかった。そこでゴードンは、親向けの学習プログラムを始めた。地域に住む母親たちを集めて、親としての学習に取り組ませたのだ。

一九八〇年代、ゴードンは焦点を一〇代の親に移した。彼らは支援をもっとも必要としている層なのに、それはないも同然だった。

「児童福祉課にも、公衆衛生課にも行き、ありとあらゆる社会問題について知っている人にあたりましたが、『一〇代の母親に（学習プログラムに）参加するように言っても無理ですよ。まあ来ないでしょうね』と言われました。だから、私が一〇代の母親のところに出向きました、専門家のかわりにね……つまり、それが共感の原則なのです、立場を替えて考えるということが。一〇代の母親が乗っているエレベーターに私も乗り込んだわけです。援護者ではなく、専門家や職業人でもなく、一人の人間として彼女たちと話しました。なぜなら、状況を変えるには、彼女たち自身が行動していかなければならないだろうと思ったからです。私ではなくてね。お説教より、聞き役にまわることが必要でした」

　ゴードンは、一〇代の母親たちが福祉小切手を換金しに来る銀行にまで出入りし、問いかけ、話を聞いた。そして、彼女たちが子供連れで教室に来るようになれば、教育現場に新しいダイナミクスを生みだせるのではないか、という発想がひらめいた。つまり、一〇代で妊娠するリスクにさらされている子供たち自身に、子供の世話というものを、その大変さを、実際に見せることができる。それはおそらく、一〇代で親になることへの抑止効果をもつだろう。そう考えたのだ。――ところが、この試みには予想外の恩恵があった。まったく新しいプログラムが生まれたのだ。

## ルーツ・オブ・エンパシー

　その斬新なプログラムの模様をゴードンはこう語る。

「母親たちに、生後二カ月くらいになった赤ちゃんを学校に連れてくるように頼みます。母親は赤ちゃんを毛布にくるんで床に寝かせます……浜辺に打ち上げられたクジラみたいにね。そして、私が赤ちゃんにふれて、『ジェイミーは元気かしら？　ジェイミーは話せませんよね。だから、みなさん、ジェイミーの体や顔を見て、私に教えてください。ジェイミーはイエスと言っていますか、ノーと言っていますか？』と問いかけます。こうして、赤ちゃんの体に対する尊重、意志に対する尊重を意識させます。意志を壊してはいけないこと、尊重し、耳を傾けることを、子供たちに教えるのです」

　赤ちゃんにふれさせることで、子供にとても大切なこと、多くのことを教えられるのだ。

ゴードンは、子供たちが赤ちゃんに共感する能力を伸ばすことができれば、自分より年下の子や弱い子をいじめることも少なくなるだろうと考えた。彼女は、規模《スケール》にかかわらず社会組織のどこにでもいじめが根づいていることをよく知っていた。

「会社の中に力関係があり、法制度の中にもあります」と彼女は言う。「力の不均衡があり、人間関係に友愛がない場合、いじめが起きます。ほとんどの職場に、ほとんどの教師と生徒の関係の中に、いじめがあります。そして、それがすべて、子供たちにまでつながっています。下へ下へと降りていくのです。学校システムに波及し、家庭の構造に波及し、そして子供に波及します。私は企業には興味がありません……徹底的に闘わせればいい、企業はみずから競い合おうとしているのだから。政府も闘い抜くでしょう。地方自治体もそうでしょう。でも、世の中の大切な二つの空間、つまり家庭と学校は、権力闘争に明け暮れることよりも、合意形成を教えるべき場所です」

ゴードンは自分のプログラムを「共感の根《ルーツ・オブ・エンパシー》（ROE：Roots of Empathy）」と名づけた。彼女は、社会階層をひっくり返すこと、つまり、もっとも弱い存在である赤ちゃんを尊重することをプログラムの柱にした。プログラム全体が、赤ちゃんを中心に運営される。

そして、プログラムは目に見える成果をあげてきた。

ROEの発足当初から、ゴードンは専門家を雇い、プログラムの影響力を科学的に評価した。結果はめざましい。ROEプログラムに参加している子供とそうでない子供を比較すると、前者は社会的感受性が高く、自分の感情と他人の感情に対する洞察力があり、社交性に富み、攻撃性が低いという調査結果が出た。そして、いじめの発生率も下がったのだ。

メアリー・ゴードンはこれを大きな変化と見ている。あらゆる人間の交流の基礎にある関係を変えれば、おそらくカスケード効果が生じ、システム全体にわたって、暴力や権力濫用が減少するだろう。

だが、なぜ、どのように、この単純な相互作用が攻撃性の低下につながるのだろうか？

ゴードンは言う。「たくさん罰を受ける人間関係の中で成長した子供は、力に飢えており、力を求めるようになります」。幼い子供が「力に飢える」とは逆説的に聞こえるが、人は、力を与えられなければ、食べ物に飢えるのと同様、力に飢えるようになるということだ。

ゴードンの解決法は同じくらい逆説的だった。子供に自分より弱い者の世話をする機会を与えると、これが子供を成長させ、力に飢えることが減り、攻撃性やいじめに対する欲求も減るだろうと考えたのだ。

「あるクラスに、極端に攻撃的で、反社会的な行動ばかりしているトムという七歳の男の子がいました。いつも帽子を目深にかぶってクラスにやって来て、決して笑わない子でした。里親の家庭でも外でも、長い間、この子はとても大きな孤独と怒りを抱えていたのです。クラスメイトに対しても意地悪で、けんか腰で、問題を起こしてはクラスに迷惑をかけていました。もちろん友達はいません。ROEのインストラクターと親、そして赤ちゃんが教室に入ると、トムが赤ちゃんに乱暴しないかと先生がとても心配していました。ROEスタッフのアドバイスで、トムは赤ちゃんの右隣に座りました。赤ちゃんが笑いかけたときのトムの反応を想像してみてください。

一回目にして、トムはにこにこしながら赤ちゃんをあやしたのです。二回目の訪問では、赤ちゃんのそばでは帽子を脱ぐようになりました。そして三回目の訪問のとき、トムは赤ちゃんの足裏をくすぐろうとピンクの羽をもってきました。トムは赤ちゃんに共感することを学んでいました。それ以来、担任の先生とクラスメイトは、新しい、もっと温かい目でトムを見るようになりました。トムは、ROEプログラムを通じてクラスの集団生活に溶けこめるようになったのです」

## 共感とは何か

ゴードンの言う「共感《エンパシー》」は、ネメシス（nemesis）というギリシア人の概念を補完するものだ。ギリシア人にとって、ネメシスは女神であり、神の裁きを擬人化した存在だった。ネメシスという言葉は、幸運の配分において、あるべき調和――善と悪の――が乱されることを意味する。カール・ユングの心理学の「影《シャドウ》」のように、この概念は、つねにつきまとう両極端という危険を表している。人が、極端によいか、極端に悪いか、どちらかの行為をするとき、それは、その人が自分の人間性の一部を抑圧し、排除し、拒否していることを示唆しているのだ。悪人も聖人も、両方ともバランス感覚を失っている。ある意味、イェーツの詩の狂信者のように、そのような人は「不具者」であり、完全な人間ではない。ゴードンの見解では、いじめっ子も同じだ。

ギリシア人は、更生しなければ、あるいは罪を認めなければ、最後には必ずネメシスに出会い、身を滅ぼすと信じていた。だから、弱さに同情したり、共感したりできない人は、いじめる側になり、ついには弱さに対する怒りで身を滅ぼすだろう。一方、暴力に共感できない人は臆病者になり、攻撃にあったときの恐れでついには身を滅ぼすだろう。

他者の中に自分を認めるという能力（共感の根）を失うことによって、私たち自身の行為は、しだいに硬直したものになってしまう。唯一の解決策は、洞察を通じて、あるいは一体感を通じて、失われてしまった、あるいは抑圧されてしまった能力を再生することだ。

私たちは例外なく、ある程度はこの種のゆがみの犠牲になっている。ちょっとこの実験をやってみてはどうだろう。まず、誰か知っている人で、あなたを理不尽にイライラさせる人物を思い浮かべる。仮にマーヴィンという名前にしよう。あなたはたいていの人とうまくつきあえるが、マーヴィンだけは黒板を爪でひっかいたようにあなたの神経にさわる。さて、一枚の紙にマーヴィンのイライラする特徴を表す形容詞をリストアップしてほしい。遠慮せずに、ときどきそう思うように、辛辣に。

今度は、そのリストのすぐ隣に、正反対の特徴を書きこんでいく。一番目の項目が「ケチ」だったら「気前がいい」、二番目が「臆病」なら「勇敢」というように。最後まで反対語を書き終わったら、その反対語のリストを読み上げてほしい。ちょっとした驚きを感じないだろうか？ 一般的に、反対語のリストは、もっとも誇りにしている自分の特徴になるのだ。

この実験は、マーヴィンに対するアンバランスな苛立ちを洞察する手がかりになるはずだ。もし自分が、気前よくあろうと懸命に努力してきたのなら、自分自身の中にあるケチになりたいという気持ちを抑圧してきたことになる。勇敢さを誇っているなら、自分や他人が臆病な行動に走ることに対して手厳しくなるだろう。結局、人は自分がこれまでケチだったり、臆病だったりしたことを忘れてしまうのかもしれない。もっと悪いのは、自分の反応のレパートリーが狭くなってしまうことだ。結局のところ、ケチなほうがいい場合もあれば、臆病なほうがいい場合だってあるのだ（もちろん、自分自身にあてはめて言うときには、「ケチ」は「倹約」に、「臆病」は「慎重」になりがちだろう）。人は誰でも、あらゆる人間的な反応をする力が備わっているほうが、強くなれるものだし、もっと有能になれるものだ。

ROEの仕事は、人が偏りを修正して完全さを保てるようにすることだ。価値のないものとして扱われた子供は力に飢えるようになる。あらゆる弱さを抑圧することを覚え、自分自身が軽蔑されているように、弱さを軽蔑するようになる。だが、おそらく、手遅れにならなければ、トムが赤ちゃんと仲良くなれたように、自分の弱さを隠さなくても友達がつくれることを、学ぶことができる。そして、これがふたたびその子を完全にする。完全な人間はおそらく弱い者いじめをするようには育たないだろう。いじめは、何かが欠けている証拠だ。いじめはアンバランスな反応なのだ。

## 力と力の衝突

いじめの力学を探求するうちに、ゴードンは、変化を生みだすためには、相反する力を衝突させ、かみ合わせることが必要だという深い洞察にいたった。彼女のアプローチは直接的だった。家庭と学校の人間関係という規模で活動し、弱い者と強い者を一つに結びつけて、共感を通じた関係を築いたのだ。彼女の仕事は、南アフリカの真実和解委員会(12)(TRC：Truth and Reconciliation Commission)のような二〇世紀の世界的な動きと響き合うものがある。

一九九五年に発足した革新的で勇気ある政治的プロセス、TRCは、デズモンド・ツツ大主教が委員長を務めた。三五年間の合法的な人種差別政策《アパルトヘイト》が撤廃され、人種差別が違法となった「虹の国家《レインボーネイション》」の誕生に、世界が注目していた。

だが、困難な癒しのプロセスは始まったばかりだった。白人や黒人が関与した残虐行為の証拠が次々に明らかにされていくにつれ、ある集団には「真実」と「善」があり、ある集団には「虚偽」と「悪」が満ちている、という人々の確信を守ることは、しだいに困難さを増していった。ツツは、それまで固定観念を維持してきたエネルギーは「解放」される必要があり、そうなれば、変化し再編された社会にそのエネルギーが再投資されると理解していた。

TRCは、怒り、傷ついた人々を解放するための安全な入れ物をつくる大胆な試みだった。TRCは内的なものでもあった。市民は、自分自身の行為を深く掘り下げて見るために、そして傍観者として残虐行為の共犯であるということに対する許しを探し求めるために、鏡と向き合わなければならなかった。何十年も敵対してきた個人や集団を統合するために聴聞会が開催された。敵どうしが、向き合い、話し、聞き、そして、しばしば涙を流した。話し合いは困難をきわめたが、聴聞会の出席者や傍聴者は、大きく関係が変化する事例を何度も見た。

TRCが生みだした方法は、積年の対立をどう克服するかという課題についてのモデルのようなものになった。カナダなどの先住民族の問題において、それを参考にしようとする動きもあった。しかし、南アフリカのTRCは、プロセスのほんの一歩を踏みだしたにすぎず、本物の恒久的なバランスはまだ達成されていない。溝を乗り越えて手をつなげば、連帯感と変化をめざす新しいコミットメントが生まれる。しかし、それだけでは、現状に「固定」されている資源を揺さぶって解放するまでにはいたらないのだ。実際、資源をもつ人々、中心にいる人々が、支配を維持しようとして対立が長期化することがしばしばある。場合によっては、暴動や革命（フランス革命など）のような急な転換を招くこともある。

とはいえ、社会変革の事例のほとんどは、目に見える変化や劇的な変化という点ではおとなしいものだが、深さの点ではそうではない。さしのべられた手を巻きこんで、もてる者ともたざる者を隔てている溝を乗り越えさせ、そうすることで権力を再配分する。変化を持続させるために、「衝突《コンフロンテーション》」の次の段階では、変化を望む人々と資源を保持する人々との間の「協力《コラボレーション》」を築かなければならない。どうすればいいだろうか?

## 緩和医療のムーブメント

緩和医療《パリアティブ・ケア》〔緩和ケアともいう。治療ではなく症状の緩和を目的とする医療〕を求める動きは、一九五〇年代の初頭に始まった。

その当時、欧米の病院の看護は医学的・科学的アプローチが主流で、看護よりも治療に重きがおかれていた。医療技術、薬理学のイノベーション、外科技法は、医療行為による治癒の可能性を根本的に高めることになった。病院はしだいに医学（および昨今では医学技術）が実践される場所になった。

治療できない、死にゆく患者は、病院にとって問題だった。病院は、身体面でも精神面でも、そうした患者を扱う体制が貧弱だった。治癒しなければ、それは医学の敗北とみなされる。出資者（慈善家）、政府、医療関係の政策立案者、病院の理事、医学校、医師、そしてメディアの注目は治療に集まっており、医学の資源もまた、治療に集中していた。病気の治療法についての話題が新聞に報道され、治療がドラマティックであればあるほど、扱いも大きくなった。

シスリー・ソーンダーズという若い女性が、この傾向に挑むことを決意した。[13] 第二次世界大戦後、イギリスで看護師として働いた経験から、死にゆく人々には特別な手当て、「よりよいペイン（苦痛）コントロールだけでなく、よりよい総合的なケア」が必要だと確信していた。

「患者が自分自身になれる場所が必要です。〈トータルペイン（全人的苦痛）〉と名づけましたが、死にゆく人々の痛みには、身体的苦痛、スピリチュアルペイン、精神的苦痛、社会的苦痛の四つがあり、すべてを癒さなければなりません。私はこれまでずっと、このことに取り組んできました」〔スピリチュアルペインとは、不安や苛立ちなどの精神的苦痛と異なり、死生観や人生の意味、信仰に関する悩みなどを指す〕

イギリス国教会の敬虔な信徒だったソーンダーズは、死にゆく人々の生活の質を改善するという任務を天職だと思っていた。強い使命感にかられて、仕事を終えたあと、末期患者の家庭でボランティア看護師として働きはじめ、ついには三三歳で医学部入学を果たす。卒業すると、末期患者とその家族のニーズに応えること、そして緩和医療として知られるようになるアプローチを発展させることに集中的に取り組んだ。

Palliative（緩和）という言葉は、「おおい隠すもの」という意味のラテン語 pallium が語源だ。「緩和医療では、患者の生活をできるかぎり快適にすることを第一の目的、もしくは唯一の目的とする手当てによって、症状が〈おおい隠される〉のです。それは、単なる症状の軽減をはるかに上回るものです。その存在意義は、コーランのこの一節にみごとに表現されています。『兄弟よ、外套にくるまれるごとく、やさしさに包まれんことを』[14]」

緩和医療というコンセプトは、入院している末期患者にとってはまたとない福音だったが、医学界の治療偏重の傾向には逆行する流れだった。ソーンダーズは、医学界の意識向上に取りかかった。それは骨の折れる仕事だった。治療を重視する人々にしてみれば、緩和医療は進歩に逆らうことのように見え、現代医学の貧弱な親戚のようなものに思えたのだ。ソーンダーズは精力的にかけまわって講演した。そして、ユリシーズ・シールのように、やはり最前線で、転向する人々に出会うことになる。

多くの医師や看護師が、治療のみを重視することに幻滅を感じるようになっていた。彼らは、あまりにも多くの患者や家族が無駄に苦しむのを見てきた。医師が末期患者に背を向けるのを見てきた。こうした人々にソーンダーズの考えは、死の受容のプロセスに関する著作で有名なエリザベス・キューブラー・ロス〔精神科医。主著『死ぬ瞬間』〕の考えのように、安堵、ときには感謝をもって迎えられた。講演会場は満員だった。しかしそれでも、病院内で緩和医療病棟（PCU）をつくろうとする医療者は、資源をコントロールしている人々の抵抗にあった。こうした懐疑派を協力者に変えるには、特別な戦略が必要だった。

## 抵抗勢力に挑む

カナダの緩和医療運動のリーダーの一人、バルフォア・マウント医師は、カナダ初の緩和医療病棟を、強力な他者の要塞、カナダ最大の大学付属病院であるモントリオールのロイヤル・ヴィクトリア病院に導入した人物だ。[15]

マウントはインターン時代に癌にかかって回復した経緯があり、この体験によって外科医、そして癌専門の泌尿器科医になろうと決意した。その外科を辞めて緩和医療に専念しようと決めたとき、同僚はショックを受けた。ある先輩外科医はのちにこう述べている。

「バルが辞めたとき、腕のいい外科医を失ったばかりか、何かそれ以上のものを失った気がしました。二度と取り戻せなくなってしまった何か革命的な泌尿器科学を失ったのです……辞めるときでさえ、バルは革新的なアドバイスをくれました。そのとき私は（外科を）辞めないように説得しようとしました。それ（緩和医療）ではもうキャリアを積めなくなると思ったのです。どんなにまちがっていたかわかりますか？」

マウントは緩和医療の必要性を確信するようになっていたが、伝聞ではなく、明確なデータが必要だった。一九七三年、彼は病院内の末期患者とその看護者についての調査を始めた。その結果、多くの患者が身体的・精神的な痛みに苦しみながら死んでいくこと、また、もっとやるべきことがあると看護者が感じていることが明らかになった。

ソーンダーズの仕事のうわさが耳に入り、マウントは話を聞くためにイギリスに行った。そして、そこで見たものに確信を深めた。患者を最優先した革命的なアプローチ（ごく普通の大学病院によるものだった）を目の当たりにしたのだ。「基本的に、緩和医療は、単に病気を生物学的な観点で見るのではなく、患者を全人的に見ることに重きをおいています」とマウントは説明している。「患者だけでなく患者と家族に焦点を合わせること。病院看護よりも在宅看護に焦点を合わせること。階級的な医師上位にならないように、保健医療チームを再編すること」

エリートが集まる大学病院の文化において、これは急進的なイノベーションを意味した。マウントは大勢の若い医師や医学生の支持を得たが、緩和医療センターをつくるためには、上層部を説得しなければならない。

病院という世界では、ベッドが主要資源であり、それは部門の長によってがっちりと守られていた。新しい病棟は既存の病棟からベッドをもらわなければならなかったが、これは権力のある人間の支援がなければできないことだ。研究と治療が中心の大学病院で、ベッドを緩和医療に割り当てるという発想そのものが、異端に近かった。そして、必要な資源はそれだけではない。緩和医療には、医師が看護師やセラピスト、臨床心理士と対等の関係でおこなうチームアプローチも必要だ。また、ケアのプロセス自体にボランティアや家族の参加が欠かせない。ボランティアのチーフはこう述べている。「ボランティアの大半は、人生経験の豊富なプロでした……たいていは看護師よりも教育水準が高く、看護師はボランティアを脅威とみなしていました」

## 相手の言語で語る

必要な資源を勝ち取るためのマウントのアプローチは、本章の冒頭で紹介したHIV/AIDS支援者のそれによく似ていた。つまり、協力関係を築くために奔走し、緩和医療のコンセプトと権力側の主な関心事とが一致しうるという認識を育むことで、成功をおさめたのだ。進め方については明確な考えがあった。

「何かを得ようと没頭するとき、私は不平不満を言うことには時間を割きません。ものごとがどう動くのか観察します。自分自身が信じていれば、人を納得させられると子供のころから知っていました。ですから、まわりをよく見て、意思決定プロセスを支配している、説得しなければならない人物が二、三人いることを把握しました」

三人のキーパーソンとは、外科部長、専門サービス部長、婦長だった。はじめのうちは大学病院に緩和医療を導入することに懐疑的だったものの、この三人は外科医としての実績からマウントに一目おいていた。マウントのほうも三人を尊重し、それぞれの関心や熱意を理解しようとする努力を怠らなかった。

婦長は、みずから組織内の政治的な駆け引きに関心があると言い、マウントを「名政治家」と賞賛した。マウントは、緩和医療の考え方を、看護の特別な役割を必要とするチームアプローチとして婦長に売りこんだ。

外科部長は、昔からマウントの外科医としての能力を高く評価していたが、マウントが外科を辞めて緩和医療運動を始めたことを疑問視していた。ただ、研究というものをとても重視する人物だったので、マウントは、実験的な緩和医療病棟は特にペインコントロール研究の理想的な場所だと説得した。

専門サービス部長は、信仰心のあつい人物だった。そのため少なくとも、イギリスのホスピス運動でキリスト教徒の奉仕の理想に深く根を下ろしている、患者を全人的に見るアプローチに惹きつけられた。

三人のキーパーソンは、緩和医療病棟の構想を、またとない機会として、それぞれの優先事項を実現する手段としてとらえた。こうして、資源の「解放」を支持し、少なくとも反対はしなくなったのだ。

ある医師がこう述べている。「マウントの成功の秘密は、医者なら誰でももっているような、何か精神的なもの、何か感情的なもの、何か理想的なものに相手を引きこんだことです。疑っている人が大勢いましたが、マウントは科学的にも知的にも受け入れてもらえるやり方で取り組みました。自分を困らせる要求をしてくる人はいくらでもいるものですが、翌朝になって冷静になれば、『どうしたら助けてやれるだろう？』と思えるものです。マウントは、相手に向かって発する言葉に、つねにとても気をつかっていました。科学的な言葉がいいのか、政治的な言葉がいいのか、あるいは精神的な言葉がいいのか。マウントは、それを使い分けて、人々を自分のもっと大きな目的のために動員したのです」

マウントのアプローチは、強力な他者と関わり、相手を知り、自分を知ってもらうことについて、多くのことを教えてくれる。

マウントは自分自身の病気のなかで強力な他者と衝突したことがあったため、末期患者とその家族に共感することができた。同時に、エリート医師の階級制度の世界にも属していたので、何がこの世界を動かしているのかも理解していた。マウントの説得力と駆け引きの力量は誰もが認めるところだったが、誰も「操られた」とは感じなかった。マウントは、変化の欲求をつくりだしたのではなく、人々の奥深くにある変化の欲求を引きだした。人をだまして自分の構想を支持させたのではなく、相手が大切にしまっておいた計画を前進させるチャンスだということを理解させたのだ。そして、立ち上げの資源を確保すると、この構想が、長期にわたって幅広い専門の医師の協力を仰げるように、念入りに計画を立てた。内科医チームのメンバーが次のようにふり返っている。

緩和医療病棟が発足したとき、最初の患者は病院内からやって来ました。私たちは抵抗を恐れていました。わがヴィクトリア病院は医学のイノベーションのための病院だ、という事実があるにもかかわらず、実際、いくらかの抵抗があったのです。緩和医療をどうやって病院に売りこむか、どうすれば受け入れてもらえるか、どうすれば誰も脅かずにすむかを、マウントは長い時間をかけて考えました。そして、医者が主治医の立場を離れずに患者を緩和医療病棟に紹介できるという選択の自由を残しました。緩和医療の役割を、各科を補完するものとして提示したのです。また、主な医者を委員とする委員会を設けました。癌患者をたくさん抱えている医者を委員にして、立場を脅かさないようにしたのです。マウントはスペシャリスト中のスペシャリストでした。

ロイヤル・ヴィクトリア病院の緩和医療病棟は、カナダや世界中にある同種の施設のモデルとなった。多くの人が、その成功の功労者はマウントだと言う。

たしかに、多くの社会起業家の例にもれず、彼は自分の信じることのために精力的に働く覚悟ができていた。だが、本人は、ソーンダーズとの出会い、自分のチームに参加した人々、ロイヤル・ヴィクトリア病院のイノベーションを支持する意志、そして自分の道に流れこんできた時間とエネルギーという資源、これらは奇跡に近い偶然だったのだと語っている。

権力と「強力な他者《パワフル・ストレンジャー》」が旧システムの既存の構造に立てこもり、ものごとを変えたい人々にとって近寄りがたいもののように見えるとき、逆もまた真なのだ。力は波であり、いったん解放されれば、帆走する船のように変革を前進させる。

原子のミクロ構造の解析で有名な物理学者、ニールス・ボーアの言葉によれば、真実には二種類ある――一つは「表層的な真実」であり、その対極は明らかな誤り。もう一つは、「深層的な真実」

で、その対極は同程度に正しい。強力な他者は、「敵か味方か」ではない。両方なのだ。

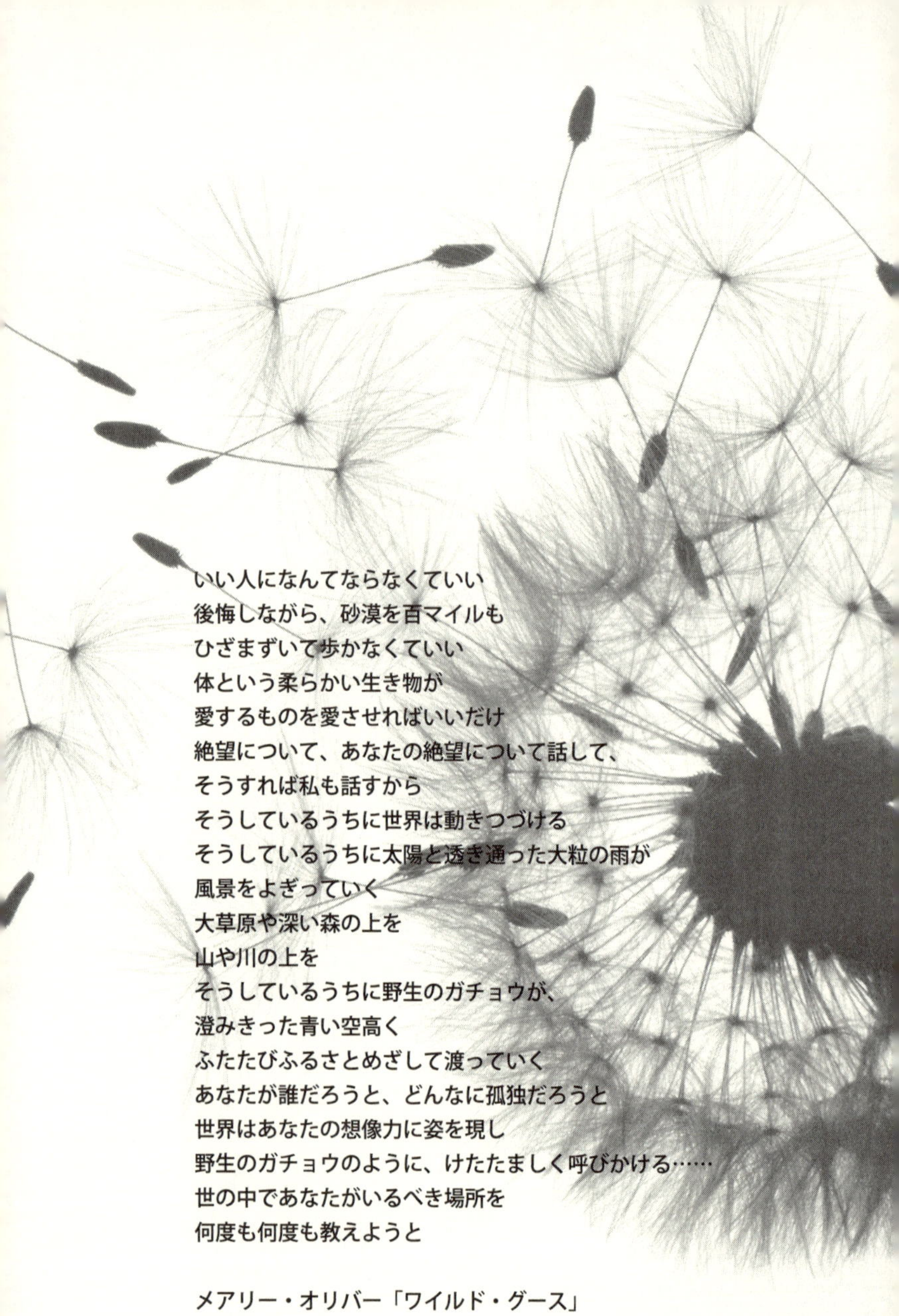

いい人になんてならなくていい
後悔しながら、砂漠を百マイルも
ひざまずいて歩かなくていい
体という柔らかい生き物が
愛するものを愛させればいいだけ
絶望について、あなたの絶望について話して、
そうすれば私も話すから
そうしているうちに世界は動きつづける
そうしているうちに太陽と透き通った大粒の雨が
風景をよぎっていく
大草原や深い森の上を
山や川の上を
そうしているうちに野生のガチョウが、
澄みきった青い空高く
ふたたびふるさとめざして渡っていく
あなたが誰だろうと、どんなに孤独だろうと
世界はあなたの想像力に姿を現し
野生のガチョウのように、けたたましく呼びかける……
世の中であなたがいるべき場所を
何度も何度も教えようと

メアリー・オリバー「ワイルド・グース」

第5章

# 世界があなたを見つける

LET IT FIND YOU

ボブ・ゲルドフは、ライブエイドを開催しようと決めたとき、奇妙な体験をした。自分が何かしようとするよりも速いくらいの勢いで、ものごとが進んでいったのだ。やることなすこと、すべてうまくいく気がした。「偶然の一致、セレンディピティ、共時性、カルマの法則のできそこないみたいなもの、そんなものは信じないほうだが、あのときは不思議なくらいうまくいった……何百人もの人間が、何はさておき、たった一つのことに集中した」とゲルドフは書いている。「邪魔する人はいなかった。それどころか、一週間前はピクリともしなかったドアが、苦もなくスーッと開いたのさ(1)」

ゲルドフが描写したものは、力の別の一面であり、社会起業家が認識し、頼りにする一面だ。力は正体不明の存在で、うまく操縦し、闘わなければならない相手になるときがある。またあるときは、力は社会起業家が全力を尽くして乗るべき急流となる。デイヴィッド・ワゴナーは、このことを「迷い人」という詩の最後の一節で暗示した。「それがおまえを見つけるのにまかせよ」と。しかし、この一節は、筆者たちが出会った社会起業家のほとんどが感じている以上に、それが選択を超えたものであることと感じさせる。

## 急激な変化は創発する

ほとんど例外なく、筆者たちが話を聞いた社会起業家は、「自分が誘発したのかもしれないが、けっして自分がコントロールしているとは思えない力」に巻き込まれ、流れ《フロー》に沿って流されているとみずから感じた瞬間があったと語る。そうなればいいのに、と夢見ていた当の本人を驚かせるほど、勢いづくことがあるのだ。

　これは、変容を生みだすエネルギーが社会起業家の外に存在し、利用されるのを待っていることを意味している。「後悔しながら、砂漠を百マイルもひざまずいて歩かなくていい」とメアリー・オリバーは書いている。そのままにしておけばいい、エネルギーが運んでくれるのにまかせればいい。ものごとの自然な秩序には力があり、それが変容のほんとうの源泉なのだ。これが力の別の一面だ。

　ボブ・ゲルドフの行動は決定的ではあったものの、それだけではバンドエイドやライブエイドに象徴される社会貢献の潮流を解き放つには足りなかっただろう。しかし、現に、それは解き放たれたのだ。バルフォア・マウントも、画期的な緩和医療病棟の立ち上げを振り返って、「あらゆる種類の幸運、偶然の一致が重なり、ものごとはこんなふうに起きるものだという自分の観念を永久に変えてしまった」と述べている。複雑系の科学では、これは、（部分の単純な総和としては）予測できないものごとが起こるという意味で、「創発《イマージェンス》」と呼ばれている。創発は、要素間の相互作用の結果として生じ、いかなる行為者《エージェント》〔システムの構成要素のうち、特に主体性をもつもの〕のコントロールも及ばないように見える。

　社会起業家の多くはこう自問する。「どうすればこの仕事に勢いがつくだろう？　そのときの自分の役割は何だろう？　どうしたらこの流れに乗れるだろう？　自然な流れやエネルギーを信頼していいのだろうか？　それをコントロールできなかったらどうなるだろう？　その流れを信じるには何をする必要があるだろう？　どうすれば、それが自分を見つけてくれるだろう？」

社会起業家が頻繁に創発的な体験をするという事実は、「そのときが来た」ことの指標と言えるかもしれない。だからといって、そのような体験にどう先手を打つかはもちろん、それをどう利用すればいいかもわからない。これを知るためには、その体験そのもの、そして、それを生みだしていると思われる潜在的な状況を、もっと詳しく見る必要がある。

## フロー体験とは何か

クロアチア生まれの心理学者、ミハイ・チクセントミハイは、人間のピーク時の体験、すなわち「最適経験」というものに魅せられている人物だ。その初期の研究で彼は、訓練が必要だが金銭や名声の見返りがない活動に膨大な時間をささげる人々を研究している。

音楽家、ダンサー、スポーツ選手、チェス選手を飽くなき追求に駆り立てるものは何か？　と彼は考えた。後年には、もっと広い意味で創造的な仕事をしている人、たとえば、ビジネスリーダーや政治家、社会起業家、科学者などにも研究対象を広げている。徹底したインタビューと精密な観察で、そうした創造的な仕事をする人々を動機づける最適経験を詳しく論じ、探求する研究の第一人者だ。彼はこの最適経験を「フロー体験」[2]と呼んだ。

フローを定義するのはむずかしいが、チクセントミハイはその特徴をこう述べている。「人よりすぐれた最上のもの（アプローチ）である行為が苦にならない感覚〔一般的には困難な行為だが、本人にとっては苦にならないという意味」。フローの中にいる人は完全に集中しており、意識の中に雑念が入る余地がない。時間感覚がゆがみ、一時間が一分のような速さで過ぎる。心身が完全に機能して人の全存在が発揮されるときは、どんな行為も意義をもち、生きることそのものが自分自身を正当化する根拠となる(3)」

チクセントミハイによれば、フロー体験は精神的な状態であり、個人の創造する能力の内部にあるものだ。彼は、フロー体験を創造性と関連づけた。また、目的がはっきりしており、瞬発的な反応やスキルの発揮をともなう状況とも関連づけた。この種の体験は、スポーツから神秘体験まで、いわゆる「名人」が決まって表現する境地だ。フローが非常に明快に表現されている一例として、ポラロイドカメラの発明者、エドウィン・ランドの言葉を紹介しよう。発明中の様子をこう語っている。

「問題の解決策がわかりかけてきたときは、長時間集中して仕事をすることが非常に大切だ。そのようなときは、根源的な能力がどんどんわいてくるような気がする。人は、無意識に近いレベルで非常に多くの不確定要素を処理しているので、中断されている余裕はない。もし中断されたら、集中すれば六時間でできる仕事に一年かかるだろう(4)」

この鮮やかな描写に、活動中の創造性、スキル、思考の各プロセスのつながりが見えてくる。しかし、ゲルドフのような人物にとっては、フローは内的というよりも外的、つまり本人の行動と他者の行動との関係において生じるものだ。おそらくこれは、チームスポーツや劇場において、個人の選手や役者が集団の中でのプレーや演技に没頭し、本人の表面的な実力以上のレベルを発揮するという場合と同じだ。しかも、ほとんど努力もせずにそうなっているようなのだ。チームワーク以上のものだ。選手や役者側全員の練習や実力にかかわらず、そうした魔法のような瞬間が起きる。そのとき、何かいきいきしたもの、ユニークなもの、完全に夢中になれるようなものが生まれる。観客と演者の間の隔たりが消えたような感覚が生まれ、全員が、新しい世界に導かれていく。

社会起業家が飛び立つとき、これと同じ双方向のフロー——人が状況に影響を与える一方で状況が人に影響を与える——を彼らは味わう。決定がなされ、行動が起こされるが、その決定や行動がどうやって起きたのかは、必ずしもはっきりしないものだ。そこには、すばらしい「共有」の感覚がある。関係者全員が、これは自分たちのプロジェクトだ、自分たちの理想だ、自分たちが世界を変えるときだ、と感じるのだ。ボストン市民、非行少年、聖職者、警察が一丸となって自分たちのコミュニティを変えようとしはじめたとき、互いに非難するのをやめ、自分自身も暴力の蔓延に加担した責任があることを見つめ、全員に共通しているものは何かを見つめはじめたとき、ジェフ・ブラウンと仲間もこのフローを体験した。

こうしたフローの瞬間には、つねに何か不思議なものがある。社会学者のエミール・デュルケームは、この体験を「集合的沸騰《コレクティブ・エファーベセンス》」と呼んだ。デュルケームは、そんな興奮状態を人間どうしの相互作用のパターンがもたらす自然な副産物とみなし、それは、「全員が同じ考えや同じ感情を共有する状況で、人が集合し、互いに直接的な交渉をもつときにもっとも激しくなる[5]」と説明している。相互作用のパターン、集合のパターンには何かがあり、それが、普通ではないエネルギーを発生させる。このエネルギーは、考えや目的意識の共有によってかき立てられる。

二〇世紀はじめには、デュルケームの業績は群集行動を理解する基礎となった。もっと時代を下ると、複雑系の科学によって、フローの源泉は社会的であると同時に生化学的なものではないかという説が出された。

## 自己組織化

スティーヴン・ジョンソンは、自著『創発』（*Emergence*）のなかで、エサが豊富にあるときは単細胞生物であり、エサが欠乏すると多細胞生物になる、謎めいた変形菌（粘菌）について書いている。[6] 多細胞の存在のときは速く動いて場所を移動し、栄養源を探す。ふたたびエサが豊富になってくると、分裂して、単細胞生物に戻る。長い間、「変形菌にはペースメーカー役の細胞が存在しており、それが全体のふるまいをコントロールして、細胞を結合させるフェロモンの産生を刺激しているのだ」という学説が主流だった。ペースメーカー役の細胞が見つからないという事実は、データが不十分か、実験環境が悪いせいだとされていた。

一九六八年、科学者のエヴリン・ケラーがようやく、「もしペースメーカーがいなかったら？」という問いを提起した。もし変形菌が中央制御なしでくっついたり、離れたりしているとしたら？　ケラーはその仕組みをこう説明した。もし個々の細胞が、フェロモンを放出する能力も、その存在を感知する能力ももっていたら、自分自身でフェロモンの産生を開始したり停止したりできる。ある意味で、これはサーモスタットつきの暖房の運転に似ている。サーモスタット付近の室温が設定温度に達すると暖房は運転を停止し、室温がもう一つの設定温度より下がると運転を再開する。

変形菌の場合、各細胞に固有のサーモスタットと暖房があるようなものだ。個々の細胞は、いつフェロモンをもっと産生すればいいか、いつ集合すればいいかを知っている。エサの欠乏を判断するのに中央制御装置に頼るのではなく、責任が全細胞に分散されており、各細胞が局所的《ローカル》な状況を判断する。ある細胞が局所的な環境で十分なエサを見つけられなくなると、フェロモンを放出する。ほかの細胞には、この物質の痕跡を追跡する能力がある。数個の細胞がフェロモンを放出すると、互いの痕跡を追跡することによって群れをつくり、生存のために自己利益と集団利益の両方を満たす。大域的《グローバル》な状態は、上位の権威者によってではなく、無数にある個々の局所的《ローカル》センサーによって判断される。

ケラーの理論が広く受け入れられるようになるまでには三〇年以上かかった。ボトムアップのふるまい《ビヘイビア》は、西洋人の目には非論理的なことのように映る。自己組織化に対して、階級制度的な偏見があるのだ。人間はいかに変わるか、特に組織においてどう変わるかについての認識にも、同じ偏見が見られる。有名な経営雑誌には、ビジネス環境のチャンスや脅威を見きわめ、人々を光に導く全知全能のCEOやリーダーの話が満載だ。それに、ペースメーカー役の細胞、つまり、何から何まで把握し、追随者《フォロワー》に真実と進路を教えるリーダーがいる、という説明がいちばんわかりやすい。「何でも知っていて、先見の明のあるリーダー」への根強い信奉があるため、私たちは、変化というダンスのもう片方のパートナー――フロー発生にとって非常に重要な「自己組織化（self-organization）」――を見落としがちだ。

ソーシャルイノベーションの探求において逆説的なのは、リーダー個人の姿を無視するのでもなく、かといって自己組織化――局所的《ローカル》な状況を評価し、大域的《グローバル》なパターンを生みだすような形で行動する関係者一人ひとりの能力――を見逃してしまうほどリーダーばかりを分析するのでもないということだ。変形菌とは違って、人間には、特定の社会的なふるまい《ビヘイビア》を誘発する、あらかじめ設定されたセンサーはない。だが、人間はコミュニケーションに反応する。話し言葉や書き言葉、ボディランゲージは、意図、理解、感情、価値観を伝達する。リーダーは強力なアトラクタとしての役割を果たすかもしれない。しかし、局所的なコミュニケーションにおける共鳴がなければ、自己組織化のパターン、すなわちフローは、創発しない。

ローカルセンサーの感度を意図的に高めて、ソーシャルイノベーションをもたらすことはできるだろうか？

## アファール族の教え

アファール族というエチオピアの遊牧民族は、〈ダグ（dagu）〉を聞き、共有することは、神聖な責任だと信じている。〈ダグ〉は情報という意味だ。アファール族は遊牧による牧畜を生業としており、何千年もの間、ほとんどの遊牧民族が淘汰されてしまった過酷な環境を生きぬいてきた。

彼らは、自分たちが生き延びてきた秘密は〈ダグ〉だと主張する。アファール語には、「ダグは命」という言葉がある。(7)

遊牧民であるアファール族の一家は、家畜と自分たちにとってよりよい条件の場所を探して移動生活をしている。ときどき、別のアファール族の家族と出会うと、何をしていようが、どこへ向かっていようが、腰を落ち着けて情報交換する。たいてい何時間もかける。〈ダグ〉の交換はほかのどんな仕事よりも優先される。土地の様子について、健康問題（家畜と人間両方の）について、政治的緊張について、新しい人間関係について、見聞したことを分かち合う。話すときは、見たまま、聞いたままの事実を提供するが、それらの事実が意味することについての自分なりの解釈も加える。創発しつつあるパターンを、集団的に理解するのだ。

子供たちは、〈ダグ〉について家庭内で学び、傾聴し、観察し、理解し、パターンを認識することに熟達したとみなされるまで親と練習する。アファール族の生活は〈ダグ〉に依存している。〈ダグ〉を判断材料に、ある場所をいつ去り、次にどの場所に行くべきかを決め、家畜や家族に病気が拡がるのを食い止める。〈ダグ〉を共有しなかったり、誤ったことを伝えたりすると厳罰がある。生き残りをかけて、創発する自然のパターンと社会的パターンの両方に敏感でいること、見落とさないことが、一族全員に要求されるのだ。アファール族は、自分たちがパターンをコントロールできるとは思っていないが、パターンを深く理解すれば、パターンからはずれずに生きることができ、少しはパターンを動かしたり、影響を及ぼしたりできる可能性もあると考えている。

マイクロクレジットのムーブメントも、その核心に〈ダグ〉の要素をもっていた。グラミン銀行は、正確なローカル情報を収集するために、また借り手の女性たちが経済事情の変化を知って対応できるように、貸付サークルを利用した。借り手の生活に何が起きているかを把握し、彼らが苦労しているときに支援し、ほかの女性たちが将来借りる資金がなくならないよう、貸付サークルを活かして貸し倒れ損失を防いでいた。中央集権的に融資を管理するのではなく、〈ダグ〉の共有を制度化し、個々の借り手の成功も、銀行自体の存続と成功も、確実に達成されるようにしたのだ。

このムーブメントのすぐれた点は、普通は目に見えない資源――コミュニティにおける借り手の社会的関係を認識していたことだ。その「関係《リレーションシップ》」が、ふるまい《ビヘイビア》を具体化し、フローを生みだすのに不可欠だった。

## 草の根の行動がなぜ起こったか

ローカルセンサーの役割は、ブラジルのHIV／AIDS対策でも不可欠だった。ブラジルの事例のカギは、ものの見方の変化にある。多くの人が解決するのは不可能だと思っていた問題が、予想されていたHIV／AIDSの爆発的流行を食い止めるための資源はすでにあるという新しい視点によって一変した。

一九九〇年代初頭、ブラジルの国民一人あたりの年間所得は約五〇〇〇ドルで、南アフリカと同等だった。(8) 当時、患者一人にかかる抗レトロウイルス薬の年間費用は、年間一人あたり所得の二倍以上だった。ブラジルは、すでに感染している世代を犠牲にすることを拒否し、世界銀行の予測に異議を唱える選択をした。

世界銀行の研究者たちは、ブラジルが闘っているHIV／AIDS危機を煩雑《コンプリケイテッド》な問題だと見ていた。「煩雑系」の思考モードは、既存のシステムの資源や能力は多かれ少なかれ固定的であり、解決策はシステムの既存の能力に見合うものにならざるをえない、という仮定から出発する。ブラジルの国民一人あたりの年間所得が五〇〇〇ドルで、患者一人あたりの抗レトロウイルス薬治療費が一万二〇〇〇ドルなら、感染者の治療は経済的に無理――これが彼らの論理的な結論であり、ブラジルの唯一の希望は予防に専念することとされた。

しかし、問題を煩雑ではなく複雑《コンプレックス》なものとして考えると、解決策を探るプロセスは、根本的に違ってくる。変容、つまりまったく新しいものごとは起こりうる、という仮定から出発する。現状を理解することは必要だが、それに縛られることはない。資源は、すでにシステムの一部になっているものだけではなく、人が相互関係の中で理解したり、生みだしたりできるものからも成り立つと考えていいだろう。世界銀行の勧告を拒否し、ブラジル国民は、国内に存在している社会関係資本《ソーシャルキャピタル》、つまりカギとなる人間関係に着目した。

そもそも、ブラジルの歴史と文化は国外の予測とは相容れないものだった。教育者であるパウロ・フレイレの功績（『被抑圧者の教育学』）やブラジルのカトリック教会で信仰されている「解放の神学」から、「貧しい人々は幸いである」という基本的な価値観が社会に浸透していたのだ。(9)

大多数のブラジル人にとって、貧しい人々は病気になってもあきらめて犠牲になるしかないという考えは、耐えられないものだった。

問題の別の見方があるのではないか？――この問いが、必要な人すべてに薬を提供するにはどうしたらいいか、既存のネットワークを支援して患者が服薬を遵守できるようにするにはどうしたらいいか、という問いにつながった。この視点には、フローの概念が反映されている。つまり、身近にある能力を活用したのだ。

ブラジルのＨＩＶ／ＡＩＤＳ対策の事例を語るとき、個人のリーダーや関係者の名前は登場しない。政府や病院、ジェネリック薬メーカーはもちろん、六〇〇以上のＮＧＯや教会が立役者だ。それぞれが役割を果たした。あるときは、連邦政府などのさまざまな個人や団体がリーダーであり、またあるときは、それらリーダーが脇役となった。政府が賢明だったのは、どうすればその取り組みが国全体でうまくいくかという問題提起をし、自然なパターンや人間関係、ふるまいを促したことだ。これはトップダウンの戦略ではなかった。かといって完全なボトムアップでもない。草の根《グラスルーツ》の関係者と連邦レベルのリーダー、どちらが欠けても「ブラジルの奇跡」はなかっただろう。

貧しい人を見放さないと決めたブラジルは、治療費を捻出する方法を模索した結果、世界貿易機関（ＷＴＯ）の協定のうち、国家の危機に際しては特許法を侵害することが許されるとする、物議をかもす条項に目をつけた。(10) ブラジルは、ＨＩＶ／ＡＩＤＳの流行は国家の危機であり、抗レトロウイルス薬のジェネリック品を製造する権利があると主張した。問題のとらえ方を変え、薬を自国生産するという新しい解決策を探した国は、世界でもブラジルがはじめてだった。さらに、ブラジル政府はジェネリック薬をＨＩＶ／ＡＩＤＳ患者に無償配布した。

援助を「誰に提供するか」ではなく、「どうやって届けるか」に問題が絞られると、せきを切ったようにブラジルじゅうで活動が始まった。病院や診療所、保健医療サービスは、主要都市ではよく発達していたが、田舎では、ないも同然だった。サービスや制度の面で著しい格差が見られた。ブラジル国民は、この病気の制圧に必要な治療と予防を実行するために既存の人間関係に目をつけ、強化する。家庭医がＮＧＯなどの組織と連携して働き、必要なあらゆるサービスを提供した。そのうちに、自分も治療を受ける必要があるかどうか検査を受けようと、自発的に病院や診療所、ＮＧＯに来る人がだんだん増えていった。治療や検査の待ち時間には、予防についての啓蒙もおこなわれた。経費の大部分を治療に注いでいるうちに、予防の目標も達成に近づいていった。予防か治療かという選択ではなく、両方を統合することで、資源が限られているという悪条件を、うまくすりぬけたのだ。

ＨＩＶ／ＡＩＤＳの投薬療法のむずかしい点の一つは、多種類の薬を服用しなければならず、服用時間が決まっていて、食べものと一緒に服用しなければならない薬もあることだ。読み書きのできない患者は、そのようなむずかしい投薬療法を遵守することはできないというのが、北側先進諸国の大方の見方だ。ブラジルでは、看護師をはじめ医療従事者《ヘルスケアワーカー》が、使える方法は何でも使って、患者に服用方法を指導した。僻地に住む読み書きのできない患者には、太陽や月の絵を描いて、その位置で時間がわかるようにした。食べものと一緒に服用しなければならない薬の容器には、食べ物の絵を描いたラベルを貼って区別した。そして、その食べものにさえ事欠く最貧層の患者の場合は、無料の食事を提供するNGOや教会などの組織のサービスを受けさせた。ブラジルの識字率は非常に低いにもかかわらず、服用規定の遵守率はカナダやアメリカと同程度だ。

ブラジルのHIV/AIDS対策の事例は、システムに存在するエネルギーや資源をどう認識するかが重要であることを示している。資源の定義を広げることで、彼らは、ほかの人には見えない豊富な資源を利用することができたのだ。

「煩雑系」の解決策は、限定されている。明確かつ正確、そして具体的な追跡行動だ。だが、複雑系の解決策は、もっと多くの問いにつながっており、システム内の相互作用から探求や解決策が創発的に生まれるための余地を残しつづける。

## ソーシャルイノベーションは病気に似ている?

だが、ブラジルのアプローチはほんとうに「創発《イマージェンス》」だったのだろうか? 実際に、無数の個々のローカルセンサーが脅威を感知し、対処したのだろうか?

このブラジルのケースで自己組織化の特性が作用していたことを示す一つのサインは、ローカルな解決策の多様性だ。都心部では、ユーモアがあってセクシーな広告で予防を啓蒙した。保険医療の専門家がいない僻地では、教会とNGOのボランティアや職員が、予防と治療を提供して保健医療を担った。

自己組織化のもう一つのサインは、予想外の結果というパターンがあることだ。たしかに、こうしたローカルな試みがブラジル全土で起こったのと同時期に、ブラジル人社会では、貧困や激しい貧富の差を懸念する活発な対話がくり広げられていた。階級や富についてオープンに話し合いたいという一般市民側のこの意欲は、HIV／AIDS問題を社会全体で話し合ううえでの下地となる。また、HIV／AIDS流行の初期のころから、ゲイのコミュニティは、「HIV／AIDSとともに生きる人々」に対する差別を、非常に活発に糾弾していた。それは、政府の手法に決定的な影響を与えた。政府はボトムアップの解決策が創発するのを許したのだ。対策が効果をあげるためには感染者自身が一役買うべきであり、感染者の協力がなければ政府の努力は無駄になるだろう、という問題意識を政府はもっていた。HIV／AIDS問題をめぐって社会的なレベルで起きている対話は、行動が起きる余地を生み、政府はその余地を利用した。ブラジル人社会全体が、HIV／AIDSを制圧する行動に関与したのだ。

ここで変形菌の話に戻ろう。先述のとおり、西洋的な解釈では、ソーシャルイノベーションは、カリスマ的なリーダーや社会起業家など個人の行動の結果によって生じるとみなされる。しかし、複雑系の理論、エミール・デュルケーム、そして後述するジェーン・ジェイコブズ（都市と社会の深遠な観察者）[11]は一様に、ヒーローという象徴的な代表ではなく、エネルギーを生みだした相互作用のパターンを見ることが重要だと主張する。実際、社会起業家は、社会変革のエネルギーは自分から流れ出てきたのではない、むしろ、ほかのみんなと同じように流れ《フロー》に乗って流されている自分がいた、と語る。第四章に登場したユリシーズ・シールは、ドアが苦もなく開くように思えないかぎり、誤った場所に自分のエネルギーを注いでいるのだ、とまで言いきっている。

マルコム・グラッドウェルの『ティッピング・ポイント』では、社会の変化はことごとく病気にそっくりだと述べられている。[12] 普通の病気と流行病は、広がる速度が違う。普通の病気とは異なり、流行病は野火のように地域や国、地球全体にまで広がる。インフルエンザのシーズンは、その典型例だ。インフルエンザウイルスはいつでもどこにでもある。にもかかわらず、一年の大部分は、インフルエンザの伝播はきわめてゆっくりで、たいていは限定された地域にとどまっている。ところが、シーズン中は、しばしばティッピング・ポイントに到達し、伝播のスピードが切り替わる。インフルエンザの流行には非線形の側面――あと一件インフルエンザが発生すれば、システムの転換が起きて新しい段階に入る――があるのだ。

たとえば、ブラジルのＨＩＶ／ＡＩＤＳ流行からの回復は、一九九〇年代半ばに唐突に起きたように見えるが、それは何か一つの介入や政府の主導によるものではなく、むしろ、社会がティッピング・ポイントに達したからだったのだ。

## プランニングではなくクラフティング

それでは、このフローを育てることはできるのだろうか、あるいは、少なくとも、フローを育てるのに適した環境を育てることはできるのだろうか？　ティッピング・ポイントを刺激することはできるのだろうか、それとも、これらのプロセスは、人にはまったく手出しできないものなのだろうか？　人がフローを変えることはできるのだろうか？　流れに足を踏み入れるか、近づかないか、どちらがよいのだろうか？

明らかに、フローが起きるためには、共通の焦点（共通の関心事やテーマ）、ある種のフィードバックのメカニズム、それに一定レベルのスキルが必要だ。

まず、焦点とフィードバックのメカニズムだが、この二つは社会起業家の特性かもしれない。ゲルドフは、最終的に「何かしなければ」という結論に達し、受話器を取って、自分より大きいシステムに最初のフィードバックを返した。しかし、ライブエイドを成功させたスキルは、ゲルドフの個人的技量をはるかに上回るものだった。その活動は全体的に育っていったのだ。

ゲルドフは青写真をもっていたのではなく、本能的な勘にしたがって動いた。その本能に形と中身を与えたのは、ほかの人々のエネルギーだった。だが、ゲルドフなしでも同じことが起きたと考えるのもまた誤りだろう。社会起業家と「集合的沸騰」の関係は、一種のダンス、あるいは振動のようなものだ。個人レベルのフローには、焦点、フィードバック、スキルが必要だ。だが、集団レベルでは、何かそれ以上のもの、ある種の成り行きまかせ、創発の可能性に対するある種の信頼、あるところでティッピング・ポイントに達するという信念、その創発を促す単純なルールがあるという感覚が必要だ。

創発は、いいことでも悪いことでもない。創発は単に創発だ。あらゆる種類のシステムの戦略について長く執筆してきた経営学者のヘンリー・ミンツバーグは、意図的な戦略に対する私たちの恋愛にも似た感情は、どんな戦略も意図と創発の両方を含む行動の流れの一パターンであるという現実から目をそらさせていると主張する。有名な論文の一つで、ミンツバーグは、戦略計画《プランニング》ではなく戦略創作《クラフティング》と呼ぶプロセスと、戦略が庭の雑草のように成長する組織というものについて、自説を展開している。

「人が状況から学習する能力をもち、その能力を支える経営資源があるところなら、どんな場所にでも戦略は根を張る。これら草の根の戦略が集合し、組織全体のふるまいを導くほどに繁殖すると、それは組織化された戦略へと姿を変える」(13)

ミンツバーグは、こうした戦略についての「意図的」な取り組みとして、多面的に目標を設定する「アンブレラ戦略」と、特定のプロセスを設計する「プロセス戦略」をあげている。プロセス戦略は、プロセスを中央で設計・管理し、コンテンツの開発は他のメンバーに委ねる。つまり、具体的な内容を決めるのではなく、戦略形成につながる相互作用を刺激するのだ。

このようなリーダーシップは、戦略プランニングの指南書や、将来を見越した戦略家像とは大きくかけ離れている。そのかわり、ミンツバーグは、独立して仕事をしている陶芸家を引き合いに出して説明する。陶芸家は、おそらく目標をもって技能を磨くが、目標よりも何よりも大切なのは、粘土という素材のなかに芸術表現の機会を見つけだす能力だ。第三章でふれたパーカー・パーマーの詩に出てくる木彫師を思いだしてほしい。木彫師は、木の中に鐘台の姿を見るまでになるには、世俗の雑念をすべて取り払わなければならなかった。ミンツバーグが書いているように、この職人技《クラフト》のカギは二つだ。まずは「さまざまな戦略が育つことのできる環境をつくる」

ために「パターンを管理する」能力、そして、創発するパターンを検出し、それが形になるのを促す能力だ。

## 都市経営、産業クラスター、アリの巣

過去四〇年間、ジェーン・ジェイコブズは、健全な都市というものは変形菌と同じ特徴をもっていると論証してきた。都市を存続し、繁栄させたいなら「ペースメーカー」にはご退場願ったほうがいい！　と彼は言っている。

矛盾するようだが、ジェイコブズは都市計画のすぐれた提言者であり、政治家や官僚に積極的にはたらきかけた人物だった。介入はつねに不適当だと主張したわけではない。むしろ、都市計画の立案者に対して、地域を活性化し、自己刷新《セルフリニューイング》させている既存の相互作用のパターンにもっと注目すべきだと主張したのだ。健全な都市には相互作用がある。そのわずかな基本ルールから地域が自己組織化するというジェイコブズの鋭い観察は、世界中の研究に活かされてきた。計画的なコミュニティの失敗例は数えきれないほどある。そのほとんどは、もっと有機的につくられた存在であれば本来もっているはずの、刷新や再生の能力を欠いている。見逃されているのは、自然に創発する地域社会にそなわっている相互作用のルールなのだ。

ジェイコブズは、よい地域や都市とは何かを深く考えたが、経済学者のポール・クルーグマンは、商工業の自然な構成について研究した。彼は、企業というものは、総合的な設計者の手が入

らなくても、似たような組織をもつものどうしが自然に集まる傾向が強いということを論証してきた。(14) クルーグマンは、どの事業も局所的《ローカル》な自己利益によって動かされていると主張する。同業者はできるだけ近づこうとするか、できるだけ離れようとするか、どちらかのパターンをくり返すのだという。

クルーグマンが自分のモデルをはじめて世に発表してから何年もあとに、都市経営シミュレーションゲームの「シムシティ」などのコンピュータゲームが登場し、彼の考えを裏づけることになった。まず、プレイヤーは架空の街に好きなように商工業を配置するのだが、その後、それは自動的に反復され、最終的にはクルーグマンのモデルにそっくりな街が完成する。つまり、シリコンバレーや、多くの都市に見られる服飾産業が集中する地域のように、同業者が密集し、同業者の群落と群落の間には広い隔たりができる。地元の食料品店やクリーニング店など、いくつかの例外もあるが、たいていはクルーグマンのモデルがあてはまるのだ。この場合の創発のパターンは、相互生存（共存）の必要条件を示しているように見える。

ジェーン・ジェイコブズの地域論やポール・クルーグマンの産業パターンを見ると、成功する創発は、存在しているもの、すでに機能しているものの上に成り立つということがわかる。これは正のフィードバックとして知られており、多種多様な社会状況、たとえば、あらゆる昆虫のなかでもっとも社会性のあるアリにも見られる。アリの巣は、無作為に泥を積み重ねることから急速に形成されていく。ただし、アリが従うルールの一つは、自分が新しい積み重ねを始めるより、すでにある泥を増やすことを好むということだ。だから、あっという間にいくつかの層が積み重なり、タワーのような巣ができる。都市にはアーティストが集まる。建築家や投資銀行家、テーラー、俳優もそうだ。近隣一帯が急速に様変わりしてしまうこともある。たとえば、グラフィックデザイナーが一人、ある街区に越してくると、知らないうちに街区全体がグラフィックデザイナーばかりになってしまうのだ。

人間の組織にとって「すでにある積み重なりに加わる」ルールと同じものは何だろう？　それは情報に関連があるようだ。アリの巣や地域社会、産業クラスターは、どれも関連情報を共有するのにとても適している。アリはエサのありかを知る必要がある。企業はビジネスの動向、労働力、専門知識、納入業者、現在の価格情報などを知る必要がある。情報豊富な現代でも、物理的に近くにいることで、情報を広く深く共有しやすくなる。企業が探しているのは単なるデータではない。データなら、インターネットをはじめ、離れた情報源からも簡単に入手できる。企業は毎日洪水のように押し寄せる大量のデータにパターンを見いだそうとする。互いが偶然にぶつかる、顔と顔を突き合わせた相互作用、つまり、うわさ話の交換や感情の観察は、人がビジネスのパターンを把握し、変化していく状況をすばやく理解し、それに適応するうえで役に立つ豊富な情報を伝達する。いわば、企業は〈ダグ〉を探しているわけだ。

ミンツバーグ、ジェイコブズ、クルーグマンは、この世界で作用しているものは何かを観察し、そして、それがなぜ作用しているのかを問う。この視点からソーシャルイノベーションを見ると、変化を生みだす達人は、相互作用のローカルなルールを明確に理解し、それを強化して、その潜在能力を高めるのだということが見えてくる。ムハマド・ユヌスは、最下層の人々を支えるシステムに変化をもたらしたとき、ローカルなルールを理解しつつあった。ユヌスと教え子の大学院生は、自然な人づきあいをしている女性は互いに技能を教え合っており、また「正直」「勤労」「助け合い」など、価値観をも教え合っていることを知った。女性たちの間には社会的関係を健全に保っている暗黙の行動規範があるとユヌスは見抜いたのだ。

成功する社会起業家の多くは、このようなルールを理解していくなかで、万人に共通する関心事にふれることになる。ＰＬＡＮのアル・エトマンスキは、障害をもつ人々のための自分の仕事において、何が普遍的な関心事なのかをこう語っている。

「帰属意識と生きる意味が、私たちみんなの切なる思いです――この二つは万人に共通の願いです。もし、障害をもつ人々にとっての帰属意識と生きる意味について描いたり、話し合ったり、表現したり、物語ったりできるなら、いつのまにか自分自身や健常者にとっての帰属意識や生きる意味について話していることに気づくでしょう。私たちみんなの意識という水門が開かれるのです」

メアリー・ゴードンは、人間の普遍的な資質として、自分のプログラムの名称にもなった「共感の根」をあげた。ゴードンのいじめ解消プログラムは、いまではカナダ全土をはじめ諸外国にも広がっている。

ＰＬＡＮは、人間の帰属意識と意味のある人生のための自然なルールが強化されるような環境を整えたが、スタッフは、結果についてはコントロールも予測もできなかった。生みだされる創発的なパターンを信頼し、パターンに合わせて働き、パターンを利用して、学習と介入の次のラウンドに乗りだしたのだ。ゴードンは、共感の単純なルールにもとづくカリキュラムを作成し、いじめっ子と赤ちゃんを結びつけ、強い者に、弱い者のシグナルを感じ取ることを教えた。ゴードンも、自分が結果を、あるいはカリキュラムが教室外の子供のふるまいにどう影響するかをコントロールできないことを知っている。ゴードンもエトマンスキもその仲間も、はじめはいま作用している力、つまりシステムを現状に維持しているものを理解しようとした。現状に満足できなかったとき、その現状に関連する単純なパターンを変えられるように行動しなくてはならないことを、彼らは知っていた。

## ワーキングプアを救え

ポール・ボルンとマーク・サバイにとって、貧困もまた、とても単純なルールによって定位置に固定されている人間の条件だった。二人は、そうしたルールを変え、自分たちが住んでいるオンタリオ州ウォータールー地域を改革するため、ＯＰ２０００（Opportunities 2000：機会二〇〇〇）という活動《イニシアティブ》を立ち上げた。

何十年もの間、キッチナー・ウォータールーとケンブリッジの両市は、労働集約的な製造業で栄えていた。一九四〇年代から一九七〇年代までは、高卒の学歴があれば誰にでも職は豊富にあった。電化製品、ゴムやプラスチック、衣類、食品加工やビール醸造のメーカーが、何千人もの従業員を雇用して、成長し、繁栄していた。それは雇用の安定を享受し、安心して子育てができる土地として、現在「オールドエコノミー」と呼ばれるものの典型的な姿を体現した、オンタリオ州心臓部の成功例だった。

しかし、オールドエコノミーは一九八〇年代に衰退しはじめた。利益増大の可能性に惹かれた企業が、安い労働力で劇的にコストを削減できる海外に製造拠点を移しはじめたのだ。技術の進歩、特に自動化・省力化技術の進歩もあって、地元の人材は必要とされなくなった。何千人という従業員を雇用していた工場が閉鎖されたり、雇用規模が縮小されたりするようになった。一〇年で二万人の失業者が生じた。そして、貧困家庭の数が急激に増えていった。

工場閉鎖があいついだ一〇年の終わりには、地元経済は堅調な回復を示しはじめていた。「ニューエコノミー」がこの地域の多くの起業家たちの想像力をとらえ、一九九〇年代になると、コンピュータのハードウェアやソフトウェア、電気通信、環境デザイン、金融、保険といった知識集約的な産業で、何千人もの新しい雇用が創出された。

ところが、経済が回復しても貧困家庭の増加には歯止めがかからなかった。コミュニティの多くの住民にとって、「ワーキングプア（貧困労働者）」が新しい現実となったのだ。国はこの地域の成功をニューエコノミーの模範として称賛したが、一九八〇年に八三〇〇人だった貧困者数が、一九九〇年代半ばには五万五〇〇〇人に増加したというのが、悲しい現実だった。成功の陰にはたくさんの落伍者がいたのだ。

非営利団体や慈善団体、教会は、フードバンクやシェルター、レクリエーションプログラムの数を増やしたり、社会的セーフティネットにテコ入れしたりして、この危機に対応した。

だが、ポール・ボルンにとっては、これでは不十分だった。ボルンはその地域の非営利セクターで働いており、独創性も洞察力もすぐれたリーダーとして知られていた。一九九〇年代には、ボルンはこの地域の貧困問題に対処している組織の役割を真剣に再考しはじめていた。「貧困の緩和」や「貧困層が貧困と闘うのを支援する」という着眼点では、もはやうまくいかないと感じていた。

一九九三年、ボルンはCODA（Community Opportunities Development Association：コミュニティ機会開発協会）という組織を立ち上げた。時間がかかり、困難なプロセスを経て、ボルンと仲間はある同盟を結成し、政府の助成金を得るところまでこぎつける。〈機会計画（Opportunities Planning）〉は、一八以上の組織の提携関係であり、その趣旨は、雇用機会の質を改善するためのトレーニングを地域の人々に提供することだった。また、コミュニティ内の各グループを結びつける活動も始めた。社会関係資本を構築し、自己組織化や創発を促進するためだ。しかし一九九五年、オンタリオ州政府の政権が交代すると、〈機会計画〉に対する助成金が削減される。ボルンはこれに打ちのめされるのではなく、チャンスととらえて、その失敗を踏まえた新しいプログラムを立ち上げることにした。

ボルンはマーク・サバイと緊密に協働し、一九九七年に新たにOP２０００を立ち上げ、NPOや地元企業、市政、低所得者層をとりまとめて、新しい貧困削減戦略を策定した。「どうすればこの地域の貧困を根本的に解消できるだろう?」「貧困解消を持続させるためには、誰を巻きこむ必要があるだろう?」という問いが、ボルンとサバイを動かしていた。困っている人を一時的に助けるだけではなく、システム自体を変えることをめざしていた。キッチナー・ウォータールー地区の二〇〇〇世帯を二〇〇〇年までに貧困から脱出させる、それも支援や給付金を与えるという受動的なものではなく、コミュニティのきずなを育て、貧困の根底にある構造的問題に対処することによって脱出させる――ボルンとサバイは自分たちにこの目標を課した。

OP2000は、企業の経営者層に、低所得者層の直面している問題をもっと深く理解してもらうよう働きかけた。低賃金だけが問題なのではない。低所得者層の労働コストは、保育費や交通費を含めて、本来もっと高いはずだった。また、健康な障害者は大きなジレンマを抱えていた。働かずに家にいれば家族を養えるだけの収入がなく、働きに出れば身体障害者手当てをもらえなくなるのだ。

解決策として、勤労スケジュールの見直し、労働コストに対する政府助成金や基本給与と手当の増額、トレーニング機会の増加は不可欠だった。政府の給付金やサービスも建て直す必要があった。なかには、就労すると受給条件の違反になり、給付金を返還しなければならないものもあったからだ。

非営利セクターの諸団体は、貧困層が恒久的に貧困から脱するにはどんなサービスを提供する必要があるか見きわめようと、話し合いの席についた。低所得者層もこうした話し合いで自分たちの意見を述べたが、それはシステムの犠牲者としての声ではなかった。ほかの列席者と同じように、ブレインストーミングに参加し、解決策を見つけ、各セクターが現状維持にどのように加担してしまっているか、もっと前向きな未来を築くためにどんな役割を果たせるかを考えた。これは新しいアプローチであり、一九九八年に国連人間居住計画（ハビタット）のベストプラクティス、一九九九年にイマジン・ニュースピリット・オブ・コミュニティ・パートナーシップ・アワード〔Imagine というカナダのNPOが選ぶ、地域活動の功労者に贈られる賞〕など、多数の賞に輝くことになった。

## さまざまなものを巻きこむ

ＯＰ２０００にはたくさんの興味深い特徴があった。まず、パートナーシップという考え方を堅持し、さらに発展させたことだ。積極的に外に出ていき、地元企業や市政を実務担当者として巻きこんだ。これこそシステムを改革するカギだ、とボルンとサバイは感じていた。二人は「社会の礎石《コーナーストーン》」という考え方をもつようになっていた。ボルンの説明を紹介しよう。

私たちは民間企業の人々を活動に引きこみはじめた。影響力を強めたいなら企業人が必要だと理解するようになっていたのだ。といっても、深く考えていたかどうかはわからない。ただ、企業を巻きこむことができれば、たぶんもっと多くのお金を獲得できるだろうと考えたのだ。それに、企業人が私たちにはない権力へのアクセスをもっていることがすぐにわかった。マーク（サバイ）が、「誰にでも声をかけるのはやめるべきだ。要となる人間に集中したほうがいい」と言うようになったのを覚えている。マークは彼らを「社会の礎石」と呼んでいた。

民間、公共、非営利を問わず、あらゆるセクターとのパートナーシップを築くために、ボルンは、スタッフにノルマまで課して、積極的にどんどん協力者を引き抜いていった。一九九九年、ボルンはワークショップを主催し、社会的影響力の強いリーダーたちを中心に、利害の異なる関係者を一堂に集め、ある問題の合意点や共通利害を探った。「このワークショップで、OP2000に対する共通の精神的なコミットメントが生まれてきたのが印象的だった」とボルンは言う。「また、ウォータールー地域の貧困解消をめざす長期戦略が創発しはじめたときでもあった」

関係を築くというボルンのアプローチは斬新だった。特に市政や企業は資金面のパートナーとして参加を求められることには慣れていたし、実際その役割を果たしている組織もあったが、ボルンはまず何よりも、自身の運営に目を向けるよう各組織に働きかけた。『機会創出』（*Creating Opportunities*：未邦訳）という啓蒙書も作成した。雇用者が被雇用者の生活を改善するためにできることを多岐にわたって解説した本だ。「すぐ実践できる手段である、給与水準や労働時間の見直し、手当、職務の再分類、社内トレーニング、奨励金など」で貧困緩和に努力するよう雇用者に訴えるとともに、「もちろん、まず、現行の雇用方針と雇用慣行が現場の人々の生活水準に及ぼす影響について認識すること」を促した。

ＯＰ２０００は運営資金の助成を政府以外に求めた。まず、カナダロイヤル銀行（ＲＢＣ）から二四万ドルの助成を受けたが、ボルンがはっきりめざしていたのは、資金援助にとどまらず、ＲＢＣがもっているビジネスのノウハウや人脈も提供してもらうということだった。やがてほかの組織もそうなったが、ＲＢＣの地域担当副社長ジム・ゴードンは、特にこの発想に興味を示した。「ＯＰ２０００は助成金だけでは満足せず、ロイヤルの『心と魂』をほしがっている」ことがゴードンの心に響いた、とボルンは述べている。ゴードンは資金を提供し、二名のスタッフを派遣した。「この活動に関わることは、おそらく当社の社員にとっても非常にやりがいのある仕事の一つだ」と、のちにゴードンは語っている。

ボルンの記述によれば、雇用者のなかには、自社の従業員のうち何人が貧困ライン〔適正な人間生活を維持するための最低限の所得水準〕未満の生活をしているのかを計算するだけで事実に目覚めた者がいた。その情報自体が「ゲシュタルトシフト」、すなわち態度ががらりと変わる結果をもたらすことがあったのだ。あるＣＥＯ（最高経営責任者）は、ＯＰ２０００の資料をもち帰り、翌日ボルンに電話をかけてきて、「一睡もできなかった」と話した。そのＣＥＯは出社すると真っ先に、人事スタッフに給与帳簿を調べ、誰が実際に貧困ライン以下にいるのかはっきりさせるよう指示した。人事スタッフは渋ったが、彼は押し通した。後日、彼は従業員数名の給与を引き上げ、貧困ライン以下の従業員数を減らすために自社ができることをもっと詳しく検討しはじめた。すぐに、給与調整という簡単な手法を実施した結果、数家庭が貧困から脱した。

## 意図と創発のせめぎあい

ＯＰ２０００の協力者を開拓する努力が実り、貧困緩和のために現状を刷新するという発想のもと、方針や慣行を見直す組織がどんどん増えていった。発想と行動計画と行為者が、協調してなめらかに流れていた。サバイはこう述べている。

「タンゴを踊っているような感じでした――ほら、誰だって力強い展望や活動分野のあるところに行くものです。ほんとうは、僕らはそこまで周到だったわけじゃない。結果的にそうなったのだと思います――突然、人が僕らのところにやって来るようになった……そして、急にブームに火がついた。石油を掘り当てたようなものですよ」

それは、ティッピング・ポイント、当の本人にとってさえ不可思議な変化のように感じられた。計画的な変化という印象はなく、創発だった。

またＯＰ２０００は、逆説的でもあった――減税とセーフティネット削減という当時の公共政策に逆行する活動だったのだ。だが、ボルンの説明によれば、当時の政治的状況とそれが生みだす負のエネルギーを、行動のための一種の踏み切り板として活かしたのだという。

州政府が予算を削減し、連邦政府が予算を削減した。あいつぐ予算削減の流れが私たちの追い風になったように思う。明らかに貧困問題は深刻さを増していた。そして、こういうとき、降ってわいたように何かが攻撃的なキャンペーンを展開し、それが非常に多くの人々を惹きつけることがあるものだ。誰もが予算削減にあえぎ、寸暇を惜しんで政治家と闘っていた。誰もが、ただ真正面からぶつかっていた。そのなかで、おそらく唯一、そういうことはまったく見当違いだと言ったのが私たちだった。私たちは自分たちの力で世の中を変えようとしただけだ。それは流れにまったく逆行していたし、あのとき唯一の、ほんとうに前向きな声だった。

ボルンはまた、変化のカギは、理想と現実、刷新と習慣のギャップから生じるせめぎ合いだったと言う。

私たちは、自分たちのしていることをほんとうに把握できるほど賢明ではなかった。少なくとも、はっきり表現できなかったと思う。私たちはいつもアイディアには事欠かず、しかもその多くは消えるにまかせたので、カメレオンのようなものだった。だから、もしOP2000がほんとうにビジョンをもって始まったのなら、それが何だったかは覚えてもいないが、直感的なもので、世間のほうがそれに目をつけたのだ。

さらに彼は、創発におけるリーダーシップの本質についての洞察を示している。

「私たちの仲間に加わった人々は、並はずれて力強い人々だった。そこにあなたがいれば、旋風に巻きこまれるも同然だ。そして、あれも、これも、何もかもが、いっしょにやって来る。あなたはただ、そのまま進めばいい。こうした人々は、……いわば、あなたを道連れにする」
ボルンとサバイは、おそらく舞台と状況を設定したのだろう。だが彼らは、一歩下がって考えたり、無知をさらけ出したり、ときにはフォロワー（ついていく人）になることもできた。ボルンはこれについて率直に語っている。

人は、自分が何をしているのか、ほんとうにはわかっていない。この事実を隠さないほうがいい。相手を身構えさせないばかりか、相手を旅の道連れにする大きな吸引力となるからだ。自分は自分が何をしているかわかっていると思っている人間を、人はかなり早く嗅ぎつけ、直観的にそんなことは不可能だとわかるので、おそらく、それを疑うようになる——とても複雑だ。

OP2000は、私たちが誰にも何も言わないときが、いちばんうまくいった。私たちはただ仲間のそばにいただけだった。「みんなで同じ場所に向かっているのだから、それがどこなのか一緒に考えよう」と、よく話していた。そして、仲間は私たちが失敗することもあると知っているし、彼らが失敗をありのまま認めてくれるので、私たちもそれを認められる。そういう人々がたくさん私たちの仲間に入り、仲間として残ったが、それは、自分が何をしているかほんとうにはわからないという謙虚さのおかげだった。

私は、これが願望と創発のせめぎ合いであり、意図と創発という矛盾をはらんだ、創発におけるリーダーシップなのだと思う。創発は、人に内在する願望ではない。人はとにかく、一刻も早く、秩序を望む。経済の秩序、システムの秩序、何の秩序でも——そう政治の秩序も。だから、創発を人に受け入れてもらう唯一の方法は、自分たちが何をしているかは自分たちにもわからない、と全員に同意してもらうことだ。もし、何をしているかわかるのなら、いまいる場所にいないはずだからだ。そして、ともかく創発を受け入れれば、人はフローに乗れる。そうすれば、答えはいらないし、システムもパターンもいらない。そのかわり、実験ができ、何かに縛られることなく、創造的になれる……そして、そうなれるのは流れの中にいるから、流れの一部だからだと思う。

一九九七年から二〇〇〇年一二月まで、八七組のOP2000パートナーが、約一七〇〇人の貧困を脱する道のりの途上にいる人々を支援する、合計四七件のプロジェクトを立ち上げた。貧困問題を完全に解消したわけではないが、多くの個人や組織にとって、大きな一歩だった。そして、それらはいわば、即興演奏のようなコミュニティの反応だったのだ。

## ジャズの即興演奏のように

独創的な組織論の第一人者として、リーダーシップと組織の両方を深く理解するうえで世の中に大きな影響を与えてきたカール・ワイクは、個人が互いに合図し、集団で行動するときの微妙な点に、特に興味をもっている。つまり、人間にも変形菌の化学的信号に匹敵する何かがあるのではないかと探求しているわけだ。

ワイクは、「即興こそ命」のジャズ音楽に、おおいにヒントを見いだしてきた。大きなジャズコンサートでは、予期せぬ出来事がお約束だ。だが、即興で演奏する能力は、音楽的なパターンの奥深い理解に加えて、集中して聴き、仲間のミュージシャンがしていることに反応する能力によって支えられている。ジャズバンドの誰か一人がリードするのではなく、全員がリードするのだ。[16]

ジャズは会話に似ている。あなたと私がジャズバンドで演奏しているとしよう。あなたは直前に演奏されたものに反応していく。楽器の演奏で言葉を返し、私は反応を返す必要がある。どうやって？　私があなたの表現の何をくり返し、私たちは何を一定に保つ必要があるのか？　そこから何が出てくるのか？　次のフレーズでは、変わらないものを含みながらも、何か小さな変化が生まれるかもしれない。そこから何が出てくるのか？

結局、ジャズでは、決まりごとに集中するだけでなく、新しい展開も必要とされるが、バンド演奏の場合は、集中して聴くこと、すなわち注意深さが必要になる。[17] 他者との会話に自己との会話も同時に存在していることが必須であり、少なくとも、途切れずに交互にくり返されなければならない。ジャズトランペット奏者のウィントン・マルサリスの観察によると、演奏でも、会話でも、最悪の話し相手、最悪の共演者とはこんな人だという。「あなたがしゃべっているとき、あなたの話を聞くのではなく、次に何をしゃべろうか考えている人[18]」

社会起業家もそうだ。ボルンとともに「OP2000現象」を体験した人々によれば、OP2000はまさに集団のなせるわざだったという。一つの目標をめざし、パターンが現れるのを観察する心構えがあり、自分の直観にも他者の直観にも注意深く耳を傾ける、そんな意欲のある個人の相互作用からOP2000の成功は生まれた、と関係者は考えている。ボルンがOP2000の本質に関わる体験を語るとき、奇しくもそれは、ジャズとは何かを語っているように聞こえる。

OP2000の事例は、本章のほかの事例もそうだが、ソーシャルイノベーションの興味深い一面を突いている。変化が起きるためには、社会起業家だけでは不十分だということだ。目標や問題意識も必要だが、それだけでは不十分だ。目標はエネルギーを何かに向けさせる役には立つが、エネルギーを生みだしはしない。

本章は、「どうすればソーシャルイノベーションに勢いがつくのか」という問いかけで始まった。そして、各事例で重要な役割を果たした個人はいるが、個人だけを見ても不十分だということがわかった。何か集団の中にあるもの、何か個人を超えたものが、根本的な変化の誕生には必要だったのだ。

変化が確固たるものになるには、あるいは、本物のイノベーションに必要なティッピング・ポイントに向かう勢いがつくには、社会的なフローが必要だ。フロー、つまり集合的沸騰が起きるとき、不可能がほんとうに可能になるように見える。社会起業家はこのフローをつくることはできない。ワゴナーの詩のアドバイス「それがおまえを見つけるのにまかせよ」に従わなければならない。ソーシャルイノベーションとは、指揮権を握るのに負けず劣らず、なすがままにまかせることが肝心だ。ソーシャルイノベーションの達人は、自分を見つけさせる方法を知っている——こちらが身を任せれば世界は何かを与えてくれるだろうと信じながら、社会的なフローを見つけ、それに乗る方法を。世界は与えてくれるのだ、何度でも、くり返し。

突如、私はカラスが歓喜する冷たい天国を見た
氷が燃え、しかもますます凍てつく世界を
目にしたとたん想像と感情が荒々しくかき乱されて
さまざまな雑念はことごとく消え去り、追憶だけが残った
熱き青春の血潮、遠い昔の熱き愛の血潮とともに
とうに季節はずれになっていいはずの追憶が
そして私は手当たりしだいに思いつくかぎりの責任をかぶり
ついに泣き叫び、身震いし、左右に身を揺らした
光に射抜かれる　ああ！　亡霊が息を吹き返しはじめ
死の床の混乱が終われば、書物が教えるとおり
裸で道端に放りだされ、天が罰として与える
不当な仕打ちによってさいなまれるのか？

W・B・イェーツ「冷たい天国」

第 6 章

# 冷たい天国

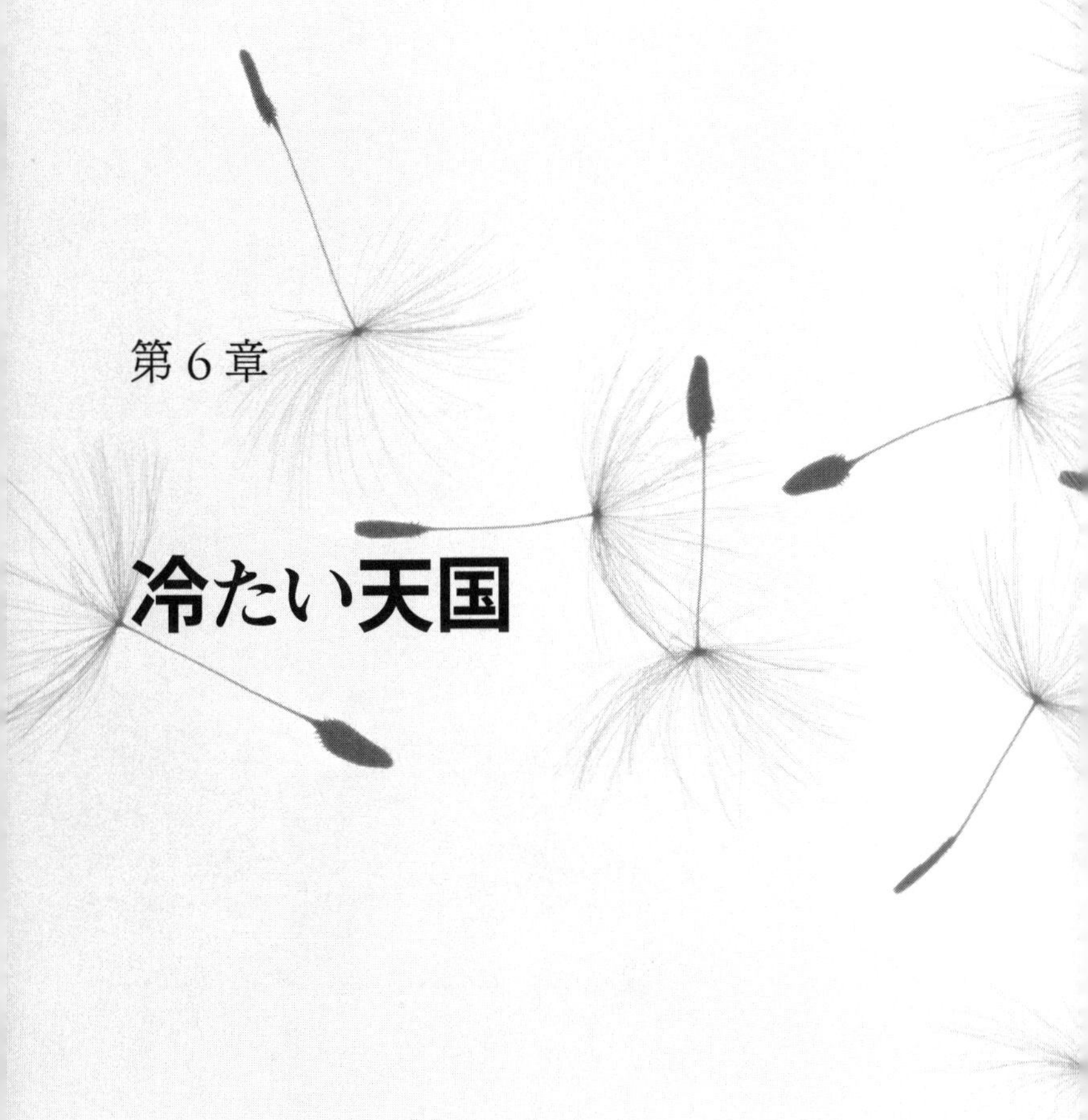

COLD HEAVEN

ソーシャルイノベーションが、いつ成功したか、いつ失敗したかを知るのはむずかしい。ある人たちの発想や行動は、いつからソーシャルイノベーションだと言えるのか？　ある団体がある地域の殺人件数を一〇年間削減し、その後また増えたという場合、この活動は失敗だったのか？　湖の環境を科学的手法で復元したが、のちに酸性雨によって環境破壊が生じた場合、復元は失敗だったのか？　もし天然痘が再発したら、かつての撲滅宣言はでたらめだったのか？

変化を生みだそうと闘っている人々は、二つの逆説に直面しなければならない。一つは、成功は住所不定だということ、もう一つは、失敗は成功への道を切り拓くということだ。

手に負えそうにもない問題にあえて取り組む人々、そしてそのための活動に出資する人々は、世の中が少しでもよくなることを夢見て行動している。もし、あなたがそんな夢見る人々の一人なら、世界が変わる可能性を糧に生きることがどんな感じなのかわかるだろう。失敗の代価は高くつくこともある。理想を失い、希望を失い、ときにはあなたが助けようとした人々に害を及ぼしさえする。もちろん、あなた自身にも。社会起業がリスクの高いものであることは疑う余地がない。イェーツが「冷たい天国」と表現したものになりかねない。それでも、思いやり、適応力、復元力《レジリエンス》、実験精神を保ちたいなら、リスクはつきものだ。

## ルワンダの悲劇

現代において冷たい天国を体験した人間がいるとすれば、ロメオ・ダレール中将はその代表例だ。ルワンダ大虐殺の証言者として、「天が罰として与える不当な仕打ちによってさいなまれた」人物だ。その経験は彼の存在の深部を揺さぶり、「とうに季節はずれになっていいはずの」記憶が脳裏を去らなかった[1]。

　彼の体験は、過酷な判断、人がしばしば自分自身に課す判断のなかでももっとも情け容赦ないものが、どんな影響を残すかという教訓に満ちている。失敗が、発想やその実行の失敗にとどまらず、一人の人間の失敗になる一例だ。

　ダレールは、ルワンダに派遣された国連の小規模な平和維持軍（ＰＫＦ）の司令官だった。一九九四年の晩春から夏にかけての一〇〇日間で、フツ族過激派が八〇万人以上のツチ族とフツ族穏健派を大量虐殺したとき、彼は言語に絶する恐怖を目撃した。ダレール率いるＰＫＦは、大虐殺計画の事前証拠をつかんでおり、ダレールはフツ族が隠している武器を押収する許可を求めていたが、国連の上層部からは、現地当局に警告せよ、自力でフツ族の民兵を武装解除しようとはするな、という指示を受けた。

　死体が道や川を埋めつくしたとき、ダレールは現地で起きていることに世界の関心を引きつけようとしたが、無駄だった。いまでは軍事専門家も実現可能だったととらえているが、フツ族勢力と戦うための五〇〇〇人の武装兵士と自由裁量権があれば大虐殺を速やかに停止できる、とダレールは主張した。だがまたしても、安全保障理事会理事国の国内政治と国際政治に押されて、国連はダレールの提言を却下した。ダレールはアメリカに、虐殺を扇動するフツ族によるラジオ放送を阻止するよう要請した。しかし、クリントン政権はそれさえも拒否した。

それどころか、ルワンダ大統領の護衛にあたっていた一〇人のベルギー人PKF兵士が死亡するという事件のあと、史上最悪の大虐殺がくり広げられているというのに、ダレールの部隊は五〇〇人に削減された。ダレールは、世界の指導者たちの消極的な姿勢に不満が募り、落胆し、くり返し上層部と衝突した――が、徒労に終わった。国際社会は大虐殺の定義を論じることに終始し、責任をどこかに転嫁し、介入しない理由探しをしていた。

なかには、この悲劇をダレールのせいにする声もあった。ヨーロッパでは、彼の「失敗」が新聞の一面をにぎわした。ベルギー上院は、自国兵士の戦死に感情を害し、彼に「不注意かつ未熟」[2]という烙印を押した。ダレール率いる非武装のPKFは三万人のルワンダ人の命をどうにか救ったが、彼にとっては、それはあまりに不十分な数字だった。

ルワンダの道という道で絶えず目にしていた殺された人々の亡霊につきまとわれながら、ダレールはカナダに帰国した。不名誉と恥と罪の意識から逃れるために、何度も自殺を企てるような精神状態だった。「泣き叫び、身震いし、左右に身を揺らし」ながら、自分の体の細胞一つ一つに冷たい天国を感じた。ようやく、心的外傷後ストレス障害（PTSD）を患っていることがわかり、精神科の治療を受けることになる。このとき、病名を公表するという勇気ある態度をとったが、それは軍人にはめずらしい行為だった。ところが、二〇〇〇年七月、ケベック州ハル市にある自宅アパートの向かいにある公園で酔いつぶれているところを発見された。かつては誇り高く、殊勲ある人物であり、公僕であり、PKF兵士であった人間の人生が打ちくだかれてしまった。まもなく、ダレールは健康上の理由でカナダ陸軍を除隊した。

ダレールは激しい不信感や罪の意識と闘いつづけているが、ルワンダの悪夢を国際社会や耳を傾けてくれるすべての人々に伝えようと社会復帰した。最近は活発に講演をおこなっているが、そのスピーチで強調されることは、私たちに共通の人間性、そして、私たちが罪なき人々を、彼らが世界のどこに住んでいようと、守る責任を共有しているということだ。二〇〇五年にトロントで開催された国際会議（この会議で、カナダ評価学会と米国評価協会は共同でダレールに、「権力に対し真実を語ったことを称える賞」を授与した）でおこなった基調講演では、負傷した子供の叫び声や生存者のやるせないすすり泣きでいまでも夜中に目覚めるときがあると話した。電話で助けを求めてきたある男が受話器の向こうで死んだときの完全な無力感についても打ち明けた。感覚が記憶している死体の腐敗臭や、切り落とされた四肢が道端に積み上げられている光景が突如よみがえる恐怖を抱えながら、ダレールは日々を生きている。

それだけではない。ダレールはいまも、重い責任を感じている。明らかに彼を慰めようとしてのことだったのだが、この会議で一人の若い女性が立ち上がり、あなたはあの状況で人ができることはすべてやった、と意見を述べた。間髪入れずダレールはこう返答した。

「司令官は司令官です。それ以外の何者でもない。私は司令官でした。八〇万人が死にました。私が責任を負っていた任務は大惨事《カタストロフィ》と化し、その司令官は私でした。私は上層部と国際社会に行動を起こすよう説得するのに失敗しました。それだけの技量や影響力がなかったのです。司令官は司令官であって、それがすべてです。私は司令官だったのです(3)」

## 孤独と絶望に屈することなく

ソーシャルイノベーションの努力が失敗に終わると、大半の人は答えのない堂々めぐりの疑問に悩まされる。もっと睡眠時間を削ってがんばっていたら、もっと声を大にしていれば、思い切ってやっていれば？　もし？　もし？　もし？　こうして、たくさんの関係者や力を巻きこんでいる活動のはずなのに、その失敗は一個人の失敗になる。

スティーヴン・スピルバーグ監督の映画『シンドラーのリスト』の結末に胸を打たれるシーンがある。シンドラーに命を救われたユダヤ人労働者たちが集まって、解放軍を逃れて出奔しようとしている彼に礼を言うシーンだ。ユダヤ人一同の感謝を喜んで受けるどころか、シンドラーは動揺し、涙を流しながら、友人に向かってこうささやく。

「この車。なぜ私は車を売らなかったのだろう？　売っていたら、あと一〇人救えた。あと一〇人……もっとたくさん救えたのに」

ソーシャルイノベーションの非常にむずかしいところの一つは、決してこれで十分ということがない、ということだ。つねに、もっともっとやるべきことがある。その結果、深い孤独や絶望さえ感じることにもなりかねない。

前章で紹介したOP2000のポール・ボルンは、自身の「冷たい天国」の体験をこう語った。

私たちは孤独を感じ、見捨てられた気がしました（そういうときが一度ならずありました）。

それまでうまくいっていたこと、そのときうまくいきそうだったこと——何もかもがバラバラになっていくように思えました。そんなときは、孤独なんてものじゃない。絶望です。ソーシャルイノベーションをめざしている連中も、企業で働いている連中も、内輪では、お互いにこのことを話題にしますよ。最近、国内最大規模のビジネスリーダーのネットワークをつくった人物に会ったとき、こう訊いてみたんです。

「最後に『よくやった!』って言われたのはいつだい？　最後に『君は国の宝だよ』なんて褒めてもらったのは？　最後はいつ？」

「誰にもそんなことを言われたことはないよ」というのが彼の返事でした。

私生活でも仕事でも、深刻なものから軽いものまで、彼がさまざまな深さの絶望を味わってきたことを私は知っています。彼はその感情を処理しなければなりませんでした。そこから脱けだして、この大きなネットワークの立ち上げという再出発にこぎつけたのです。私生活と仕事のパターン全体をみごとに刷新するまでに二年半かかりました。人は誰でも、そんな陽の当たらない場所に出たり入ったりする局面があると思います。どこかで社会起業についてあらいざらい話すなら、どこかで絶望について話さないわけにはいきません。

慈善団体に関わっている人のなかには、株の仕事をしている人にありがちな道をたどる人もいます。しばらく音沙汰ない人たちが気になったので消息を調べたところ、一年で二人が自殺し、残りは燃えつきて落ちぶれたことがわかった、というような話も耳にします。

ソーシャルイノベーションが始まるときにはたくさんの関心が集まります。それを私は、

「電気のスイッチが入る」と呼んでいます。でも、スイッチは一度オンにすれば、ずっとそのままというわけではありません。スイッチは入れたり切ったりするものですよね？　それが私たちの課題です――スイッチを入れるだけでなく、スイッチが切れたときにまたオンにすること。インスピレーションと目的意識は、スイッチを年中入りっぱなしにするほど強いとはかぎりません。

私がタマラック(4)を始めようとしたとき、人生でかつてないほどノイローゼ気味になり、六カ月間、セラピーを受けたのです。その間ずっと、もう一度スイッチを入れる気にはなれませんでした。ふたたびスイッチをオンにすることが何を意味するかわかっていたので悩みました。経験ずみでしたから。そのスイッチはかつて、私の中では年がら年じゅうオンになっていました。私はもっと利己的になる必要がありました。私自身のためにも、家族のためにもね。またスイッチを入れた結果とともに生きなければならないのは嫌でした。セラピーを受けて、セラピストは私が減光スイッチを取り付けるのを手伝ってくれたと思います。そのおかげで、いまはオンかオフかの二者択一ではないとわかりました。最大限明るくすることも、明るさを絞ることもできるようになりました。

ヨブ記を覚えていますか？　偉大な物語の一つです。『リア王』も、絶望――精神に異常をきたすほどの絶望――の深さを教えてくれる話として、あれ以上のものはないくらいです。でも、リア王はわが身の悲哀を嘆きながら、ある種の慰めを見いだします。人生は、そういうものです。(5)

無力感、失望感、次から次に見舞われる災難、絶望。ボルンは、苦難の時期を経験した聖書のヨブの物語についてふれている。病に侵されたヨブを見舞いにやって来る三人の友が、そのような災難が降りかかるとは、ヨブは何か罪を犯して神の怒りをかったのではないか、と指摘する。問題に関わると――ルワンダの大虐殺、瀕死の子供、貧困、飢え、苦難――それは自分を押しつぶしそうなほど重いものとなるかもしれない。「そして私は手当たり次第に思いつくかぎりの責任をかぶり、ついに泣き叫び、身震いし、左右に身を揺らした」

社会起業家はどうしてふたたび未来に目を向けられるのだろう？　ボルンはセラピストの助けを借りて減光スイッチを取り付けたという。ヨブは自分が森羅万象の営みの采配を振れると考えた傲慢さゆえに、神の懲らしめを受けたのだと悟る。ボルンの説では、社会起業家は、頭は空高く、足は地に着けていなければならないという。最終的には愛する種のすべてを救えないと確実に知っていながら、精力的に働きつづけるCBSGのユリシーズ・シールと研究者たちを考えてほしい。あるCBSGのメンバーはそれをこのように説明する。

「私たちが勝てるとは一瞬たりとも思っていません。おそらく、勝つことはないでしょう。私が働きつづける理由は、たとえ望む結果が待ち受けていなくても、それでも自分の職務を果たしてきたからです……理想に近づくようにできることは何でもしてきたからです。どんなことだろうと。これは私の信条として大切なことです(6)」

この人物は、「この目で見守っているかぎり」何も絶滅させはしないと、自分の行動に上限を設けることで闘っている。この「見守り」は生涯つづくだろうが、この人物は自分の使命をこのように考えることによって、絶望に屈することなく、個人の使命を人類の使命にまで高めている。

## ストックデールの逆説

社会を変えようとする人は、疑う人、批判する人、否定する人、信じない人、反対する人……そんな人たちと対峙することを避けられない。また、失敗の可能性、しかも、おそらくほぼ確実な失敗の可能性も、避けては通れないだろう。さまざまな内外の葛藤に負けずに活動を持続するには、強い信念が必要であり、変化の主体的な行為者《エージェント》になるには、大胆な考え方と大きなビジョンが必要だ。

複雑系の理論によれば、大きな変化は小さな行為から創発しうる。可能性のあることはもちろん、「不可能」なことさえも、起きるかもしれないという。それが「頭は空高く」の面だ。それでは、「足は地に着ける」のほうはどうだろうか？　社会起業家はどうやってそうするのだろう？

現実を直視するのだ。

現実検証は、夢見る人種には概して評判が悪い。リーダーというものは信奉者を引きつけ、信奉者に取り巻かれる傾向がある。信奉者にも、本物の信奉者、ポジティブ思考の人、「希望は永遠にわき出でる」派の人〔イギリスの詩人ポープの言葉より〕、などいろいろあるが。そして、批判は創造性を蝕むことが知られている。だからブレインストーミングでは批判が禁じられる。

それなら、社会起業家は、どうすれば批判力と創造力を完全に両立させることができるのだろうか？　その答えは、高望みに熱を入れることと同様に、現実検証に熱を入れることにある。

経営書のベストセラー、『ビジョナリー・カンパニー2』（*Good to Great*）の著者ジム・コリンズは、自分の研究チームとともに優良《グッド》な企業がいかにして偉大《グレート》になったかを調査した。[7]「偉大」の基準に達した企業は多くはなかったが、選びだされた企業には例外なく、大きなビジョンに断固として専心すると同時に、直面している明らかな現実にも冷徹なまでに専心するという、逆説を生きるリーダーがいた。コリンズはこれを有名なアメリカの海軍将校ジェームズ・ストックデールに敬意を表し、「ストックデールの逆説」と呼んだ。

ストックデールは、ベトナム戦争で何年も北ベトナムの捕虜となり、拷問にも耐えぬいて生還した人物だ。ストックデールは、生きて収容所を出るという確固たる信念をもちつづけながらも、同じくらい断固として捕虜生活の現実を直視していた。彼は自分と捕虜仲間に何が起きているかつねに注意を怠らず、生き残るための戦略や作戦を日々更新した。つかの間の異例の厚遇を受けたあと、世界に向けて捕虜が手厚く処遇されていると宣伝するために自分が利用されかけていることに気づき、それを阻止するために自分の顔をめちゃめちゃに傷つけたこともあった。

ストックデールがいかにして希望を失わず、生還できたかを聞き、コリンズは、そうできなかった人、捕虜収容所で死んだ人はどんな人だったのかと質問した。ストックデールは、その答えは簡単だと答えている。生き残れなかった人は「どこまでも楽観主義の人」、つまり、クリスマスにまでには出られるだろう、次はイースターまでには、次は夏が終わるまでには、そしてまたクリスマスまでには——と、つねに未来の希望にだけすがっていた人だという。失望が重なって死んでしまう、とストックデールは語った。

コリンズのチームが調査した偉大な企業はすべて、よりよい未来を揺るぎなく信じ、かついまの現実についてのデータに執着する点で共通していた。事業計画の結果を執拗に監視し、何がうまくいっていて、何がうまくいっていないか、環境がどう変わったかを追跡していた。楽観視も、盲点も、ポジティブ思考も許さない。現実を容赦なく直視することが、ビジョン達成にいたる道だった。

コリンズが調査した企業や多国籍企業は、最終的にはマーケットシェアと収益の実績で選別された。ソーシャルイノベーションに適した現実検証は、「発展的評価」と呼ばれており、複雑系の科学が基礎となっている。

損得勘定だけを問題にする従来の評価手法は、社会起業家にとって冷たい天国をもたらしうる。なぜなら、金銭的な成果の追求は、それ以外の成果を判断できない狭い評価を生んでしまうからだ。だが、社会起業への出資者や支持者はたいてい、提供した資金が期待する目標を達成するためにちゃんと使われているかどうかを知りたがるものだ。出資者は、まだ効果が実証されていない行動計画をあえて支援するのが適切かどうかを問う。社会起業家はビジョンと夢を提供するが、出資者と出資者に雇われることが多い評価者は、具体的で、明確で、そして計測可能な目標を望む。また、段階的に、前もって、目標がどう達成されるのかも知りたがる。[8] それは、複雑で急速に変化する世界においては、失敗するのが目に見えているアプローチだ。

一方、発展的評価では、展開に沿って行動の「影響」を追跡すること、そこで学んだことに「適応」することを重視する。このように評価することで、迅速なフィードバックが得られ、変転するイノベーションの道筋がはっきりしてくるのだ。実例を見てみよう。

## ホープコミュニティ

一九七七年、三人のローマカトリック教会のシスターが、ドロシー・デイの哲学「苦悩している人に安楽を、安楽な人に苦悩を」(9)に触発されて、ミネソタ州ミネアポリス市中心部で聖ヨセフの家を開設した。シスターたちは、熱意を公にし、市の最貧地区の一つに女性のためのシェルターを建設しようと考え、支援を求めて首都圏の個人や教会を説得してまわった。やがて多くのボランティアが呼びかけに応え、何百人もの女性や子供が支えのある居心地のよい環境に避難するのを手助けした。しかし、シェルターで慰めを見いだす多くの貧しい女性と子供たちにとって、聖ヨセフの家は一時的なシェルターとしては重要だったが、応急処置にしかならなかった。

一九九〇年代になると、その小さな成功さえも、聖ヨセフの家の周辺地域にコカインが蔓延したため脅かされるようになっていた。ドラッグの売人が街を占拠し、家主に放棄された建物が目立つようになった。古くからの活動メンバーの一人、シャール・マディガンは当時をこう語る。「はじめは『希望をもとう、麻薬を捨てよう』というポスターを用意し、街を練り歩きましたが、売人がそれに対して、『麻薬をもとう、希望を捨てよう』というポスターで反撃してきました」(10)

聖ヨセフの家の利用者と近隣世帯は、付近の見捨てられた建物から麻薬の売人や売春婦が出てきて仕事をしたり、警官が銃を構えて巡回したりするような時間帯には、子供を外に出さないようになった。ミネアポリスの二本の大きな通りが交差している街区の北の端では、かつては繁盛していた商店（ガソリンスタンドと食料雑貨店が各一軒）が放棄されていた。

これが、コミュニティの活動家、ディアナ・フォスターとメアリー・キーフが聖ヨセフの家の運営を引き継ぎ、一九九七年に自分たちのビジョンを表して〈ホープコミュニティ（Hope Community）〉と改称したときに、目の前にあった状況だった。二人は住居再生プロジェクトに取り組むことを決め、地元住民と対話してみることから行動を開始した。ところが、住民は玄関先にも出てきてくれなかった。麻薬の売人をそれほど恐れていたのだ。

ホープコミュニティは、この現実に自分たちの土俵で立ち向かいはじめた。フォスターとキーフは、敷地の中心に遊び場をつくり、大きな麻薬密売所と化している建物と私道を共有している共同住宅を修繕した。前庭をフェンスで囲い、あとからポーチも囲った。そうしないと、麻薬の売人が前庭のフェンスを迂回して、ひょっこりポーチに現れるからだった。二人はのちにこう書いている。

「麻薬密売所は三階建てアパートで、ひどく虐待されている幼い子供も数人住んでいました。その子供たちは、遊びたくてたまらなくて、ガレージに上ったり、フェンスを乗り越えたり、何とかして遊び場に入ろうと必死でした。遊び場の地面には、一メートル半くらいの、潜って遊べるチューブ状の遊具がありました。私たちはフェンスに穴を開け、その穴にチューブを通し、子供たち専用の入り口をつくってやりました。麻薬の売人ならチューブに潜るなんて格好悪くてできないでしょうし、実際そうでした。子供専用の入り口は、麻薬の売人はお断り、でも、子供たちはいつでも歓迎、という強烈なメッセージだったのです[11]」

ある日、フォスターとキーフは、売人を一掃する唯一の方法は、密売所を買い取ることだと決意した。身代金を払うような感じは否めなかったが、それでも、出資者数人に呼びかけて、資金を調達し、その家を買った。そして、それを取り壊し、すぐに新しい共同住宅を建てた。

麻薬密売所の買収は戦略的な計画というわけではなかった。日々直面していることに対する一つの反応にすぎない。だが、一軒の大きな麻薬密売所というコミュニティの一掃に成功したことが、その場所にチルドレンズ・ヴィレッジ（子供村）をつくるという新しいビジョンにつながった。さまざまな境遇をもつ多数の貧困家庭のための住居を含め、子供たちが安心して育ち、大切にされる場所をつくるというビジョンだ。フォスターとキーフの取り組みに住民も加わってきた。彼らは慈善家から援助を得るため手紙や提案書を送りはじめた。フォスターとキーフは次に起きたことを鮮やかに記憶している。

「ある日、五〇万ドルの手書きの小切手が郵送されてきたのです！　どうしたらこの贈り物のよき管財人になれるだろう？　と心配して眠れなくなるほどでした。小切手は私たちに、やれるものならやってみなさい、と言っていました。私たちには壮大な計画があり、突然誰かがそれを信頼し、その信頼を高額の資金援助という形にしてくれたのでした。どうやって未来を形にするのか、私たち自身がもう一度、理解し直さなくてはなりませんでした。アイディアをもつことと、そのアイディアを実際に育て、責任を取れる方法で前に進ませることとは別問題なのです[12]」

## 学習のための評価

フローが始まると、恐怖と喜びが、眠れぬ夜とエネルギッシュな昼間が、一緒にやって来る。フォスター、キーフ、そして住民たちは、コミュニティ再生というビジョンを立てた。それは、チルドレンズ・ヴィレッジ、つまり「さまざまなバックグラウンドをもつ家庭が、隣人として友人として安心して共同生活を送ることができる、経済的にも社会的にも活力に満ちた場所」という、ややあいまいなアイディアを軸にしたものだった。そのビジョンを信じる人は大勢いたが、一方で、ビジョンの曖昧さと壮大さゆえに、疑う人もいた。フォスターによれば、キーフとともに、焦点がぶれないようにするのに懸命だったという。

「私たちは全部を建設するという約束は決してしませんでした。チルドレンズ・ヴィレッジは、あくまで一つのビジョンでした。それでも波紋を呼びました。ほんとうにそうでした。好意的に『まあ、おもしろいんじゃない？』と言ったきりの人もいれば、非現実的だと批判する人もいました。ふと気がつけば、私たちは世間の目にさらされていたのです。それなのに、チルドレンズ・ヴィレッジがどうやって実現していくのか、私たちにはわかっていませんでした。ただ、いつかそうなるだろうというだけで[13]」

フォスターらは、コミュニティのフローに乗り、先に何が待ち受けているかもわからない現実を直視し、その日その日を乗り切ることで、批判に立ち向かった。創発のサイクルのなかで、行動→フィードバック→学習→行動、をくり返したということだ。

「サイクルというより、ほとんど交互にしなければなりませんでした。普通は、五〇万ドルもの資金を得た組織なら、今後の予定をとことん考えて、もっと線形のプロセスにたくさんの時間を割くでしょう。目標は？ 作業計画は？ コストは？ スタッフは？ 関係者の意見やら何やらを受けて、さあこのご提案にどう応えよう？ となります。でも、そんなふうにはまったくなりませんでした[14]」

彼らは、何か試すときは、人々の反応をよく観察し、見聞きしたものに適応しながら、何をすべきか理解する必要があった。慎重に練った計画に従っていたのではなく、その日その日の成功と失敗に導かれるままに従った。

批判の一つは、私たちが線形の、目的志向型のアプローチをしないことだ。私たちは目的地を想定せず、こう問いかける。ここにいるのは誰か？ 人々は何を経験しているか？ 人々は何を信じ、望んでいるか？ 人々はコミュニティをどう理解しているか？ そして、私たち自身が自分たちのやってきたことを一つ一つどう理解しているか？ 私たちは試行しつづけ、理解を築きつづけ、自分たちのまわりにコミュニティをつくりつづける。私たちの真価は、隠れていたものを見えるようにし、発見し、創造することにある。このプロセスは人為的なものではなく、有機的に成長する。

> しかし、それはさらに複雑でもある。戦略的な思考も同時進行だからだ。私たちはこうも問いかけなければならない。そこに土地はあるか？　資金はあるか？　どんな機会があるか？　協力者は現れるか？　思わぬ落とし穴はないか？　これら全部をどう組み合わせることができるだろう？　これをやったらどうなるだろう？[15]

これは、発展的評価と呼ばれているものの好例だ。フォスターとキーフが自問していた問いかけは、一般的な評価の設問とは根本的に異なっている。一般的な評価は、目標が達成されているかどうかに終始することが多い[16]。そのような評価は説明責任の遂行を第一目的にしている。一方、発展的評価は学習を第一目的にしている。もう一度、フォスターとキーフの言葉を引用しよう。

> 私たちは、それ自体が必ずしも成功しなくても、結果的に何かを学べたり、別の機会を生みだしたりしそうな行動を試すこともある。私たちは家を購入し、結局は短期間のうちにそれを売却したが、資金を埋め合わせ、家のあった街区について知り、その家から有能な借家人のリーダーが生まれた。もっと小さな組織だったときにも別の教訓を得た。自前の建設会社をもとうとして、その戦略の限界を早々と知り、それに沿って行動した……。
>
> 直観は重要だ。ただし、直観は単に行き当たりばったりの考えではない。それは戦略的で統合的な考えから生まれる。私たちは現実の巨大なマトリックスの中で組織を運営している。地域住民との人間関係だけでなく、不動産開発業者《ディベロッパー》にも、不動産を売買する人々にも焦点を

当てるし、そう、人に高くものを売りつけることに打ち込むことだって少なくない。私たちは不動産業界に意を注いだ。そうする必要があったし、それが地域に大きな影響を与えそうだったからだ。市政をはじめ多数の公共機関ともうまくつきあわなければならない。私たちはその全貌をつかむことに没頭し、そこから学んで、チャンスに対して戦略的に応えることができるように備えた。(17)

フォスターとキーフは、現実を雑然としていて不規則なもの、すなわちコントロール外の創発として理解していた。ソーシャルイノベーションを、実験や学習、適応の、現在進行形のプロセスとして理解していた。ミクロ的なものとマクロ的なものの関係に考慮しながら、複雑系の視点に立って行動した。総括的な展望、具体的には、国の住宅施策や地域開発や不動産のパターン、金利や国際金融の動き、政府の政策や非営利セクターへの助成金の動向、コミュニティ再生の調査研究などを視野に入れていた。新しい活動をするときは、自分たちより先にそこに住んでいた住民と深く話し合い、そこから学んだコミュニティの歴史に活動の根拠を置いた。同時に、コミュニティで働くという日々の現実からも逃れられず、自治体の監督官、都市計画者、社会福祉機関、地元企業、地元の出資者と関わり、そしてコミュニティの現実ゆえに、麻薬の売人、売春婦、警察とも関わらないわけにはいかなかった。

二〇〇四年夏、ホープコミュニティは、本部とコミュニティセンター、九〇戸の低家賃住宅からなるチルドレンズ・ヴィレッジ・センターの開設を祝った。さらに二〇〇戸を建設中だ。

このような社会起業家は、ストックデールの逆説の体現者だ。行動の根拠を日々の現実検証に置きながらも、どこまでも夢を追い、希望をもちつづける。彼らにとって、失敗は地獄ではない。妄想こそが地獄なのだ。いま起きていることを甘く見ることが地獄なのだ。そこには失敗の種がまかれるからだ。要するに、発展的評価の核心は、何がうまくいくかを学び、うまくいかないことを認め、そして、その違いを区別できるようになることにある——それにともなう冷たい天国を厭わずに。

## ダミアノセンターの発展

ホープコミュニティは、二人の並外れて有能な社会起業家が、行動しながら学び、一つのコミュニティを生みだすのに貢献した事例だ。しかし、すでに確立された組織においても、発展的評価の考え方を採用することで、変化する環境に適応していくことができる。

ダルースは、ミネソタ州北部のスペリオル湖北岸の最西端に位置する人口約八万五〇〇〇人の港町だ。一九八〇年代初期、ダルースの経済は、鉱山の閉山、地元企業の不況、港運業の衰退、ダルース空軍基地の段階的閉鎖、さらにジェノズ・ピザの工場の撤退まで加わって、大打撃を受けた。失業率は一五%に上昇した。

一九八二年、ダミアノセンターという地域密着型の貧困緩和プログラムが、この危機の応急的対応として創設された[18]。ダミアノというのは、この組織の創設者たちが、さまざまな信仰をもつ人々の心に響く名前を探し、貧者に奉仕したことで有名な聖フランシスコの生地アッシジにある聖ダミアノ教会にちなんでつけたものだ。ダミアノセンターの最初の活動は、ダルースとスペリオル港を見おろす険しい丘の上にある築一〇〇年の赤レンガづくりの建物、旧聖心会カトリック学校のカフェテリアでの無料食堂《スープキッチン》だった。

失業者急増の危機が去っても、ダミアノセンターは終わらなかった。たくさんの教会や寄付者、ボランティアに支えられた超教派のキリスト教組織として、いまだに一日平均二〇〇人、ほぼ人口変動のない都市で一九八三年より一五％多い人々に食事を提供している。そして、しだいに、ダミアノセンターは無料食堂以上のものに成長した。寄付された衣類を年間四万着も配給する、古着サービスの機能も加わったのだ。この〈働く服（Clothes That Work）〉プログラムは、良質の衣類を、就職面接や通勤にふさわしい服を必要とする人に提供するのが目的だ。また、困っている人々に支援サービスを提供したり、人を派遣したりする機能ももっている。

一九九八年、ダミアノセンターは〈機会クッキング（Opportunities Cooking）〉プログラムを開始した。就職困難者に調理と食品衛生について一二週間の無料トレーニングを提供するものだ。ワシントンのコミュニティ・キッチン[19]から着想を得ているが、もっと小さい規模にふさわしく、ダルース固有のニーズを満たすように一工夫された。目標は、二〇人を教育し、卒業させるフードサービス研修プログラムを確立し、卒業生の就職を支援することだった。

一年目には一四人が卒業し、一年後の被雇用率は六〇％だった。これはこの種のプログラムの平均的な結果だ。二年目に入ると、ダミアノセンターは、受講生を入門レベル以上に引き上げ、キャリア開発の概念を導入する努力をしたが、三年目の被雇用率はほとんど変わらなかった。当時の代表、ジーン・ゴーニックはこうふり返る。

「いまにして思えば、ダミアノの初期の就職トレーニング活動は、信じられないくらい素人仕事でした。そういうわけですから、一応あの程度の成果をあげたことに、いまさらながら驚いています」

しかし、ゴーニックは単に平均値にとどまらない成果を望んだ。そこで、何を変える必要があるか把握するために正式な発展的評価をおこなってみた。「私たちは、事実ではなく仮定にもとづいてプログラムの内容を決めていました。それで、評価をし、その結果を活かして内容を変更し、受講生の被雇用率の大幅な改善に成功しました」とゴーニックは言う。

最初の飛躍は、卒業（と卒業率を高めること）で終わるのではなく、卒業生が雇われること、そして雇われつづけることまで支援する必要があると気づいたときだった。プログラムを詳しく調べると、スタッフが一年に一カ月以上を卒業式の準備（計画、招待、調理、装飾）に費やしていることにゴーニックは気づいた。それをやめさせて、こうすることにした。

「人にとって大切なものですから卒業式は残しましたが、規模を縮小しました。すると、優良な雇用者を開拓したり、雇用維持の報奨制度を設けたりすることに、指導スタッフがもっと時間を割けるようになりました。たとえば、卒業生が離職していなかったら、三カ月分のボーナスが出る制度があります。いまでは、スタッフによるサポートはもちろん、メンターや支援グループによる卒業後のサポートも制度化されています」

　ダミアノセンターはまた、受講生の受け入れ手続きも複雑化しており、場合によっては、必要な人がプログラムを受講する妨げになっていることに気づいた。そこで、数学と読み書きのレベル、認知機能、容易に判別できるメンタルヘルスの問題の正答率が基準に達しているかどうかで選別することにして、手続きを簡略化した。また、三週間のオリエンテーション期間を導入し、四週目の初日にコース契約をする方法を採用した。さらに、一二週間のコースの終わりにスタッフと受講生によるフォーカスグループ〔グループ対話形式のマーケティングリサーチの手法〕を実施することに加え、コース中にも学生からフィードバックを得るようにした。こうした変更の結果は、就職率九八％、就職一年後の雇用維持率七〇％という成果に現れている。

　ダルースの企業経営者や慈善家の声を聞くと、ダミアノセンターはコミュニティに少しずつではあるが重要な変化をもたらしており、実績がある、尊敬すべき組織だとみなされるようになってきたことがわかった。

　しかし、高いレベルの成功を達成してもなお、センターの運営を取り巻く環境は変化しつづけた。まず、一六人の常勤スタッフと七人の非常勤スタッフしかいなかったセンターに、その成功が一因となり、労働組合ができた。次いで、二〇〇一年から二〇〇二年、ダルースが景気後退の波に襲われ、センターのプログラムに対する助成金が底をついた。政府の規定が変わり、受講資格や受講者選別の基準など、既存の運営手続きのなかには、変更を余儀なくされるものが出てきた。築一〇〇年の建物も、大きな改修が必要になっていた。

ゴーニックはこうした傾向を早くから見抜いていた。そして、プログラムの過去の成功を公式化するほど愚かではなかった。雇用と社会福祉プログラムの未来を云々する政治的な議論に陥った不確実な環境の中で、センターのプログラムは、〈ダグ〉を駆使することで変化に適応した。スタッフが新しい協力関係を築き、新しい資金提供者を探し、調理からケータリングに手を広げるなど、新しい機会を模索したのだ。出資者に対しては、評価から学んでいることをどう応用するつもりかを示し、こうした変化を単なる改善ではなく、新たな視点による大きな発展としてアピールした。ゴーニックはこう述べている。

「それぞれの段階で、私たちは知識と資源を総動員して、できる最善のことをしました。いまでは組織として、また別の発展段階にいます。違うものごとを実行し、考える。それが発展です。それが変化です。それが単に小手先の改善とは違うところです」

## 失敗を恐れるな

現在の政治環境は、説明責任《アカウンタビリティ》を求める声であふれている。政治家は政敵の説明責任を追及すればテレビ受けがよくなると思っているし、慈善財団は説明責任を重視していることを強調し、管財人としての任務を果たしていることをアピールする。これが原因で、政治と非営利活動の両方で、書類作成や報告の仕事が増えている。組織のリーダーやプログラムの管理者は、外部の当局や出資者の要求を満足させるために時間を取られている。しかし、そこで追求されているのは、意味のある説明責任だろうか。

価値観にもとづいて行動する社会起業家にとって、もっとも大切な説明責任は、内的なものだ。ビジョンに忠実か？　現実に対処しているか？　現実とビジョンを結びつけているか？　言ったことを実行しているか？　何か変化しているか？　何か創発が起きているか？――これらは主観化された問いとなり、激しく、間断なく自問される。

だからといって、そういう問いを発するのが簡単なわけでも、答えに対峙するのが簡単なわけでもない。自分が正しい道にいるかどうか知るには勇気がいる。本物の変化の可能性について思い違いをしていないかどうかを直視するとなれば、なおさらだ。そのような執拗なまでの問いかけには、ソーシャルイノベーションの影の部分、絶望が潜んでいる。「冷たい天国」で、イェーツは人生で過ちを犯し、機会を逃してしまったみずからの後悔と格闘する――自分自身に対する説明責任だ。

そうしたなかで、発展的評価は、まず何よりも、ストックデールの逆説を生きるうえで役立つはずだ。粘り強く日々の現実に適応しているときでも、「かもしれない」をめざすビジョンに対する自分自身の信念を、再確認させてくれるのだ。[20]

失敗の恐怖――おそらくもっと正確にいえば、不完全な成功の恐怖――は、うまくいっていないことを認めること、その認識を他者と共有すること、互いに学び合うことに対する障壁を生みだす。批判や評価を避けようとするのは自然なことだ。しかし、ホープ・コミュニティのリーダーたちは、批判や疑いと対峙し、それを利用して自分たちの仮定を検討し、進捗を計り、ビジョンを再確認した。

本章の冒頭で、イェーツの「カラスが歓喜する冷たい天国」との遭遇とそれにともなう魂の苦悩を紹介し、ルワンダの大虐殺を止められなかったことをめぐるロメオ・ダレールの挫折の事例を取り上げた。自らの過失に対する究極の問いに対峙し、ダレールは絶望の底からはい上がり、国際社会がこのような破壊的な失策をくり返さないよう、果敢に活動している。

彼は一市民として講演や執筆に携わり、世界に平和と正義を実現することをめざす人々の輪に加わった。著書『悪魔との握手』(*Shake Hands with the Devil*) は評論家にも一般読者にも絶賛され、二〇〇四年にカナダ総督文学賞ノンフィクション部門、二〇〇四年カナダ書店協会オーサー・オブ・ザ・イヤー賞および最優秀ノ

表● 考え方を変えよう（左→右）

| | |
|---|---|
| いつも単独で行動する。 | 自分の行動はつねに他者の行動につながっており、両者は相互に作用する。 |
| 個人はより大きくダイナミックなシステムの一部品に過ぎないため、個人では変化を生みだすことはできない。 | 小さな行動が大きな変化につながる可能性がある。一個人の小さな行動が、システムを変える可能性さえある。 |
| 誤りをおかした場合、大きな損害が出る恐れがある。 | 失敗のなかに学びがある。失敗が失敗のままで終わるのは、学習の失敗、そして学んだことを前進のために応用できない場合だけだ。 |
| 非人間的な現実に直面し、「不当な仕打ち」にさいなまれても希望をもつなんて、ばかげている。 | ダレールのように、「冷たい天国」に遭遇してもなお世の中を変えようとしている勇気づけられる実例があるのだから、希望をもつべきだ。 |

ンフィクション作品賞を受賞している。これを原作とするドキュメンタリー映画は、二〇〇五年のサンダンス映画祭で観客賞を受賞した。また、ダレールは、カナダ総督からカナダ国際連合協会のピアソン平和メダルを授与され、現在はカナダ上院議員となっている。

これだけの経歴があってもなお、ダレールは「守る責任」を果たせなかった自分の深い無念を、言葉と行動で表しつづけている。スピーチでは、特に若者に対して、「一人ひとりが変化を起こすことができるのだから、無関心でいてはいけない」と訴える。国連のルワンダ国際戦犯法廷で証言するためにアフリカにも赴いている。[21] 本書の執筆中には、スーダンのダルフール紛争における虐殺を阻止するために、国際社会の介入を求めて奔走していた。

失敗を恐れてはいけない。何度も浮き沈みがあることを覚悟し、ストックデールの逆説を生きなければならないのだ。

人間は悩み苦しんでいる
互いに責め苦を負わせ　傷つき、かたくなになっている
どんな詩も劇も歌も　完全に正せはしない
人が負い、耐える不正を

監獄にいる無実の罪人たちは　いっせいに鉄格子をたたく
ハンガーストライカーの父親は
墓場のように押し黙って立ちすくむ
ベールをかぶった未亡人は　葬儀場で気を失う

歴史がつぶやく、希望なんか捨てちまえ
墓のこちら側じゃ何の役にも立たん
だが、人生にはたった一度だけ
待ちわびた潮が満ちるときがある
正義が立ち上がることがある
そのときこそ希望と歴史が韻を踏む

そうだ。大いなる変貌を期待せよ
復讐の向こう岸に　彼方の岸辺に
ここからたどり着けると信じよ
奇跡を信じよ
そのときこそ救いと癒しがわきあがる

奇跡を、自然治癒を呼び寄せよ
すなわち完全に自己を表出し
わが感情をはたと見直《ダブルテイク》すのだ
もし山に火事あれば
あるいは稲妻や嵐かもしれぬ
そのときこそ神が天から語りかける

それは誰かが
月満ちて新しい命の誕生の
悲鳴と産声を聞くということだ

シェイマス・ヒーニー「ダブルテイク」

第 7 章

# 希望と歴史が韻を踏む時

# When Hope and History Rhyme

本書でくり返し用いてきた「かもしれない（maybe）」という言葉には、「希望と歴史が韻を踏むことがあるだろうか」という気持ちが含まれている。シェイマス・ヒーニーが詠ったとおり、新しい命が月満ちたとき、希望と歴史が韻を踏む瞬間、社会起業家は、絶望と可能性、悲鳴と産声、始まりと終わりを同時に経験するかもしれない。はっきりいえば、この経験が、ソーシャルイノベーションの成功の定義なのだ。

筆者たちは、社会起業家をあらゆる角度から隅々まで分析し、ティッピング・ポイントを探そうと観察し、それがいったい何を意味するのか理解しようともがいてきた。たびたび疑問にぶつかった。長い目で見て何が起きるのか？　ソーシャルイノベーションの成功は持続可能か、また持続させるべきなのか？　ソーシャルイノベーションが住所不定なら、目的地に着いたかどうかをどうやって知ればいいのか？　希望と歴史が韻を踏むとき、変化を育むために身を捧げてきた人々に何が起きるのか？　成功はどうすれば持続できるのだろうか？

ものごとがうまくいっているように見えるちょうどそのとき、社会起業家はしばしば最大の障害にぶつかる。そう、成功という障害だ。小さな活動《イニシアティブ》が突如、大きな成功に転じると、関係者は新たな難問に直面する。ボブ・ゲルドフにとって、成功は、つねに監視される高度に政治的な舞台に放りだされたようなものだった。ポール・ボルンにとっては、カナダじゅうの数々のコミュニティに自分の方法を披露する仕事が増えることだった――それは片手間にできる仕事ではなかった。メアリー・ゴードンにとっては、自分のプログラムを模倣する人々のために、適切なトレーニングを考えることだった。ジェフ・ブラウンにとっては、ほかの都市でも取り入れられるように一〇ポイント・プログラムを発展させるとともに、自分と仲間がボストンで成功できた要因の核心を深く理解するために、少なくともしばらくは立ち止まることだった。

人によっては、成功は失敗と同じくらい方向感覚を狂わせるものになりかねない。というより、成功のほうがより危険だ。なぜなら、こうしたリーダーたちは、失敗しても闘うという覚悟、あるいは決意さえしているものだからだ。だが、成功したときはどうする？　キャンディ・ライトナーの事例が、希望と歴史が韻を踏むとき何が起こる可能性があるかについて、洞察を与えてくれるだろう。

## 娘を交通事故で失って

一九八〇年、キャンディ・ライトナーの一二歳の娘、カリは、飲酒運転の車にはねられて死亡した。相手は飲酒運転の常習者だった。裁判にかけられ、犯人は叱責されたものの無罪放免となった。当時、ライトナーはカリフォルニア州サクラメントで不動産業を営んでいた。一九九〇年に出した回想録『悲しみに言葉を』（*Giving Sorrow Words*：未邦訳）に、彼女はこう書いている。

「カリが死んだ日、娘の死を無駄にせず、ここ数年のうちに何か意義あることに変えてみせると自分に約束した(1)」

アルコール中毒者にふたたび運転を許すという甘い法律に憤慨した母親は、もちろんライトナーが最初の一人ではなかった。彼女の娘が死亡した一九八〇年でさえ、飲酒運転の統計はよく知られており、広く公表されていた。飲酒運転は北米の交通事故死の主要因だった。いまでもカナダでは犯罪死の死因として単独で最大であり、毎年約一五〇〇人の命が飲酒運転の結果として奪われている。この数字はカナダの殺人件数の約三倍だ。アメリカの状況はもっと悪い。

娘の死を追いかけるように、ライトナーは「飲酒運転防止母の会」（MADD：Mothers Against Drunk Driving）を設立する。MADDを率いて八年、彼女はそれを、一人の母親の運動から世界的な運動へと発展させた。手始めは、新聞への投書、ラジオ・テレビ番組への出演、講演、同じく飲酒運転にわが子を殺された母親を集めて、デモ行進をすることだった。また、事故被害者・遺族のネットワークをつくって被害者の権利を求める運動を展開し、法改正に取り組み、さまざまな草の根の組織を立ち上げ、社会を変えるために女性と子供にできる貢献をアピールした。

ここ四半世紀でアルコール関連の交通事故死の比率は四〇％下落した。この低下の実質的な功労者がMADDだという声は多い。一九九三年、米国死亡事故報告システムの統計によって、前年度のアルコール関連の交通事故死が三〇年ぶりの低さに転じたことが明らかになったとき、国家道路交通安全局は関連法の改正（厳罰化）とともにMADDを評価した。MADDは飲酒運転を容認しない世論形成にも大きな成果をあげている。一九八四年の飲酒運転に関するギャラップ調査では、社会の飲酒運転に対する許容度がしだいに低くなっており、より厳しい刑罰を支持するようになっているという結果が出た。

MADDは全米五〇州およびカナダ一〇州に支部をもち、また世界中に多数の関連団体がある。飲酒運転による死亡者数は減少してきたものの、MADDにすればまだ容認できないほど多く、だからこそ教育、予防、抑止、刑罰の観点で活動をつづけている。その活動は、全米の司法改革にまで結実した。ＭＡＤＤは被害者を支援し、裁判を監視し、飲酒運転を厳しく取り締まる法案が可決されるよう働きかける。そのビジョンや実行力には世界的な評価も高い。怒りや傷心を抱えて出発したものが、六〇〇以上の支部と二〇〇万人の会員および支持者を擁する、純資産二三五〇万米ドルの組織に成長したのだ。

一九八〇年の創立以来、二三〇〇以上の反飲酒運転法案が可決された。(2) 非営利活動の専門紙『クロニクル・オブ・フィランソロピー』の一九九四年の調査によれば、ＭＡＤＤはアメリカでもっとも人気のある非営利活動で、支持度では第二位、信頼度では第三位にランキングされた。(3) 自前の草の根組織を設立するために指導を求めてＭＡＤＤに接触する人々はあとを絶たない。

これが成功であり、ライトナー自身の貢献──彼女の決意、情熱、まとめあげる技量──によるものだと大半の人が思うことはまちがいない。たしかに使命をつくりだしたのは彼女だ。しかし、「彼女の」成功は、その活動が置かれた社会的背景《コンテキスト》のなかで成長した。いろいろな面で、歴史が展開していき、彼女の個人的な運動と韻を踏んだのだ。

## さまざまな動きと合流する

ライトナーの娘が亡くなった一九八〇年は、ロナルド・レーガンがアメリカの大統領に当選した年だった。レーガンの選挙戦、そして共和党の選挙戦の大枠は、犯罪に強硬な態度で臨み、麻薬を撲滅し、街から犯罪を一掃する判決を法廷に求めるという国民の要求に沿ったものだった。MADDが誕生することになるカリフォルニアの州知事を二期務め終えたばかりだったレーガンは、選挙戦で弁舌あざやかに、裁判制度の、特に「リベラルな」判事の寛大な判決を非難した。そのときから裁判を「厳しく」するための四半世紀におよぶ法改正と司法改正が始まった。それはいまもつづいている。こうした努力には、強制的な判決のガイドライン、そして、特に常習犯に対してはそうだが、より長く、より厳しい刑罰に処す判決が含まれている。こうしたより大きな枠組みの努力がMADDの計画とまったく同時に進行していた。一九八二年、議会選挙に先立ち、レーガンは飲酒運転に関する大統領特別調査委員会の設置を発表し、MADDを委員として招聘した。同年、MADDは初の全米飲酒・薬物運転注意週間を法令化する決議を支持し、最低飲酒年齢を二一歳に統一する連邦最低飲酒年齢法が制定された。

その後、大統領夫人のナンシー・レーガンが反麻薬キャンペーン〈ジャスト・セイ・ノー〉を開始した。一九八三年、学校プログラムのDARE（Drug Abuse Resistance Education：薬物乱用予防教育）があらゆる種類の薬物使用と闘うためにロサンゼルスで立ち上げられ、アルコールも薬物の一つだと定義するうえで牽引役を果たした。DAREが、二六〇〇万人の子供を対象に全米の約八〇%の校区で採用され、さらに世界五四カ国以上でも採用されるようになったとき、MADDとDAREは同時に進行し、相互に補強し合う波に乗った。

それ以前のアメリカでは、一九六〇年代の市民権やフェミニズム、反戦を訴える運動によって、警察は若者文化にとって敵とみなされていた。しかし、MADDとDAREは両方とも、警察の協力を得ることを前提に、変化をめざす戦略を策定している。ＭＡＤＤの飲酒運転を取り締まる法律と、その執行を強化する活動の最初のサポーターは警察だった。警察はＤＡＲＥプログラムの先生役でもあった。こうした活動が創発したのは、警察がただ犯罪者を逮捕することから脱して、犯罪予防に取り組み、コミュニティの支援を仰ぎ、若者に接触し、治安維持に着手することでコミュニティとの関係を再構築しようと動きだしたときだった。警察、ＭＡＤＤ、ＤＡＲＥの計画は重なり合い、相互に補完し合っていたのだ。

また、犯罪に対する一般の見方も変化した。一九六〇年代には、多くの社会悪は、貧困、教育水準の低さ、貧弱な社会福祉制度の結果だとみなされており、それに対する反応は、当時のリベラルな〈偉大な社会《グレート・ソサエティ》〉プログラム〔ジョンソン大統領の教育改革・貧困撲滅などをめざした一連の政策〕に代表されるものだった。犯罪者を「社会の不公正や配慮不足の犠牲者」とみなす風潮が広がり、アルコール依存症についても同じように考えられていた。アルコール依存症や薬物乱用の治療プログラムが、犯罪者を更正させるプログラムとともに広がっていた。〈ジャスト・セイ・ノー〉キャンペーンは、そうした風潮に歯止めをかけ、現在重視されている自己責任論に向かうターニングポイントとなった。レーガンの大規模な減税策は、特に治療更正プログラムを標的にした。一九八〇年代までに、プログラムの大半は、落伍者を救済するという目的を達成できていないと評価された。そのような時代の流れにより、治療更正プログラムよりも、処罰に重きがおかれるようになった。刑務所人口は急激に増加し、刑務所の使命はもはや社会復帰ではなくなり、犯罪者をできるだけ長く閉じ込めておくことに変わった。

ＭＡＤＤの、特に常習犯に対する報復と処罰という基本的な主張は、犯罪者、アルコールや薬物の嗜癖者、児童虐待者、レイプ犯を甘やかすことに対する社会の強い反動とぴたりと符号している。文化の潮流が、希望ある社会復帰から厳しい非難へ、治療更正から処罰へと転じたのだ。

ＭＡＤＤの成功が歴史と韻を踏んだもう一つの理由は、フェミニズムが勢いを増している時代にあって、女性が率いる運動だったことだ。ＭＡＤＤは、一世紀かけて右肩上がりになっていた女性による権利拡張運動の絶頂期にぶつかったのだ。アメリカの初期の禁酒運動は、参政権運動もそうだが、女性が主導するものだった。一九八〇年代には社会における女性の役割が根本的に変化していたため、ＭＡＤＤの活動家たちは、かつて禁酒運動に関わった先輩女性が直面したような障害には一切ぶつからなかった。男性の会員や支持者もいるが、ＭＡＤＤは女性主導の運動として誕生し、そうありつづけている。社会における女性の役割の大きな変化は現代の象徴とも言えるが、ＭＡＤＤはその恩恵に浴しているのだ。

## 成功後の混乱

歴史的に見れば、酒に酔うことは映画やテレビの中で、おもしろおかしく描かれてきた。酔っ払いは滑稽なことをしたり、言ったりする。さらに、飲酒は大人になる儀式、そして大人の権利と受け止められていた。少年が男になる手段の一つだった。男が酒に酔い、ときに度を越すことは、人生の紛れもない事実にすぎない。このように深く文化に根づいている見方や前提を変えるには、大きなソーシャルイノベーションが必要になるだろう。ＭＡＤＤの最初のイノベーションは、そのような前提を覆すことを、明白な行動計画に含めることだった。

一九八六年、ＭＡＤＤは初のテレマーケティング・プログラムを実施する。草の根の支持を増やし、一般市民に対して飲酒運転問題を教育する大々的な啓蒙キャンペーンを展開するのがねらいだった。同年、レッドリボン・プロジェクトが導入され、安全運転と、クリスマスから新年にかけての休暇中に飲酒をしないと誓ったドライバーに一〇〇万個の赤いリボンが配られる。一九八七年には、被害者支援のための通話料無料のホットラインが全米に設置された。こうした取り組みが、社会の関心を高めるためのマーケティングと同時進行でおこなわれた。

「来るべき時が来た」という思いほど、強いものはないという。ライトナーの運動《イニシアティブ》も、時機を得ていたことはまちがいない。彼女が創設した、巣立ったばかりの組織は、上昇気流に乗って飛躍した。しかし、彼女自身は一緒に舞い上がらなかった。道半ばで、ＭＡＤＤはキャンディ・ライトナーを失う。

ＭＡＤＤ創設から八年、ライトナーは怒りを広く世間に公表して組織を去った。ＭＡＤＤが自分の思惑を超えて禁酒論に走りすぎ、その目標が変わってしまったというのが理由だった。「私はアルコール問題を解決するためにＭＡＤＤを始めたのではありません。飲酒運転の問題を解決するために始めたのです[4]」

ＭＡＤＤが本気で人命を救いたいなら、ほんとうに問題のあるドライバーに運転をやめさせる方法に専念するはずだというのが彼女の考えだった。ライトナーの離任により、彼女が飲酒運転で逮捕されたという、誤った、だが執拗なうわさが数々飛び交った。

たしかに、ＭＡＤＤは禁酒論を擁護する組織になってしまったという非難もある。ＭＡＤＤのすばらしい方針が効果をあげていた初期の数年間で、アメリカの飲酒運転の定義は、血中アルコール濃度（ＢＡＣ）〇・一〇での運転になった。これは、現在では〇・〇八に改定されていて、さらに少なくとも五つの州では〇・〇五に引き下げようとしている。[5] ＭＡＤＤの姉妹団体であるＲＩＤ（Remove Intoxicated Drivers：飲酒運転者追放の会）の創始者、ドリス・エイケンは、〇・〇四に引き下げることを望んでいる。九・一一（アメリカ同時多発テロ事件）を思いだしながら、エイケンは「飲酒運転者は道路のテロリストよ」と言い放つ。バーモント州では飲酒運転の定義をＢＡＣ〇・〇二にしようという動きもある。

最終的な目標は何だろう？　ＭＡＤＤのカリフォルニア州サンタモニカ支部代表、ティーナ・パスコーは「飲酒と運転を同時にするときの唯一の安全濃度はゼロよ――そうダブル・ゼロ。ノーアルコール」[6]ときっぱり言う。

キャンディ・ライトナーをはじめ、この禁酒論的な焦点に異を唱える人々は、それでは方向が誤っているし、結局は効果がないと主張する。飲んだら絶対に運転すべきではないが、「ゼロ・トレランス」〔不寛容方式。細部まで罰則を定める〕は逆効果であり非実用的、かぎりある資源の無駄遣いだという。[7] 彼らは、アルコール関連の交通事故死の大半は、携帯電話の使用、疲労、薬物使用、運転の未熟さ、ドライバーがかっとなる、スピード違反、道路照明が暗い、シートベルトの着用ミスなど、ほかにも重要な原因があるときに発生すると断言している。[8]

もちろん、アルコールとはまったく関係がない交通事故死も多い。もし、MADDがほんとうに交通事故死を減らしたいなら、このような飲酒以外の交通事故死の主要原因についても危機感をもつだろうというのが反対派の意見だ。そして、MADDはもはや安全運転を推進する組織ではない、アルコール反対運動の組織になってしまったと不満をもらす。

これらの非難は、MADDの成功が生みだした反感の一例にすぎない。ウェブを検索すれば、反MADDのサイトはいくつも見つかる。貪欲、腐敗、整合性に欠ける、日和見主義、ジャンク・サイエンスを根拠にしている、嘘、裏切り、スタッフの給料が高すぎる、無節操な資金集め、成り行きまかせ、ミッションの視野が狭い、などなど攻撃の言葉は枚挙にいとまがない。

こうして、成功した社会起業家は、自分たちの使命は何か、どうあるべきか、運営はどうあるべきかをめぐり、敵とも味方とも果てしない論争に明け暮れている自分を発見する。リーダーは、意気込み満々の状態からも、フロー体験からも、いきなり放りだされ、迷惑がられ、ときには嫌われ者になり、かつての盟友から攻撃される。

## スペースシャトルはなぜ墜落したのか

キャンディ・ライトナーの事例は、「成功した」社会起業家の典型例なのだろうか？

たしかに、「成功の危険」という言葉を耳にすると、太陽に近づきすぎて、ロウづけした翼が溶けてしまったギリシア神話のイカロスを思い浮かべる人が多いだろう。あるいは、古い格言

「権力は腐敗する」を思いだし、成功した社会起業家は傲慢になるものなのだろうかと思案する人もいるかもしれない。ライトナーは自分自身の成功の犠牲者なのか？　それともＭＡＤＤのほうが成功に誘惑されて高望みしているのだろうか？

高慢な視野の狭さや自信過剰の尊大さほど、確実に成功を悲劇に変えるものはない。成功すると、変化しつづけることに抵抗感が生じ、その変化に適応する能力を失い、過去の成功にあぐらをかいてしまう恐れがある。個人であれ、組織であれ、傲慢にはなりやすいものだ。ＮＡＳＡ（米国航空宇宙局）のスペースシャトルの悲劇を教訓として肝に銘じよう。

二〇〇三年二月一日に〈コロンビア〉が墜落し、搭乗していた七名全員が死亡したとき、一三名の委員から成る事故調査委員会が包括的な独自調査に着手した。墜落の原因となった直接的な機体のトラブルは、打ち上げ時に剥がれ落ちた断熱用発泡タイルが与えた損傷だったが、もっと根本的な原因はＮＡＳＡの文化にあると調査委員会は指摘している。やはり七名の宇宙飛行士が死亡した一九八六年の〈チャレンジャー〉事故以来、ひとりよがりの文化がＮＡＳＡの体質に忍び込んでいた――潜在的な安全上の問題をささいなものと判断し、スケジュールを遅らせるかもしれない解決策を講じなくていいようにする傾向も含めて。

調査委員会は、二〇〇三年八月に発行された二四八ページに及ぶ報告書で、ＮＡＳＡは「有効なチェック・アンド・バランス」に欠けており、「独立した安全プログラムをもっておらず、研究機関としての特質を示していない……今後もこれらが存続し、組織の欠陥が改善されないかぎり、新たな事故で同じ光景がくり返されると当委員会は確信する」[9]と結論を出した。

委員長を務めた元海軍大将ハロルド・ゲーマンは、ワシントンで開催されたある説明会で報道陣にこう述べている。NASAは、はじめは安全手続《セーフティプロシージャ》きに従うが、時の経過とともにそこから「変身もしくは移行」する傾向にある。[10] 同報告書は、〈コロンビア〉事故の技術的な要因に加えて、NASAの文化的な要因も指摘している。それによれば、NASAのミッションマネジャーらは、シャトルシステムの異常を正常だと容認する習慣に陥り、破滅の前兆があるにもかかわらず、そのような問題について認識したり、耳を傾けようとしたりせず、そのまま無視しつづけたという。「これらくり返されるパターンは、NASAの組織のシステムに悪しき慣例が深く根ざして何年もつづいており、両事故の原因のうち相当の部分を占めていることを示している」

〈コロンビア〉の最後となったミッションの間、NASAのマネジャーらは、剥離した断熱用発泡材が左翼に衝突し、シャトルの熱防護システムが損傷した可能性があることを評価する機会を逃していた。断熱材が剥離する事故は以前のミッションでも何回か起きており、NASAマネジャーらはそれを安全上のリスクのない許容範囲内の異常だと見るようになっていたのだ。偵察衛星が撮影した〈コロンビア〉の写真を見れば、シャトルの損傷の程度を確認することができたかもしれないが、NASAのマネジャーらはそうしようとしなかった。

しかし、同報告書は、「乗組員の安全を確認するためなら、できることは何でもするという暗黙の契約を履行しなかった不適切なリーダーシップ」を特に指摘している。NASAの管理手法は、安全上の問題に関する異なる意見を尊重せず、シャトルに断熱用発泡材が衝突したときのリスクについて、結局は「盲点」をつくりだしてしまったという。「NASAは、スケジュールに遅延をきたさないために、少しずつリスクの許容範囲を広げていった」。さらに「計画があまりにも精密に動いているため、ほとんど余裕がなかったのだ」

NASAの事例は、ソーシャルイノベーションの問題というより技術的なものだが、それにもかかわらず、注目すべきソーシャルイノベーションとの類似点がいくつかある。ユリシーズ・シールは、なぜ賞をもらってもあまり喜ばないのかと訊かれてこう答えている。

「人はものごとがうまくいったり、ほかの人の手助けがうまくいったりすると、結果を自分が左右していると思うようになりかねない。だがそれは違う。結果がよくても悪くても、賞賛や非難を受け入れすぎるのは、思い上がりだ」

傲慢さは最終的に〈コロンビア〉を壊滅的失敗にいたらせた——イノベーションなど生まれる余地のない一種の「硬直」が、悲劇を招いたのだ。成功したいなら、自分の成功の原因を探るような質問を受けたとき、うまく答えられるようにならなければならない。勝ち戦の将軍がローマに凱旋して大衆の賞賛の嵐に迎えられるとき、将軍の背後に立って、その耳元で「どんな栄光もはかないもの」とささやきつづける家来がいたという。現代版が必要かもしれない。

## ほんとうの患者中心医療をめざす

今度は現代の保健医療システムについて考えてみよう。二〇世紀、医学はめざましい進歩を遂げた。一、二世代前なら死亡宣告に直結したような病気が、いまやたいていは治療できるか、病状をコントロールできるようになった。この医学の偉大な成功は、医師をはじめとした医療者側は専門家で、患者は単なるサービスの受け手である、という見方に拍車をかけた。これが尊大さやある種の傲慢さにつながらないだろうか？

今日のアメリカでは、ほかの欧米諸国も同様だが、口先だけでなく「患者中心の医療」を行おうという立派な方針を採用する病院もある。もしほんとうに患者中心なら、医療情報は患者に知らされないという伝統とは矛盾することになる。患者は、自分の治療についての情報はもちろん、自分に影響を与える医療者や医療施設、方針を判断する情報についても知るべきだ。アメリカでは、病院が医学界の水準と比較するために自発的に実績を公表する動きが盛んになっている。ほんとうに患者中心の哲学で患者に対するなら、患者をコストや単なるサービスの受け手として見るのではなく、重要な資源として、医療の真のパートナーとして見なければならない。

具体的にはどういうことだろう？　この件については、ドン・ベリック医師にご登場願ったほうがいい。ベリックは、ハーバード大学医学部の小児科および保険医療政策の臨床教授、ボストン児童病院の小児科医、マサチューセッツ総合病院小児科の顧問医を務めている。また、保健医療の有効性を抜本的に改善することをめざす非営利法人ＩＨＩ（Institute of Healthcare Improvement：保険医療改善協会）の会長兼ＣＥＯでもある。(11)

ベリックは、患者が病院で一般的にどういう処遇を受けるか、バートという架空の人物の話を創作してあざやかに描写している。バートは芝刈り機レーシング［イギリス発祥のモータースポーツ］

の名レーサーで、芝刈り機は時速五マイル以下を想定して製造されているものだが、それを時速六二マイル以上で操縦できる技術の持ち主だ。

バートにガウンを着せる。下着は丸見え。腕にラベルを貼る。そして、バートの枕元で、まるで彼がいないかのように話す。素人にはちんぷんかんぷんな言葉づかいで。見舞いの規則を告げる。バートは自宅では自分の薬を飲んでいたが、ここでは違う。薬は取り上げ、病院の薬を小さな紙コップで一日四回配る。バートから検査結果を訊かれたら、許可がないと話せないと答える。結果を知ったらバートが不安になるかもしれないから——全米ランキング第一三位の芝刈り機レーサーが不安になるかもしれないから。

待合室で「バート」と大声で呼び捨てにする。が、あなた自身のことは「ドクター・ジョーンズです」と紹介するか、何も言わない。バートを長時間待たせ、あれこれ憶測させる。住所、氏名、電話番号を五回も答えさせ、症状は一〇回も言わせる。そして、何の説明もせずに血圧を二〇回も計る。手違いでバートに迷惑をかけたが、何も言わない。バートが怒るかもしれないから。

騒々しい音をたてる。ものすごく騒々しい。一日二四時間、週七日ずっと。物音で一晩に三回、それから朝六時ごろにもバートを起こしてしまう。カートをがらがら押し、ポケベルをビービー鳴らし、廊下で笑い声を立てる。バートに食事を与えるが、本人が空腹かどうかは関係ない。バートから夜食を頼まれたら、厨房が閉まっていると答えるか、パンを一切れもっていく。変な臭い、ぎらぎらした照明、殺風景なベッド、夜は孤独、昼間は退屈。バートの意見も、手助けも、好みも、価値観も、身の上話さえも求めない。

バートが自分の人生を、特技や知恵、専門知識や器用さを、友人知人のことを話そうとしても、手短にこう言う。「せっかくだけど、バート、悪いね、もう引き継ぎの時間なんだ」

バートは芝刈り機を時速六二マイルで走らせることができる。あなたは？　できない。

――でも、そんなことどうでもいいでしょ？

いや、どうでもよくない。患者は私たち医療者に富をもたらし、私たちがそれをがらくたにする。患者中心主義とはあらゆることを尊重することだ――何もかもを――患者、家族、コミュニティが病気と闘うため、健康を取り戻すために、あらゆることを。それはつまり、自然治癒という自然資本を用いることだ。それを少しでも無駄にしているかぎり、本物の患者中心主義とは言えない。(12)

ドン・ベリックはあるソーシャルイノベーションの先頭に立とうとしている。ほとんどお題目に終わっている患者中心主義だが、その言葉どおりにふるまうことを医療者に求める彼の仕事は、現状の考え方や権力をもつ側の立場からすれば、一種の破壊活動かもしれない。彼はまた、現代医学と医療者の傲慢さとも闘っている。医療者のほとんどが、自分たちプロだけが患者の健康に責任をもてると考えるようになってしまった現状を問題視しているのだ。

## 適応度地形

おそらく、キャンディ・ライトナーがＭＡＤＤと決別したことは傲慢さとは関係ない。たぶんそれは、ドン・ベリックのように、ライトナーの破壊的イノベーションであり、罪もない命が奪われることをなくしたいという自説を曲げない姿勢に理由があるのだろう。傲慢さはＭＡＤＤ側にありそうだ。ライトナーのコミットメントが、社会の中で勢いを増していたほかの流れとからみ合うようになったのはまちがいない。その意味で、彼女の個人的な危機は、より大きな社会的勢力という文脈で検討してみなければならない。これを理解するために、複雑系の科学のもう一つの概念、「適応度地形（fitness landscape）」を紹介しよう。

適応度地形は、複雑系の科学の研究者、スチュワート・カウフマンの造語だ。カウフマンは、外部（大きなシステム）も内部（行為者《エージェント》となる個人）も、どちらかだけではソーシャルイノベーションの進化の全体像は説明できないとしている[13]。それよりも、進むにつれて新しい光景が現れる起伏のある地形上の動きとして進化を考えるべきだという――これが適応度地形だ[14]。もし、目標がいちばん高い山頂に登ることで、起伏のない平地に一つだけ群を抜いて高い山がある地形にいるのなら、目標ははっきりしている。その山に登ればいい。

しかし、山あり谷ありで、地形が起伏に富んでいると、もっとさまざまな要因がからんでくる。ロッキー山脈を思い浮かべてほしい。尾根と谷がいくつも連なっており、そのふもとからは、群を抜いて高い山頂を見ることができない。もし、目標がいちばん高い山頂に登ることなら、どうやってそれを見つければいいのだろう？　手前にある山々しか視界には入らないのだ。いちばん高い山に登っているつもりでも、山頂についてみれば、もっと高い尾根のある別の山脈が向こうに連なっているとわかることもある。

さて、ここでもう一つ複雑性を加味しよう。進むにつれて新しい光景が現れる地形があり、一方、私たちはソーシャルイノベーションという大仕事のもっと正確なイメージをもっているとする。現在地からは見えなかった光景が徐々に現れてくるだけでなく、これまで見えていた山頂そのものが自分や他者の行動によって変化していく。ある山が丘になり、やがては谷になることさえある。逆もまた同様だ。子育てのプロセスを考えてみてほしい。子育て本は山とあるが、親は子育てを「正しく」すべく、いまだに四苦八苦している。というのは、このやり方がいいと思った矢先に、子供は変わり、また新しいアプローチを見つけなければならないからだ。兄弟ともなると、各々が変わり、兄弟どうし影響を与え合い、全員が親の影響も受ける。これこそ、絶えず変化していく適応度地形の典型例だ。

ＭＡＤＤの事例を「共進化《コ・エボルビング》」の一つとして見れば、つまり、外部の力によって影響され、また外部の力に影響を与えることによって変化していく地形の一例として見れば、ライトナーが最終的に離任したのも納得がいく。ＭＡＤＤが社会的態度とカナダやアメリカの飲酒運転に関する公共政策を変えていったのとまったく同じように、その変化していく態度と政策もＭＡＤＤを変えていった。ライトナーが飲酒運転による事故死を減らそうと運動を開始したとき、目標ははっきりしており、彼女もその仲間も眼前の地形を通りぬけるのがだんだん巧みになっていった。

MADDの活動のタイミングはさまざまな社会的・政治的な動向と一致しており、それはMADDの考え方が急速に普及し、深く浸透したことを意味する。時が適切で、コミュニティのムードも適切で、そして悲劇の体験や事例が十分に蓄積されていたために、絶大な支持を引き寄せたのだ。

ところが、勢いが増すにつれて地形が変わり、飲酒運転を減らすという山頂（目標）よりも、付近にあったゼロ・トレランスという山頂のほうが重要であるように見えはじめた。ゼロ・トレランスの動きが広まった一因はMADDの努力だった。ライトナーは、MADDの焦点をゼロ・トレランスに向かわせた内部と外部の力強い変化に不意をつかれたのかもしれない。

ある山を登るのに全エネルギーを注いでいるまさにそのときに、地形の変化を読みとるのは、非常にむずかしい。「かもしれない」の実現に近づいたとしても、社会起業家は、立ち止まって考えること、強力な他者に遭遇すること、なるべくフローからはずれないようにすることを、忘れてはいけないのだ。キャンディ・ライトナーがそうだったように、立ち止まって再評価した結果、自分の使命や「かもしれない」をめざす決意に正直でありたいなら、自分が創立した組織そのものから去って新しい挑戦に向かうのが最良の選択だという結論が出ることもあるかもしれない。

ジェフ・ブラウンを覚えているだろうか？　ボストンのブラウンと仲間たちはめざましい成果を達成した。いちばん高い山頂は、視界に入るかぎり、殺人件数が年一五二件から三一件に急落したことに思えた。ブラウンたちは多くのことを学び、一〇ポイント連合という組織を設立して、学んだことを共有した。ところが、成功を体験したちょうどそのときに、地形は変化していた。地元のギャングが地歩を失った機に乗じて、国際的なギャングが、この地に目をつけ、入り込んできたのだ。若者の殺人事件数はふたたび上昇に転じた。自分たちが登った山はもはや小さくなり、もっと大きな別の山が眼前に現れたのだ。ブラウンはそう悟った。組織を再編し、新しい山に登りはじめなければならない。ブラウンたちは、ポール・ボルンのように、自分たちのアプローチを拡大し、ほかのコミュニティ、ほかの都市にそれを普及させた。そして、そこからまた新しい別種の挑戦が生まれた。

ブラウンとライトナーの事例はどちらも、つかの間の成功とはどんなものかを痛感させてくれる。しかし、適応度地形の観点から見れば、挫折は失敗ではなく、むしろ共進化の世界では必然的で予期される局面なのだ。むしろ、こう言ってもよい。あるソーシャルイノベーションが成功したとき、そのイノベーションが創発した地形をイノベーション自体が変化させる。直近の成功は、新しい挑戦を引き受けるための土台が築かれるまでの短命に終わるのはまちがいない。社会起業家は、成功の瞬間、立ち止まって考え、新しい「かもしれない」に、どうやってたどりつくかを再検討している自分を見いだすのだ。

## クロススケールな変化とカスケード効果

カナダじゅうで引く手あまたの状態になって、アル・エトマンスキとヴィッキー・カマック、そしてほかのＰＬＡＮメンバーは、つかの間の達成感に浸ったかもしれない。

だが、うってかわって、一九九七年には、不調、いやむしろ失敗という雰囲気が周辺に漂っていたようだ。PLANモデルを模した組織の普及はいらいらするほど遅く、前進があってもどれもなぜか満足がいかない。新しい支部は独り立ちするのにどうも時間がかかりすぎる。孤立感が深まり、絶望感さえあった。それでいて責任感は前より強くなった。このときをふり返って、エトマンスキはこう述べている。

「数百人、数千人の人が集まらなかったら、自分たちの仕事が『おもしろいけれど失敗する、よくある実験』として見られる。それが嫌でした。私たち、妻と私は、自責の念にかられ、くよくよし、欲求不満を味わっていました」

適応サイクルモデルを提唱したC・S・ホリング率いる研究チームは、変化を次の三段階に分けている。

**①突発的、発作的な学習**……PLAN創設のもとになった構想や探求を特徴づけたもの。
**②追加・適応学習**……PLANが組織の詳細やコンセプト、ネットワーク構築にいたるアプローチを練り上げていたとき、立ち上げと成熟までの成長を特徴づけたもの。
**③変容学習**……本書にとってもっとも重要な部分。一般に、新しいものごとのカスケード（連鎖的な発生）のなかで複数のシステムやスケール（規模、段階）がぴたりと一致するとき、突然「飛躍《ブレイクスルー》」が生じることを特徴とする。

スケールとカスケードという考え方をもっと詳しく見ていこう。希望と歴史が韻を踏む可能性を評価するうえで非常に役に立つからだ。

生態系のスケールは、復元力《レジリエンス》のカギを握る構成要素だ。松葉のような小さなスケールから、樹木というより大きなスケールまで、そして森全体まで、さまざまなスケールで存在しているシステムは進化せず循環している。同様に、社会システムにおいても、個人、集団、組織、制度（経済、文化体系、法制度など）が適応サイクルをさまざまなリズムで通過している。したがって、根本的に新しいものごとすなわち変容は、「クロススケール」、や「クロスシステム」な相互作用から生じる。ホリングはこれを、ギリシア神話に出てくるカオスと遊びの神パンにちなんで「パナーキー（panarchy）」と名づけた。[15]

ある一定の状況下では、下位のレベルで生じる新しいものごとが上位のレベルで反乱を引き起こし、システムのより広範な部分を解放する可能性がある。多様性に富む健全な森なら、ハマキガの幼虫などの害虫の影響は、局所的で限定的なものにとどまるだろう。ところが、森が多様性に欠けており、（健全な森にある寄せ集めの多様性がなく）均質性が高すぎると、小さなハマキガの幼虫が巨大な森を破壊する場合がある。同様に、政治制度がもろく、鈍感になってしまうと、個人の小集団の間で煮詰まっていた思想が突如、不特定多数の人々によって支持され、旧秩序の転覆、しばしばほとんど予期せぬ変容を生みだす場合がある。たとえば、ベルリンの壁の崩壊とそれにつづくソ連解体は、ほとんど誰も予測していなかった。何十年もの間、抵抗運動があったが、それは効力をもたなかった。だが、ベルリン市民の最初の一団がハンマーをもって壁を壊しはじめると、誰もそれを止めず、権力者も静観した。そして、典型的な「カスケード」効果のなかで、ソ連陣営の政権が次から次に崩れ落ちていったのだ。

クロススケールな相互作用は、これとは正反対に作用する場合もある。たとえば、ある企業が、これまでの常識をくつがえす斬新なサービスを始めたところ、顧客は古いサービスに似通ったものを求めていることがわかった、ということがあるかもしれない。ホリングたちはこれを「記憶」と呼ぶが、法律や文化的規範が新しい発想やプロジェクトを制限したりコントロールしたりするのは、この記憶の作用だ。発明者なら誰でも知っているが、発想の大半は製図版の上で死ぬ。「来るべき時」という表現は、イノベーションが開花するのを許すクロススケールすなわちクロスシステムの状態を指しており、そのタイミングを逃したら、そうなるチャンスはもうないだろうという時のことだ。

図● クロススケールな変化[16]

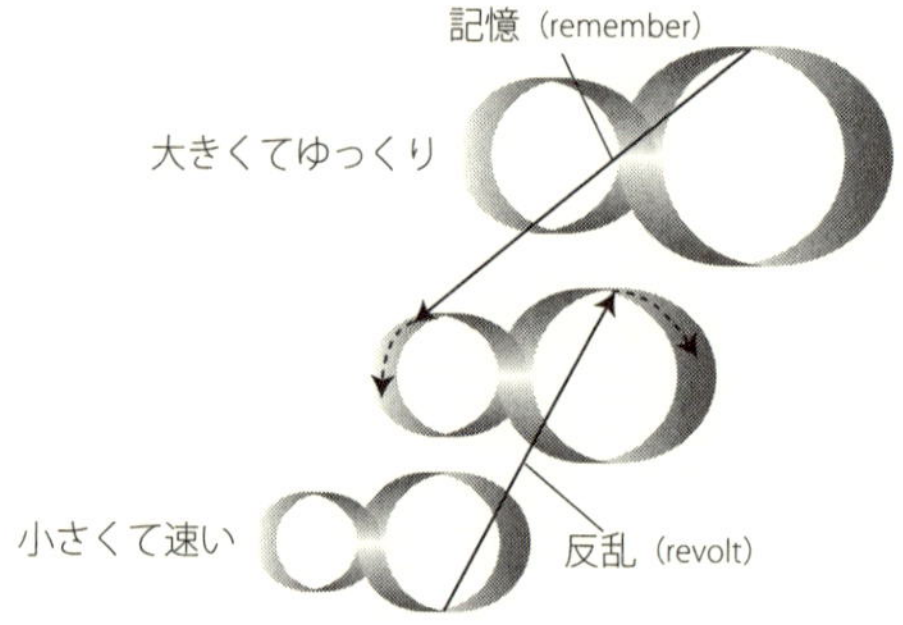

だから、ＰＬＡＮが遅々として広がらないことに対してエトマンスキとカマックが自責の念にかられ、くよくよし、欲求不満を味わったという状態は、社会起業家の多くが経験している。どんな成功も、スケールを広げることや、そのイノベーションが待望のティッピング・ポイントに達することへの期待とプレッシャーを増やすにすぎない。

## スケールを広げるには

ソーシャルイノベーションのもう一つの逆説は、この成功という時期はまた、立ち止まり、成功とは何かを再評価する時期でもあるということだ。スケールを広げることは、同じレシピでケーキをたくさん焼くように、同じことをくり返せばいいという線形のプロセスにはめったにならない。

エトマンスキとカマックは、あちこちで巣立とうとしているＰＬＡＮの組織を育てるためにカナダじゅうを飛びまわることに時間を費やすのは、自分たちを疲労させ、時間を浪費するだけでなく、待望の変容を生みだすうえで効果がないこともわかっていた。二人は自分たちの焦点がずれはじめていると感じた。もはやほんとうの意味で強力な他者と闘っているのではなかった。ほんとうの敵は、障害者を社会の片隅に追いやり、「幸せな暮らし」から障害者を除外する力のはずだ。二人は、カナダ中に組織を拡大することに力を入れるのをやめることにした。それよりも、ティッピング・ポイントの下地づくりに取り組むことが先決だ。つまり、二人の関心は方針面に切り換わり、直接、根本的な構造を変える努力をすることになったわけだ。エトマンスキは自分たちの認識をこのように表現している。

種まき期にあるほとんどのプロジェクトの中心には、モデルを共有すれば、それだけでクリティカルマス〔critical mass：ものごとが一気に普及・定着する分岐点となる数量〕に達するのに十分だという確信がある……（しかし）ＰＬＡＮの仕事に関連のある発想や洞察はとても意義が大きいので、それを社会の構造にしっかりと定着させる責任が私たちにはあると信じている。いわば、水道や空気のような存在になるまで根づかせ、法律や予算の優先順位などに普及させるのだ。自分の責任についてこのような観点から課題を検討すれば、単にカナダのほかの場所に住む家庭もサービスを利用できるようにするという発想とは、かなり違った考え方をするようになる。クリティカルマスを生みだせれば、それは法律の変化にもつながるという暗黙の仮定がある……だが、それは事実ではない。

エトマンスキとカマックは、自分たちの仕事は本質的には市民権の問題だ、と心の底ではわかっていた。市民権は何にもとづくべきものか？　市民権とは何を意味するか？　私たち全員の権利と責任を認めるために市民権を定義し直すにはどうすればいいか？　こうした問いの範囲は障害者だけにとどまらず、何らかの形で社会の隅に追いやられている人々——ホームレス、アルコールや薬物などへの依存者、マイノリティ——にまで広がった。

だからエトマンスキとカマックは再出発した。ＰＬＡＮとの密接な関わり合いは保ちながら、ＰＬＡＮの運営を補助する新しい行動チームを設け、障害者のための政策立案に影響を与える目的で、姉妹団体のフィリア〔Philia：ギリシア語で友愛の意〕を設立したのだ[17]。フィリアは対話を重視したプログラムを主催し、その対話にカナダの思想的リーダー、マーク・キングウェル、マイケル・イグナティーフ、ジョン・ロールストン・ソールなどの知識人を招いた。こうしたゲストが後日、障害とは何かを語ったり、書いたりするものを追跡することが、エトマンスキとカマックの目標達成の尺度となった。

エトマンスキとカマックは、カナダ国営映画協会（ＮＦＢ）を中心に国内メディアとの協力関係も模索し、自分たちについて広く社会に知ってもらうことにも力を入れた。また、政策立案者に直接影響を与える行動も増やし、地元、州、連邦各レベルの政治家との関係を築き、障害者の家族が将来の介護に備えた貯蓄を許される法改正など、政策の変更を求めて働きかけた。

エトマンスキとカマックは根本的な構造、すなわち思想、文化、法律、そして資源の流れを変えようとしていた。このより大きな背景に影響を与えること以外に、ＰＬＡＮが全国に普及する条件を整えることはできない、二人はそう痛感していた。

## ソーシャルイノベーションが日常になる

成功とは、これまでくり返し述べてきたように、定まった住所をもたない。だから、そこは到着地ではない。立ち止まって次の行動をよく考えようと、そこで一呼吸置くことはあるかもしれない。だが、もし目標がソーシャルイノベーションなら、次の一歩がはっきりしていることはめったにないのだ。ソーシャルイノベーションの場合にはたいてい、多面的な行動やシステムがイノベーションに反応するための準備に力を入れることが、イノベーションを複製することと同じくらい大切になる。

発想をフローに乗せる達人として、ポラロイドカメラの発明者、エドウィン・ランドを第五章で紹介したが、ランドはまた、新しい製品を発明しただけでは方程式の半分しか解いていないということもよく知っていた。すばらしい製品の市場への投入は、単純にそれを何度も複製することではなく、市場環境を整えてその製品の発売を後方支援することだった。彼はこれを「第二の大発明」と呼んでいる。

第一の発明を支えるための第二の大発明は、最初の発明を社会に受け入れてもらう方法を発明することだ。抵抗するのは世のつねだ。私たちは誰しも、ごちゃごちゃと雑多な考えをもっているが、そのほとんどは必然的なものではない。社会という枠組みで古い物の新しいゲシュタルト（形態）をつくることは発明家の義務だ。それができれば、その人の発明はじわじわと、誰にとっても日常生活の一部になっていき、それなしの生活は考えられなくなる。(18)

成功した社会起業家は、いろいろなレベルのスケールに働きかけることについて直観的に知っているようだ。彼らは、成功させたソーシャルイノベーションが、急進的《ラディカル》なものとは感じられなくなり、空気のように当たり前の存在になるように、状況を操縦できるのだ。

ユリシーズ・シールは、一つのシステムにとどまらずに変化を誘発するために、意図的にさまざまなレベルで、さまざまな方法を用いて、活動を組織化しようとした。ある場所からもっと大きな地域へ、さらに国際的なレベルにまで活動を広げることに特に力を注いだ。各レベルの特性に対処しながら、各レベルの境界を超えた組織化も図ったのだ。シールは次のように述べている。

私たちはいまや地理学的に組織化しようとしている。分類学的にも組織化しようとしている。さらに専門的な知識とスキルの点からも組織化しようとしている。三つ全部を一度にごちゃまぜに。その進化や組織化の起こり方は、部分的には、伝統的な階層的論理で動かされている。また、私たちが「実験的に対処して」いる問題のはなはだしい複雑さによって動かされている部分もある。諸問題は、一〇年前にはじめて話題にのぼったときは、誰からも解決不能だと思われていた。私たちがしていることは、それが解決不能ではありえないと主張することだ。

シールの言う「ごちゃまぜ」は、創発するものごとへの継続的な適応を必要とする。そのプロセスは非常にダイナミックだ。

ムハマド・ユヌスは、いまでは世界中に存在しているグラミン銀行の派生物について考察して自伝を締めくくっている。その一つが、一九八七年にカナダで設立されたカルメドウ（Calmeadow）だ。[20] カナダ版グラミン銀行という趣旨でつくられたもので、「スケールアウト」〔scale out：他地域展開〕の一例と言える。しかし、カルメドウ発足の直後、大手商業銀行が貧困層対象のローン市場に参入し、規模の経済《スケールメリット》を活かして魅力的な金融商品を提供しはじめた。少なくともカナダでは、適応度地形の変化のために、グラミン型アプローチは余り気味になった。

ソーシャルイノベーションが成功した場合、それはもはやイノベーションではなく、日常になる。製品の発明とは異なり、ソーシャルイノベーションが特許を取ることはまずないし、そのイノベーションが誰のおかげか、何という団体のおかげかなど顧みる人もほとんどいないだろう。しかし、その事実が社会を変えた人々の悩みの種になるということはめったにない。むしろ慰めの種となる。大切なのは、使命に応え、何らかの形で問題を改善したことだからだ。

図● クロススケールな相互作用 (19)

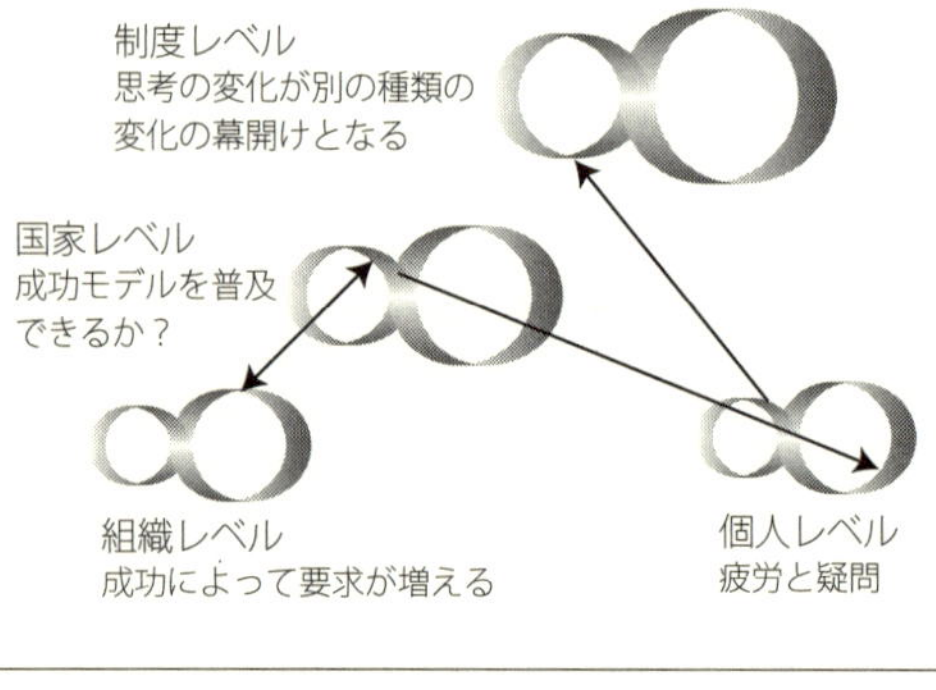

## カサンドラの逆説

ホメロスの『イリアス』で、カサンドラは、トロイ王プリアモスの娘たちのなかでもっとも美しく、予言能力がある人物として描かれている。アポロ神がカサンドラを見そめるが、カサンドラはそれを一蹴する。罰として、アポロは今後一切カサンドラの予言を信じる者はいなくなると裁きをくだす。だから、カサンドラがトロイ市民にギリシア人が木馬に隠れていると言っても、その警告は無視された。皮肉なのは、その可能性を確認することはいとも簡単だっただろうということだ。トロイ市民は現実検証を怠ったわけだ。カサンドラの逆説は、明白な可能性の多くは、ほかならぬその明白さのために無視される、ということを教えてくれる。

トロイの木馬は見つけるのがむずかしいわけではなかった。巨大で、まさしくトロイ市民の目の前にあったのだから。私たちに影響を与える大きなトレンドは、ぼんやりして、あいまいで、不明瞭だとはかぎらない。ときどき、おそらく多くの場合は、トレンドは巨大で、よく目に見えるものだ。それでも、私たちは見ようとしなければならない。詳細に調べ、耳を澄まし、五感を駆使して、希望と歴史が韻を踏む時を見逃さないようにしなければならない。そのあとは、知力を総動員して、その韻が何を意味しているのかを解釈する必要もある。全部できたら、しかもうまくできたら、大きな変化を望むだけでなく、そのような変化を起こすこともできるのだ。

このドアを入るか
入らないか
どちらかしかない

もし入れば
自分が何者かを思いだすというリスクが
つねにつきまとう

世間はあなたを疑わしそうに見る
だからあなたは過去をふり返らずにはいられない
だから世間はそう見る

もし入らなければ
それなりの暮らしができる

ものごとの見方を変えなくていい
自分の居場所もある
立派に死ぬこともできる

でも、たくさん目をくらまされ
たくさんはぐらかされるだろう
その代償がいくらかなんて誰にわかる？

ドア自体は
何も約束してはくれない
ドアはただのドア

アドリエンヌ・リッチ「移民予定者に告ぐ」

第8章

# ドアは開く

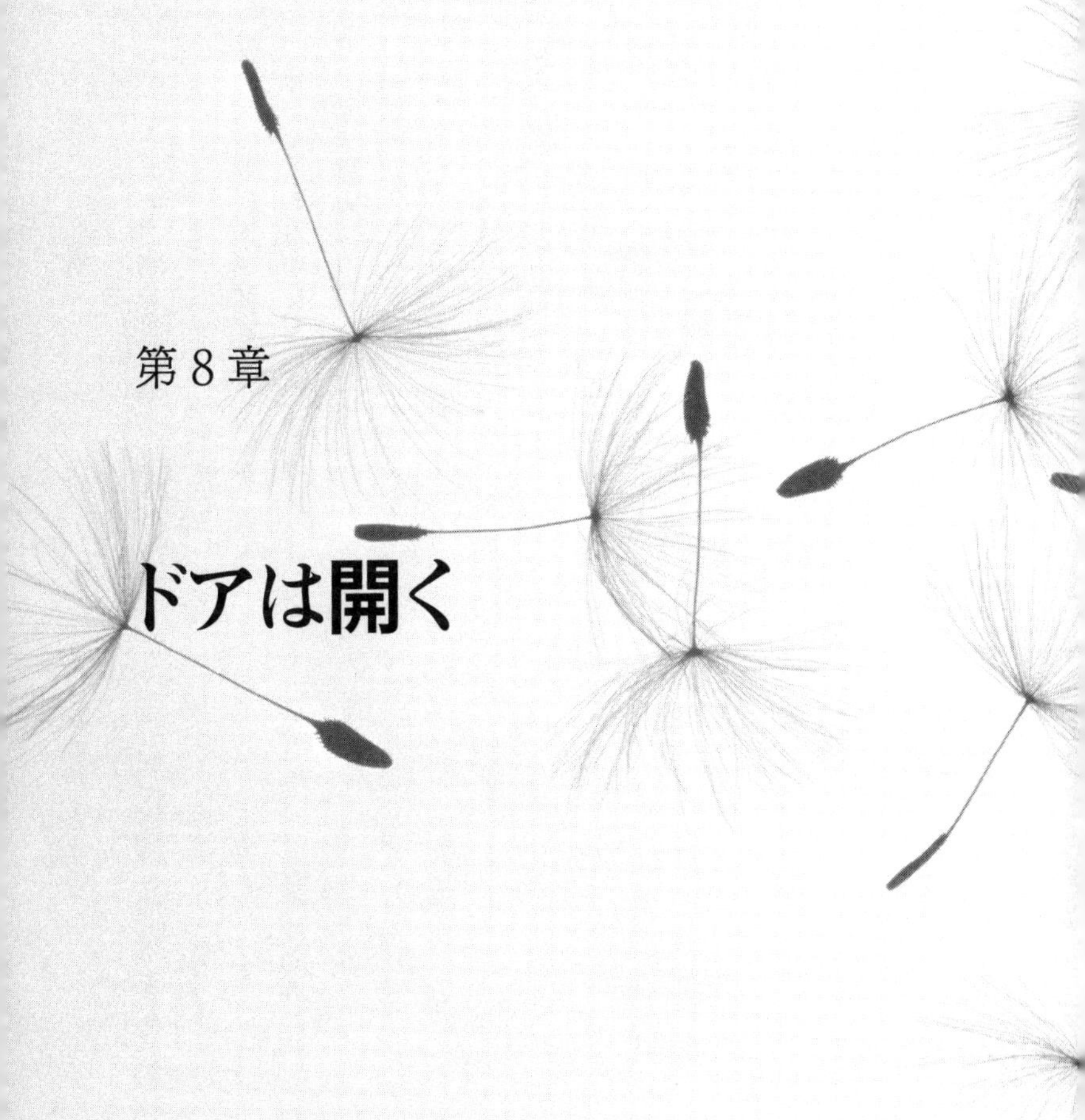

# THE DOOR OPENS

さて、そろそろ旅もおしまいだ。少なくとも本書の最終章にはたどり着いた。最後というのは、ソーシャルイノベーションの視点から見れば、T・S・エリオットの言葉どおり、また新たな始まりにすぎないことも多い。

「そして、われわれのあらゆる探求の結末は、はじめにいた場所に戻ることであり、その場所をはじめて知ることであろう(1)」

最終章にはアドリエンヌ・リッチの詩を選んだ。本書冒頭の警告に通じるものが含まれており、何か希望も感じられるからだ。彼女の選詩集『ドアフレームの事実』（*The Fact of a Doorframe*：未邦訳）に収録されている「移民予定者に告ぐ」という詩だ。本書流にいいかえれば、「社会起業家予定者に告ぐ」だろうか。

社会起業家は、移民同様、大きな危険をおかすことになる。新しい場所に行くということは、必然的に何かを後ろに置いてくることになるからだ。しかも、成功の保障はない。にもかかわらず、社会起業家は、やはり移民同様、いまいる場所にもはや耐えられず、その一歩を踏みださずにはいられない。彼らはドアを見る。始まりを見る。そして足を踏み入れる。

この詩が語るとおり、ドアは何も約束してはくれない。ドアはただのドアなのだ。身のまわりのあちこちに、敷居をまたいで足を踏み入れる可能性が存在する——無力感から行動へ、警戒から確信へ、無知から理解へ足を踏み入れる可能性が。本書で紹介してきた社会起業家たちは、全員がそんな敷居をまたいだ人々であり、私たちにこう呼びかける。

「ドアはつねに開いている。一つ見逃しても、幸い、また別のドアが見つかる」

少なくとも一部の人にとって、幸いとは言えないのは、どのドアが正しいドアかを知る定則がないことだ。いや、むしろ、「かもしれない（maybe）」の概念からすれば、正しいドアなどない。ドアはただのドアなのだ。ソーシャルイノベーションにロードマップはない。ソーシャルイノベーションは一歩一歩地図に描けるような道ではない。

## もしもドアをくぐらなければ

「建築した」というより「成長した」という感じがする古い家に入ったことがあるだろうか？新築時は窓が数カ所にドアが一つあるだけの、一部屋しかない家だった。年月が流れ、経済的に豊かになると、もっと優雅な二部屋目が増築される。そして、今度の部屋のほうが出入りにずっとよさそうなので、この部屋にも玄関ドアがついた。ところが、家の裏手にキッチンが増築されると、「ほんとうの」玄関が設けられ、家人や友人知人がそこから出入りするようになる。その後、また第二棟が増築され、さらにもう一つのドアがつく。こうしてどの部屋にもドアがつき、一つとして同じものがない、それぞれ独特の部屋になり、家じゅうの部屋という部屋がつながる。

ソーシャルイノベーションも、たくさんのドアがついていて、違いのはっきりわかる個性的な部屋がいくつかつながっているという点で、このような家によく似ている。あなたがどの部屋にいようと、ほかの部屋が存在し、おそらく、あなたはそれらを通りぬけることになる。ときにはくり返し。ほとんどの人は、本書が解説してきた象徴的な部屋の少なくともどれか一つは、ああ、これだと思い当たるだろう。あなたは、「かもしれない」をめざすという抱負をもっているか、「立ち止まって」考えているか、「強力な他者」と戦っているか、「フロー」体験をしているか、「冷たい天国」のどん底にいるか、「希望と歴史が韻を踏む」ときを感じているか、いずれかの部屋にいることになるだろう。あなたがはじめての行動の入り口に立っていようと、プロジェクトの中流にいようと、ものごとを変えようと努力する生活にうんざりしていようと、これらの経験がつながっているという感覚を知ってもらうことが、本書の役目だ。

本書に登場する社会起業家たちはすべて、自分の活動に着手したときにドアを通りぬけた。だが、彼らが通らなかったドアもあれば、望まない場所に通じるドアもあった。ＰＬＡＮのアル・エトマンスキはこの体験を次のようにまとめている。

> もし、目的が「かもしれない」をめざすことなら、ドアは頻繁に開くと思う。ドアはいつでも開いている。人は立ち止まらなかったせいで生涯にあらゆる種類のドアを見逃す。私にはそんな気がするのだ。だから、そこには逆説が生じる。なぜなら、一方では、正しいドアではなかったかもしれないし、それだと思っていたドアではなかったかもしれないからだ。見逃したものは、重要ではなかったかもしれないし、非常に重要だったかもしれない。

社会起業家は、新しいドアをつくりだす人間ではない。ほかの人より多くのドアに取り囲まれている人間でもない。単にドアに気づくのがうまい人間であり、ドアを信じる人間だ。ドアを信じる者にとって、ドアはそこにある。

C・S・ルイスの『ナルニア国物語』七部作の一作目『ライオンと魔女』に出てくるルーシーとエドマンドの違いは、ルーシーはワードローブ（洋服ダンス）の可能性〔ワードローブがナルニア国への入り口となる〕をはじめから信じたが、エドマンドは最初のうち、それを信じなかったということだ。時が経てば、もちろん、社会起業家はドアに気づく術に長けてくるし、「かもしれない」に近づくドアを見分けることにも長けてくる。

しかし、エトマンスキが述べている「ある種の不確かさ」にはどう対処すればいいのだろう？時がたてば、選ぶことにも、選ばないことにも慣れていくようだ。準備し、身構え、反応する。ホープコミュニティのディアナ・フォスターによれば、これが戦略的な探検家たる者の心得だ。「危険の一つは、妥協して、現れてくる新しいもののうち自分たちの戦略に合わないものを選んで道をはずれてしまうことです」とフォスターは言う。「創発は長い間検討し、育ててきたものごとから生じます。仕事が新しいチャンスの幕開けに向かって進んでいるか、あるいは何度も何度も何かについて話し合い、戦略を練ったか。どちらかが事実なら、道を誤ってはいません。そこにチャンスがあれば、それに賭け、それをやる。人はそれを衝動だと考えますが、まったく正反対です――それは戦略的なのです」

準備とチャンス、技量と幸運の関係を表すことわざや格言は多い。「チャンスは準備を好む」「天はみずから助くる者を助く」「機会がノックしたらドアを開けよ」「人の行動にも潮時がある。上げ潮に乗じて事をおこなえば、首尾よく運ぶ」

複雑系の枠組みは、昔からある庶民の知恵に形式と実質を与える。長い間に実践を積み重ね、選択は前より容易になった。だが、どうやって手をつければいいのだろう？　ドアがたくさんある家の中で、つまり行動のチャンスが私たちの身の回り至るところにある世界で、どのドアに入るべきか、いつ入るべきか、どうすればわかるのだろう？

その答えの一部は、ドアに入らなかったら何が起きるか、にあるかもしれない。「もし入らなければ」……「たくさん目をくらませられ　たくさんはぐらかされるだろう」とアドリエンヌ・リッチは書いた。自分の名前や自分が何者か、なぜここにいるのかをあえて思いださなくていいということだ。天命を聞くということは、天命が、あなたのもっとも深いところにある信念や能力や感情を、つまりあなたを呼びだして前に進ませるということだ。世界が呼んでいるのに、それに応えなければ、眠っている潜在能力を放置するようなものだ。逆に言えば、自分が何者かわからないなら（人は誰しも、ときには自分を見失うものだ）、おそらくドアを探し、足を踏み入れてみるべきだろう。

## 探検家としての心構え

いまいるところから出発する——これは、ボブ・ゲルドフやリンダ・ランドストロムの事例が非常に明快に教えてくれることだ。ときには、どんな行動でも、大きな行動でも小さな行動でも、何もしないよりいい場合がある。とにかくやってみるのだ。その先に何があるか、はっきりわからないときでも。

探検や移民でもそうだが、ソーシャルイノベーションについてもっとも重要なことは、おそらく、針路を定めて行動に移すことと、結果をコントロールできるという考えを捨てることが同時に要求されることだろう。ディアナ・フォスターは、ある状況についての知識を身につけられるだけ身につけてから行動するという。アル・エトマンスキの説では、知識は行動についてくることもあるという。半信半疑のまま行動することに慣れることは、探検家の素養の一つだ。

組織の未来論に生涯をかけて取り組んでいるピーター・ヴァイルは、探検家のフランシス・チチェスターの自伝を読んで、探検の本質を浮き彫りにしようと架空の問答を創作した。探検家になるにはどうしたらいいか知りたがっているMBAの学生からチチェスターがインタビューを受ける設定だ。

C：こう言えば探検家としての私の気持ちが伝わるだろうか。君が言うような「心の港」など私はもっていなかったよ。私がもっていたものは、ひたすら前へ先へという気持ちだった。これからどこにいくのか、いったんはっきりした絵が頭に浮かんだらその絵を最後まで信頼できる、なんて甘い考えをもっているようでは、探険家は務まらない。探検とは、実のところ、これから行く先を知らないということだ。

MBA：ひたすら前へ先へですね。

C：午前三時にキッチンに行く途中で真っ暗なリビングを通りぬけるとしたら、自信をもって大股でスタスタ歩くかな？
MBA：いいえ、犬につまずいたり、コーヒーテーブルにつまさきをぶつけたりしたいのなら別ですけど。
C：部屋を通るとき何を考える？
MBA：犬やコーヒーテーブルに気をつけようと。
C：何となくぼんやりと？
MBA：はい。
C：キッチンのことは？　頭にある？
MBA：頭に、それは……それはそこに、いやそれは……
C：犬やコーヒーテーブルという目先の関心よりは優先順位が低いんじゃないかな？
MBA：ええ、そう思います。
C：真っ暗な部屋に入ったとき強烈な排泄物の臭いがしたら、どうする？
MBA：電気をつけます。
C：はっきりした理由があるからね。
MBA：はっきりした理由。
C：今度は、犬やコーヒーテーブルの優先順位が、もっと差し迫った関心より低くなるんじゃないかな？
MBA：ええ。でも、それでもキッチンに行こうとはします。

C：そう、君はそれでもキッチンに行こうとする。ひたすら前へ先へ、キッチンをめざして。それが、まさに私にとっての「港」なんだ。一方、探検の道中は、たくさんの目先の関心事で頭がいっぱいだ。もちろん全力をつくして処理するが、実際には、手際よくできるときよりも、あてずっぽうの一時しのぎのことのほうがはるかに多い。これが、探検家たる者の本質なんだよ。(2)

障害と不確実性。たくさんの選択肢。たくさんのドア。どれもソーシャルイノベーションにはいくらでもあるものだ。その結果、ソーシャルイノベーションというものは、チチェスターの探検のように、前もってイメージできる具体的な目的地に到着することよりも、ひたすら前へ先へ進むことのほうがはるかに多くなる。社会起業家たちは、自分の活動の旅路をふり返っても、チチェスター同様、「使命の完了」というような特別な感情にあふれているわけではない。むしろ、ふり返ってみると（ただし、ふり返ることは彼らの好みの仕事ではないことを補足しておく）、たしかに社会は変化したが、自分の役割については半信半疑なものなのだ。

## 予測していなかった結果でも

バルフォア・マウントが緩和医療という自分のビジョンをロイヤル・ヴィクトリア病院に導入して数年後、後進の手に委ねて職を辞したマウントは、その後の経過を見守るうちに、カナダ国内の緩和医療のベッド数は増えつづけているものの、もとのビジョンのいくつかの要素が失われてしまったようだと気づいた。

　緩和医療運動を始めた人々は、末期患者のペインコントロールだけをめざしていたのではなかったことを思いだしてほしい。患者の精神的、身体的、またスピリチュアルな痛みをも癒すことをめざしていたはずだ。大きな教育病院の医療文化は力強い。緩和医療のビジョンに対しても、それが制限要因になっていた。

「医療者側のリスクは、緩和医療にたずさわる者であっても、単に『症候学』に終始するようになっていくことだ」とマウントは記している。「したがって、あらゆる人生体験に対する人の反応を形成する、スピリチュアルな関心事の重要性が見逃されている」

　しかし、緩和医療のこの根本的に重要な点が見失われているにもかかわらず、マウントは少しも落胆してはいない。それよりも医学界全体の明白な変化のきざしに注目している。

「最近の研究によって、身体、精神、スピリチュアルなものが相互依存の関係にあることが続々と立証されており、医学の本流でも〈癒し《ヒーリング》〉という概念に関心が高まっている。この癒しは、苦悩や苦痛を緩和し、全人的《ホリスティック》な観点から生活の質（ＱＯＬ）を高めるものと解釈されている。人は癒されて死ぬことができるのだ！　現に、マギル大学医学部では、四年間の全課程で癒しを重視する内容にしようとカリキュラムを改編中だ」

　到着した場所が出発したとき予想していた場所ではないからといって、その旅が失敗だったわけではない。システムの変容は、その変容を生みだすのに着手した張本人たちを驚かせることがしばしばあるのだ。

## 結局、誰が社会を変えるのか

ラスティ・プリチャードの場合、妻のジョアンナとともに引っ越したアトランタのコミュニティで、かつてなら不可能だったことが可能になっている。彼は私たちに次のように語った。

街のドラッグ密売所の最後の一軒が廃業した数カ月後、ギャングが何人か刑務所から出所してきて、街を奪回しようとしました。彼らは街をわが物顔でねり歩き、高校生グループに言いがかりをつけてショットガンを向け、一人に発砲し、片脚を失いかける重傷を負わせました。古い住民も含めて、近所の人たちがみんな驚くほど集まってきて、これはもはや素人の手には負えないと助けを呼びました。最初に現場にかけつけて応急処置をした二人は、僕と隣に住んでいた白人の女性でした。僕が傷口を圧迫し、彼女がマウス・ツー・マウスのCPR（心肺蘇生法）をおこないました。救急隊員ではなく隣近所の人がこんなことをするとは、みんな思っていませんでした。翌日、戸外で一晩じゅう、祈りがささげられました。それは、天国とはこんな感じなんだろうなと思うような光景でした。あらゆる人種、年齢、階級の人たちが、一つの目的のために集まっていました。

この話を聞けば、成功のように思えるだろう……明瞭で、明確で、明白な。しかし、成功だとしても、それは、ラスティとジョアンナが新しいわが家となるコミュニティのドアに足を踏み入れたときに予想していたとおりのことだろうか？　二人は自分たちの行動がこのような大きな変化をもたらしたと自信をもっているだろうか？　二人が確信しているのは、これはフローがなかったら起きなかっただろうということだ。つまり、彼ら自身もパターンの一部であって、パターンを発生させたわけではないのだ。

ソーシャルイノベーションはしばしば、関係者にとってさえも発見だ。その新しい場所に到着した場合、それが見知らぬ場所だった場合、それが考えていた目的地と違う場合、それでも成功と言えるのだろうか？　自分が貢献した成功と言えるのだろうか？　たしかに、社会起業家は自分が成し遂げたことに誇りをもたなければならない。だが、ポール・ボルンの話を聞いてほしい。彼はＯＰ２０００での体験をこうふり返っている。

イースターの週末、『キッチナー・ウォータールー・レコード』紙土曜版の第一面に、カナダ統計局による調査についての記事が掲載された。それによれば、一九八〇年、当地域の貧困者数は都市部平均より六％多かったが、二〇〇〇年には、都市部平均より一二％少ないという結果に転じたそうだ。

このイースターの週末の明るいニュースはＯＰ２０００の貢献によるものだったのだろうか？　いや、それだけではない。

私たちが自問するのは、貧困率をカナダで最低にまで減らしたコミュニティの偉業にOP2000はどんな役割を果たしたかということだ。記事がOP2000の運動についてはふれてもいなかったとおり、簡単に「その影響はほとんどない」と言ってしまうこともできるだろう。もちろん、ウォータールー地域と呼ばれる当地の経済のダイナミクスや人々の姿勢という全体像のなかでは、四年間の活動の影響はごくわずかだ。しかし、ほんとうにそうだろうか？

ある意味、これはニワトリが先か卵が先かの問題だ。OP2000のおかげでカナダ最低のレベルまで貧困が減ったのか、それともウォータールー地域住民の心や姿勢のおかげでOP2000が立ち上がったのか？　私だったら後者だと言うだろう。住民が大胆な発想を真剣に支持するコミュニティなら、コミュニティ全体の目標として、貧困撲滅のために一致団結したとしても驚くにはあたらない。

## 完璧な人間はいない

もし、あなたがドアに足を踏み入れよう、世界を少しでも変えることに関わってみようとしているところなら、プリチャードやマウントやボルンが表現した「不確かさ」に二の足を踏むのではないだろうか。終わりがないかもしれない（少なくとも予想どおりの目的地には着かない）この旅に出ることに、それだけの価値があるのだろうか？　しかも、旅路を最後まで歩き通せたとしても、自分の行動が何か変化を生みだしたかどうか、わからないかもしれないのに？

筆者たちにできるのは、「かもしれない」をめざすことは、確実性を求めることではないのだとくり返すことだけだ。また、本書に登場した社会起業家たちが教えてくれるように、複雑系の世界で功罪の原因を追求しても混乱するだけだ。ソーシャルイノベーションには、次のような最後の逆説がある。――ソーシャルイノベーションにはあなたが肝心だ。あなたの使命感や恐れや夢が肝心なのだ。しかし一方で、あなたは問題ではないとも言えるのだ。

ユリシーズ・シールはこの逆説をよくわかっていた。関係者が、組織（ＣＢＳＧ）が衰退しないようにシールのクローン人間をつくろうかという話をもちだしたら、シールは大笑いするだろう。

「自分がいなくても組織が存続するかどうかにかかわらず、変革の基礎になっている人や発想が、種の保存に必要な変化を生みだしつづけるだろう」

シールはつねにそう感じていた。自分がいる・いないは問題ではない、と。

シールは二〇〇三年に逝去したが、亡くなる数週間前、あるインタビューで、後悔はあるかと訊かれている。シールは、答えるかわりに、何か重要なこと、大きな変化が現に起きようとしていると信じている、と話している。そして「やり残していることは」という問いにこう答えた。

「たくさんありますよ。種の保存のことでも、社会の関心を高めることでも。私の感覚では、種の保存運動は大きく広がっていると思いますがね。私たちは分岐点にいます。いまここから何かが起きようとしている転換点にいて、最終的な結果をよくするためにできることがあります。

……後悔があるとしたら、その変化の行く末に参加できないことかな。……多くの楽しいことを見逃すことになるのが残念だという以外は、あまり後悔しませんね」

完璧な人間はいない。完璧なプロジェクトもない。人は完璧さで評価されるものではなく、自分ができることをするように、思い描く目的地、思い描く理想に向かって探検に出発するように、天から命じられるにすぎないのだ。だから、恐れを捨ててほしい。罪悪感を捨ててほしい。ドアは何も約束してはくれないという事実を忘れてほしい。ただ足を踏み入れるのだ。多くの楽しいことを見逃さないように。

イェーツの晩年の詩にこういう一節がある。

悔恨を放棄すれば
胸にこのうえない甘美が流れ込み
人は笑わずにはいられない、歌わずにはいられない
人はあらゆるものに祝福され
見るものすべてが祝福されている(3)

「かもしれない」以上にすばらしいものはないのだ。

## 付録——「かもしれない」をめざすには

世界を変えたいと望む人は、はじめの一歩をどう踏みだせばいいのだろう？　第一章で、スタート地点はいまいるところ以外にないという話をした。私たちのなかには学生もいれば、政府で働いている人、慈善財団で働いている人、非営利組織で働いている人、企業で働いている人、いろいろな人がいる。以下、いくつかの立場を想定して、「かもしれない」をめざして一歩を踏みだす手がかりをまとめよう。

HOW TO GET TO MAYBE

## ❖──「かもしれない」をめざす

［財団・慈善家など支援者の人々へ］

**ビジョンと強い使命感をもつ人々、創発的な可能性を支援しよう。**

ほとんどの財団は、明確で具体的で、測定可能な成果を出せる活動だけを支援しようとする。そのようなアプローチは、煩雑な問題には適しているが、ソーシャルイノベーションが要される複雑な問題の場合、初期段階でそれを期待するのは不適切だ。計画ではなく人を見て支援しよう。使命感や情熱、主張に注意し、期待すべきだ。社会変革の支援はリスクのある賭けであり、真のベンチャーなのだ。

**社会を変える可能性を秘めた人々の間の連携やネットワークづくり、情報交換を支援しよう。**

ジェフ・ブラウンが孤立無援ではないことを知って行動する力を与えられたことを思いだしてほしい。社会問題を懸念している人々を集めれば、一大変化をもたらすことができる。

［政府・公的セクターの人々へ］

**ソーシャルイノベーションの障壁を取り除こう。**

社会起業家は、政治が何かしてくれるとは思っていない。自分が何かするのだ。彼らは、現状を維持し、統制策を押しつけ、活力を奪う規制や政策の障壁があまりにも多いことを懸念する。しばしば、政府が採用した解決策は、しだいにそれ自体が問題となっていく。障壁を取り除き、新しい相互作用を促進することのほうが、ソーシャルイノベーションにとって重要だ。

［社会起業家・非営利セクターの人々へ］

**ビジョンや使命を、情熱をこめて話そう。**

非営利組織（NPO）の人々は、素人活動のレベルを脱してプロになっていくにつれて、素直な感情や本物の情熱を気恥ずかしく感じるようになりがちなようだ。情熱をかき立てるビジョンを明瞭に表現する勇気を起こすことだ。実績を上げている革新的な組織は、そのビジョンと情熱、使命感をいきいきと保っている。

**他者のフィードバックを得て、同じ志をもつ人々を惹きつけ、仲間を増やそう。**

味方を見つけるのがうまくなるということは、自分のビジョンやコミットメントを表現したときに他者が示す反応（フィードバック）を聞くのがうまくなるということ、つまりコミュニケーション能力を高めるということだ。

**既存のシステムを持続させ、維持しているルールを探そう。また、変化を起こすには、あなた自身も変化しなければならないことを覚悟しよう。**

忘れがちなことだが、私たちはみんな、変えたいと望んでいるシステムの一部だ。

［社会を変えたいすべての人へ］

**あなたが共感できるビジョンを明瞭に語る人、あなたを触発する使命にしたがって行動している人との出会いを探し、その人の話に耳を傾けよう。**

もっとも学ぶべきことは、何があなたに合っているか、何があなたを引きつけるか、何があなたにとって大切か、どこでなら変化を生み出せそうかだ。あなた自身の使命を考えてほしい。おそらく、あなたにも、ソーシャルイノベーションの使命があることがわかるだろう。

## ❖——静思の時を過ごす

［財団・慈善家など支援者の人々へ］

**支援の可否を判断するときは、見込まれる結果だけではなく、そこで示される問いにも注意しよう。**

財団界は、印象的な結果をめざす活動を好む。しかし、そのような結果は、仮定や基本的な前提、世の中はどう動いていて、それをどう変えるかという何らかの判断にもとづいている。仮定でかまわないなら、答えだけではなく、問いも許されるべきだろう。問いを見いだす能力は､行動の一形態である｢探求｣に取り組む能力に等しい。より適切な問いは、より洗練された答えに結びつく可能性がある。支援対象の団体が抱いている「問い」の質を、資金援助の判断基準に加えることを提案したい。

［政府・公的セクターの人々へ］

**発展的評価を奨励しよう。**

政府は、世界の急速な変化に直面したとき、特に危機に直面したときに、二つの誤りを犯す傾向がある。（一）状況を十分に理解していないのに早まった行動をする、（二）調査や議論に時間をかけすぎて必要な行動を遅らせる。いずれも容認しがたい。行動と内省が相互に作用しながら同時進行するように図るべきだ。新しい状況や危機に際して、基本原則や価値観を再確認するなかで行動が形づくられることもある。また、状況の創発的な性質を探求することも必要だ。そうすれば、偏狭で拙速な解決策に陥らずに、適切な形で政策に専念できるだろう。

［社会起業家・非営利セクターの人々へ］

**成功するソーシャルイノベーションは、例外なく一つのサイクルであることを認識しよう。**

一般に、非営利セクターのスタッフは、現場の最前線を経験しており、現在進行形の創発的なパターンをつかみやすい位置にいる。立ち止まって考え、戦略的思考や意思決定にもとづく結果を出せるような機会やインセンティブを設ける必要がある。また、社会変革はそのサイクルの各段階で支援を必要とする。画期的な発想を育て、雑草を引きぬき、残ったものがたくましく育つのを助ける……各段階の特徴を認識することが、ソーシャルイノベーションの成功の可能性を高めるのだ。

［社会を変えたいすべての人へ］

**内省的実践のスキルを養おう。**

実践家は行動に偏重しがちだ（だからこそ実践家であり、学者ではないわけだが）。しかし、行動の効果を高め、新しい機会の扉を開くため、内省的実践の価値を理解してほしい。パターン認識や分析手法を学ぶこと、システム思考や複雑系を理解すること、定評のある実践の裏づけとなっている仮定を試すことなどに取り組もう。誠実さやビジョンだけでは不十分だ。それに分析と内省を組み合わせよう。

## ❖——強力な他者と関わる

［財団・慈善家など支援者の人々へ］

**権力とその再配分についての話し合いでは、その問題を組織の使命に関連づけて考えよう。**

使命の達成について真摯に考えれば、既存のシステムにおける各主体の役割や機能を、また本物の社会変革を支えるうえでそれらの関係がどう変わることが必要なのかを、見きわめることになるだろう。それに伴う権力の再配分を忘れてはならない。ソーシャルイノベーションには権力の再配分が必要となる。支援先がソーシャルイノベーションを起こしはじめれば、現状維持派が巻き返そうとし、変化に対する抵抗も生じるが、そこでひるんではならない。

［政府・公的セクターの人々へ］

**社会起業家を話し合いの席に招こう。彼らは社会の動向や新しい方向性を教えてくれる貴重な情報源だ。彼らを尊重しよう。**

政治家や官僚は、権力を分かち合うことよりも獲得することにはるかに関心がある。また、人を敵か味方かで判断してしまう傾向がある。社会起業家の立場からすれば、公的セクターは敵になる恐れがあるが、公的セクターからすれば、逆も真だ。政府と社会起業家は、互いを尊重し、理解し合う必要がある。公的セクターの人々には、社会起業家を社会の風向きを教えてくれる存在として扱うよう強く勧めたい。そうすれば、社会起業家という強力な他者が、味方となりうることがわかるだろう。

［社会起業家・非営利セクターの人々へ］

**権力の力学について知ることに努めよう。権力者と関わることで自分のスキルを磨こう。**

すぐれた社会起業家は、既存のルール、システム、価値観、ネットワークをうまく利用する。その多くは隠されていて目には見えないが、それらを変化の資源に変えるのだ。権力者に接近すれば、資源の流れのパターンが変わるかもしれない。それによって、ソーシャルイノベーションを定着させるための資源を獲得できる。だが忘れてはならないのは、しばしば新しい脅威が姿を現すことだ。自分が新たな既得権益層になること、それを守りたいという誘惑が生じることがある。そうなれば、今度は自分が、新たな社会変革の障害となってしまう。

［社会を変えたいすべての人へ］

**権力について深く考察しよう。権力を忌避するのでなく、その役割を評価し、権力をもつ人々との関係を築こう。権力は諸刃の剣であり、変化に抵抗するためにも、変化を促進するためにも使えることを理解しよう。**

変化に反対する人の敵意に対峙するのは恐怖をともなうだろう。しかし、最終的には、現状維持派の人々と変革運動との間の橋渡しが必要となるのだ。対峙しつつも、敵と味方の協力が始まることをめざさなくてはならない。あなたが権力をもっていようといまいと、あなた自身の狂信者の心――他者を疑い、他者に腹を立てる心――と対峙する必要がありそうだ。他者（および自分の中にいる他者）に共感し、自分のものとして他者の感情を取り戻さなくてはならない。共感の根を探す必要があるのだ。

## ❖――世界にあなたを見つけさせる

［財団・慈善家など支援者の人々へ］

**フローを生み出し、ティッピング・ポイントにつながる状況を待ち、育て、支援しよう。**

財団や投資家などソーシャルイノベーションの支援者は、影響力を行使して、各セクターや専門領域によって分かれている人々を一つにまとめるという重要な役割を果たす、いわば触媒になるのが望ましい。〈ダグ（情報）〉の交換を促す役目を担おう。

［政府・公的セクターの人々へ］

**成功の芽を支援し、ティッピング・ポイントに到達させよう。**

多くの政治家や官僚は、自分の職務を法律や規則を制定することだとみなしている。政府機関が費やす多大な努力は、法律や規則の遵守に向けられているのだ。だが、このようなアプローチだけにとらわれていると、アーリーアダプター（少数派）から起こった変化がティッピング・ポイントを経てマジョリティに普及していく、という社会変革の自然な流れを見逃してしまう。政策を、不可侵のルールではなく、いわば実験とみなすアプローチをとることができれば、創発の余地を生みだせるだろう。

**成果目標だけではなく、情報目標を設定しよう。**

公的機関のパフォーマンス評価について、情報目標《ターゲット》という考え方を提案したい。情報目標は、そこに到達したらいったん立ち止まり、何が起きているか再考するための指標だ。

明確な数値目標は、人々を惹きつけ、やる気にさせる効果がある。一方で、過度に執着すると、それは変革の自然な流れを阻害することにもなりかねない。評価のためなら、複数の情報目標を設けるほうが有益だ。取り組みに対してどんな反応が得られ、どんな知見が得られているか？　それをどう共有しているか？　こうした問いを情報目標として設けることで、発展的評価の手法と同じように、創発とイノベーションを後押しすることができる。

［社会起業家・非営利セクターの人々へ］

**フローは、あなたがその流れの中にいなければ、あなたを見つけることはできない。流れの中に飛び込み、身の周りの流れを観察する目をもとう。**

非営利組織の運営は、資金、人員、時間など資源不足に陥りやすい。その状況では、各人が孤立し、目先のことに追われるようになりやすい。他者との協力関係の構築、同僚内の議論、情報共有などは先送りされがちだ。だが、フローがあなたを見つけるためには、あなたがその流れの中にいなければならないし、流れを読み取り、パターンを見いだす能力を磨かなければならない。

**ただ情報を集めるのではなく、共有しよう。**

アリは巣をつくるとき、それぞれが運んだ泥を積み重ねていく。あなたの泥、つまり情報を、既存の蓄積に付け加えてほしい。他者があなたの存在を知り、あなたを評価するようになるのは、あなたが情報の蓄積に貢献するからだ。〈ダグ〉の真価は情報共有であり、情報の独占ではない[1]。

〔社会を変えたいすべての人へ〕

**ソーシャルイノベーションは一種の職人技《クラフト》だ。この職人技の師となる社会起業家を見つけて学ぼう。**

社会変革の成功者には、共通する職人技のようなスキルとマインドセットがある。一つは、パターン認識。もう一つは、戦略的な大きな見通し《ビッグ・ピクチャー》で考えることだ。また、「情報」を「知識」に変換するスキルも大切だ。

**覚えておこう。あなたは孤独ではない。**

よい考えがあって、世界がその考えを必要としていると思うなら、あなたの直感を信じてほしい。あなたの考えを、誰でもいい、できるだけ多くの人に話すことから出発するのだ。相手が乗り気になったら、その人を引っぱりこもう。ほかの人のエネルギーは、もっとも重要な資源だ。まっすぐ前方に目標を掲げて、手段が創発されるのにまかせればいい。粘り強く、話しつづけよう。

### ❖——冷たい天国を生き抜く

〔財団・慈善家など支援者の人々へ〕

**社会起業家を、財政的にはもちろん、精神的、社会的にも支援しよう。**

出資者は、当然のことながら、資金を援助する相手が感謝することを期待する。実際、相手は感謝する。だが、出資者もまた、ソーシャルイノベーションの最前線で働く人々に感謝すべきだ。出資者は資金提供に伴うリスクをよく口にするが、社会起業家が自分のキャリアや、しばしば命までをも危険にさらすリスクについても考えよう。社会起業家は資金援助を必要としているが、同時に精神的、社会的な支援をも必要としている。

**社会起業家の内省的実践を支援しよう。**

非営利セクターの人々や社会起業家は、目先の仕事に忙殺されるあまり、内省を贅沢だと思いがちだ。

この人々どうしを引き合わせて、それぞれが学んだことについて内省し、効果的な行動のパターンを見抜く機会を提供することは有意義だ。それは単なる交流ではなく、「立ち止まって考える」という重要な行為につながるだろう。

**学習を支援しよう。学んだことの報告を、真の説明責任の遂行として評価しよう。**

数値目標による成果主義的な評価では、評価される側が結果を誇張し、失敗を隠すようにもなりかねない。本来の現実検証や情報共有とは正反対の事態になるのだ。支援者は、学習に対する報奨やその阻害要因について、より深く検討する必要がある。

［政府・公的セクターの人々へ］

**実験とソーシャルイノベーション――特に失敗した政策――についての学習機会を設けよう。**

公共セクターでは、大きな成功を収めることを前提に何かを提案し、評価する。問題を完全に解決しないものはすべて失敗とみなされる。しかし創発やイノベーションに失敗はつきものだ。

ものごとはめったに期待どおりにならないことを念頭に置き、成果偏重から学習への転換を図ることが必要だ。これは説明責任を避けることではない。むしろ、学習を真に意味のある説明責任の中心に据えるものだ。(2)

**大きく方針を変える前に、小さな実験をしよう。**

政策をいきなり広く導入するよりも、失敗を想定したうえで試行してみるほうが安全だ。公的資金の一部をソーシャルイノベーションへの助成に割り当て、社会的実験を支援してほしい。

［社会起業家・非営利セクターの人々へ］

**成功からも失敗からも学ぼう。両者をバランスよく見ることに努めよう。**

**失敗（もしくは成功）に対して、必要以上に個人の責任を取らないように気をつけよう。**

ソーシャルイノベーションはたくさんの力の産物

だ。個人批判や個人責任を厳しく追及しすぎると、学習を促すのではなく、阻害することになる。皮肉なことに、個人責任をまったく取らないのも、取りすぎるのと同じくらい、害があるのだ。複雑系の科学は、一個人の責任を超えた視点でものを見る。システムの変化を研究すると、ものごとはよくなる前に悪くなることが多いとわかる。そんなときこそ、気を取り直して、前向きに現実検証をしよう。

### ❖——希望と歴史が韻を踏む時をつかまえる

［財団・慈善家など支援者の人々へ］

**重要なトレンドを見分け、追跡することに資源を振り向けよう。局所的な活動と大きなトレンドのつながりを分析しよう。**

出資者はトレンドに注意を払うのに有利な立場にある。資金援助を求めている人や組織は、局所的な世界に没頭してしまうきらいがあるのだ。地元の情報と人間関係は、助成金探しをする人々にとって強みではあるが、そのせいで、より大きな社会的・経済的・政治的状況の理解の面で近視眼的になる恐れもある。社会起業家たちを引き合わせることも、草の根の人々からトレンドを探る一手法だ。

［社会起業家・非営利セクターの人々へ］

**大きな展望を描こう。現在進行中のことをよく考え、地形の変化に注意しよう。**

非営利組織にとって、大きなトレンドや包括的な問題をじっくり考える余裕はないように思えるかもしれない。だが、そうしなかった場合の代償は大きい。適応力が減退し、燃えつきるのだ。また、従来型の戦略プランニングを何度くり返してもさほど役には立たない。こうした手法は、複雑な世界の可能性について洞察を促すよりも、自己満足を助長するだろう。トレンド分析の目的は、創発してくる機会を見分け、地形の変化に気づくことだ。継続的に実施すれば、戦略的な決定にも、もっと緊急の対策にも、有益な情報が得られるだろう。

**成功の餌食になってはならない。成功に誘惑され**

**ないように気をつけよう。**

成功は、変化しつづけることへの抵抗感を生じさせる場合がある。個人であれ組織であれ、成功のあとを追いかけてくるかもしれない「硬直」に陥りやすい。対策は、継続的な現実検証に積極的に取り組むこと、特に、批判的なフィードバックを求め、批判に対してオープンになること、より大きな展望を描くために立ち止まることだ。(3)

**「正しくおこなっているか?」だけでなく、「正しいことをおこなっているか?」も自問しよう。**

このプログラムや戦略は、現在の状況に照らして適切なものか?――成果を上げることに専念するあまり、リーダーや評価者はこの視点を失いがちだ。サービスを届ける効率や効果の改善に目を向けていると、はたしてサービスを届けることが最終目標を達成するための最善の方法なのか、という疑問が置き去りにされてしまう場合がある。変化していく適応度地形を意識し、より大きな視点で考えよう。

［社会を変えたいすべての人へ］

**あなた自身も他の人も不完全な存在であることを受け入れよう。**

本書の冒頭で、本書は、物事の現状に不満があり、何とかしたいと思っている欠点のある人々のために書かれた本だと書いた。もちろん、欠点のない人はいないとも書いた。それは社会起業家も同じだ。

人はたいてい理想や希望を抱いて、あるいは切迫感によって社会変革に関わる。皮肉なことに、その使命感があるからこそ、私たちを鼓舞し導く人物の欠点について寛容さを失うことがあり、さらにその倍も、自分自身の無能さや限界を思い知らされることがある。しかし、社会を変える人が完璧である必要はまったくないし、社会変革を成功させたいからといって失敗が許されないわけでもない。

人があらかじめ決めることができると想定していることだ。ソーシャルイノベーションのような創発的な現象を評価するには、やはり創発的な評価設計が必要になる。たとえば、雪玉サンプリング（情報を蓄積しつつ新しいデータ源が見つかるようにサンプルを集めていく）〔通常は、先にサンプルに選ばれた人に、同じサンプルとなり得る特性をもつ人の名をたずね、サンプルを拡大していく方法〕、初期段階の結果を踏まえたアンケート項目や計測法の修正、予想外のものごとを探るために迅速な評価技法、クイック分析、現在進行形のフィードバック、フィールドワーク、などが必要になる。これらは、標準的な評価運用手続きではないが、もし評価者が重要な情報の創発に対して偏見をもたずにいたいのなら（というより、真の意味では、創発的な情報のほうが評価者を見つけるのにまかせたいのなら）、不可欠だ。評価情報は、フローを明らかにすることもできるし、フローの一部となることもできる。こうした評価にもとづいてデータを収集し、フィードバックをおこなえば、学習の醍醐味を味わうことができ、また、イノベーションのプロセスの次の段階の予想や理解が容易になる。

2. プロの評価者は、内省的実践と現在進行形の学習を支援し、バランスのとれた物の見方を維持するうえで重要な役割を担っている――すすんで発展的評価に取り組もうとし、そうできるならの話だが。ところが、評価者は、あまりにも柔軟性のない評価設計を課し、偏狭な説明責任の要求を満たすために限定的な判定をめざすせいで、ソーシャルイノベーションを妨げることがよくある。評価の性質をソーシャルイノベーションの性質に調和させることが大切だ。評価者が、累積的評価設計を発展的なイノベーションに課さないように注意を促しておきたい。学習の優先順位が高い場合、評価者は、学習を促し、関係者が時期尚早でアンバランスな累積的評価をしないように助言する役割を果たせる。評価の設問を「うまくいったか？」から「何が、誰のために、どんな形で、どんな観点から機能したか？」というもう少し複雑な問いに変えるのと同じ程度の簡単なことで、学習の可能性が深まり、失敗か成功かのあまりにも単純な判断を避けることができる場合もあるのだ。

3. もっと専門的な用語で解説すれば、変化していく適応度地形（フィットネス・ランドスケープ）においてマクロ－マイクロのつながりとクロススケールな相互作用を分析することだ。

変化に関わる人々は、訓練を積んだ評価者がもたらす第三者的な、より客観的なものの見方から気づきを得られる。社会変革に取り組む人が、評価と評価者を変化の妨げではなく資源として、援軍として見るようになるためには、従来とは異なるタイプの評価者、つまり複雑系の洞察に慣れた人物が必要になる。評価者が、「希望と歴史が韻を踏む時」を見分け、追跡する能力をもたなければならない。マクロ－マイクロのつながりが見つかれば、システムの理解を評価に加味する枠組みができる。特に背景やシステムのダイナミクスの理解を評価結果の解釈の中心に据えることができる。

世界（システム）についての考え方をもたない評価はない。発展的評価で定着しているのは、システムのダイナミクスや不断の変化、現在進行形の学習に対する感受性だ。マクロ－マイクロのつながりを判定することは、根本的に評価の問題であり、適応度地形を解釈することも根本的に評価の問題だ。より開かれた、創発的なこうした発展的評価のアプローチを熟知している評価者は、社会起業家や彼らが直面する課題をよりよく理解できるだろう。

つまり、第一の課題は、評価アプローチを評価対象の活動の性質に調和させるということだ。社会起業家がマクロ－マイクロのつながりを監視し、それに参加する場合、伝統的な線形のモデリングと偏狭な目標志向型の計測しか知らない評価者は、イノベーションの援軍どころか、障壁になるだろう。イノベーションに貢献し、適切な手法で評価するには、評価者は、伝統的な評価を非伝統的なイノベーションに押しつけるのではなく、ソーシャルイノベーションの性質に順応する必要がある。

Inc., "Alcohol and the Human Body," www.intox.com/physiology.asp、University of Prince Edward Island, "Blood Alcohol Levels," www.upei.ca/~stuserv/alcohol/bac1.htm

6. David j. Hanson, "Mothers Against Drunk Driving: A Crash Course in MADD," www.alcoholfacts.org/CrashCourseOnMADD.html
7. David J. Hanson, "Zero Tolerance," Alcohol Problems and Solutions ウェブサイト、www2.potsdam.edu/hansondj/ZeroTolerance.html
8. Hanson, "Mothers," n10.
9. Columbia Accident Investigation Board 4, *Final Report*, 4 vols. (Washington, DC: U.S. Government Printing Office, 2003). http://caib.nasa.gov/ も参照。
10. MSNBC, "Shuttle Report Blames NASA Culture: Investigative Panel Sees 'Systematic Flaws' That Could Set the Scene for Another Accident," August 26, 2003. www.msnbc.msn.com
11. ボストンに本拠を置くInstitute for Healthcare Improvement（IHI）は、教育、調査研究およびデモンストレーションの各プロジェクト、また保健医療組織とそのリーダーたちの間の協力関係樹立を通じて、保健医療システムの質の向上をめざす非営利団体だ。IHI のプロジェクトは、アメリカ、カナダ、多数のヨーロッパ諸国、中東ほかに広がっている。www.ihi.org
12. 14th Annual National Forum in Quality Improvement in Health Care, Orlando, FL, December 10, 2002 での総合講演より。
13. Stuart Kauffman, *At Home in the Universe: The Search for the Laws of Self-Organization and Complexity* (Oxford: Oxford University Press.1996). スチュアート・カウフマン著『自己組織化と進化の論理——宇宙を貫く複雑系の法則』（米澤富美子他訳、筑摩書房、2008 年）
14. Roger Lewin, *Complexity: Life at the Edge of Chaos* (University of Chicago Press, 2000).
15. Holling and Gunderson, *Panarchy.*
16. 同上、75
17. フィリア（Philia）の活動の詳細は、www.philia.ca を参照。
18. E. Land, "People Should Want More from Life," *Forbes*, 1975, 48-50.
19. Holling and Gunderson, *Panarchy* より引用。
20. www.calmeadow.com

**第 8 章　ドアは開く**

1. T.S. Eliot, "Little Gidding," from Four Quartets, in *The Complete Poems and Plays of T.S. Eliot* (New York: Harcourt, Brace and Co., 1952), 145.〔訳詩は、『四つの四重奏』という詩集に収録されている「リトル・ギディング」〕
2. Peter B. Vaill, *Learning as a Way of Being; Strategies for Survival in a World of Permanent White Water* (San Francisco: Jossey-Bass, 1996) より翻案。
3. W.B. Yeats, "Dialogue of Self and Soul," in *The Collected Works of W.B. Yeats*, Volume 1: The Poems (New York: Scribner), 240.〔邦訳は『イエーツ詩集』（思潮社）所収「自我と魂との対話」〕

**付録——「かもしれない」をめざすには**

1. 情報共有のための情報源の一つは評価だ。標準的な評価のやり方は、調査研究が一般的にそうであるように、フィールドワークの前に、データ収集のあらゆる計画や手順を慎重に展開することから始まる。これは、そうしたほうが適切で信頼に足るデータが確実に集まる場合には理にかなっている。サンプリング、計測法の考案、聞き取り調査とアンケート調査、統計指標分析の手順は、すべて意図的に設計されるものだ。だが、ここで問題なのは、何が適切で、何に関連性があり、何が役に立つか、う状況も含め、さまざまなレベルの分析で、個人レベルの明らかな「失敗」を間近に見て、理解し、そして、「立ち止まって」考え、学習する機会を提供する。冷たい天国の絶望を和らげることを願い、さらにおそらくは、新しいコミットメントと行動への橋渡しとなることを願いながら。

評価における学習と説明責任の間の緊張はわかりやすい。説明責任は昔から、所定の立証された手順に準拠し、意図した結果を達成することを重視するものと決まっている。この枠組みのなかでは、意図した成果が不適切であるとか、新しい、創発的な可能性のほうが重要だとかいうことを学習する余地は、ほとんどないか、まったくない。従来の評価で定義される失敗（達成できなかった目標）も、複雑系の観点からはフィードバックとして新たに定義される。これは複雑な結論でとらえられる。つまり、「うまくいかなかったということ」は、うまくいったのだ、と。うまくいかなかったのは、変化をめざした人間側の誤りやすい努力だ。うまくいったのは、「システム」側、すなわち、こちらが知れば知るほど、わかってくる世界だ。そのことを知れば、一見失敗に思われるものごとも、学習や再編、再試行の機会として、見直すことができるようになる。**真の失敗は、失敗することではなく、失敗から学ばないことだけなのだ。**説明責任を、達成目標の遵守から学習に切り替えたほうがいい。ただし、学習なら何でもいいというわけではない。今後の行動を報告できる、現在または未来の可能性を立証できる学習でなくてはならない。

ここで、成績指標というものは、政府にはもてはやされているが、ほんとうの説明責任という点では、ほとんど益がないことを付け加えておこう。犯罪率や失業率、教育の標準学力テストからは、トレンドについての重要な洞察は得られるが、データには解釈が必要だ。ここが微妙な問題だ。民間セクターでも公的セクターでも、利害関係がからむと指標の操作や不正行為がおこなわれる事例は少なくない。エンロン社の四半期利益報告書の操作、あるいは、イラク侵攻を正当化するための建前上は客観的な「インテリジェンス分析」の操作や歪曲を考えてほしい。わずかな指標を計測することに執着すると、現実の複雑さを締めだす一種のトンネル視（視野狭窄）に陥る。ものごとは単純化するばするほど、実際以上にコントロール可能に見える。より広い文脈で指標を解釈するというのは、単に数字が変化したかどうかを知ることではない。なぜ変化したのか、変化は何を意味するのか、サンプリング期間にほかに変化したことはないか、を探求することだ。そうすれば、単純系から複雑系の解釈になる。

成績指標の解釈は、ほかの評価手法を組み合わせることで大幅に質が向上する。深い現実検証に取り組むために、手法を組み合わせ、複数の情報源からデータを集め、そして多様なレンズでものごとを見れば、変化が複雑に描きだされるだろう。トレンドや成果の定量的データは、定量的な観察や意図的にサンプリングされた事例研究に照らして、文脈に当てはめ、解釈することが必要だ。どんなデータ源にも情報にも誤りや制約がある。そのため、複数の情報源をフィルタリングして、総合し、ダイナミックなシステムをもっと全体論的《ホリスティック》に理解することが求められる。

21. ルワンダ国際戦犯法廷の詳細については、Internews, "GTR Reports," www.internews.org/acrivities/kTR_reports/IGTR_reports.htm を参照。

### 第７章　希望と歴史が韻を踏む時

1. Candy Lightner and N. Hathaway, *Giving Sorrow Words* (New York: Warner Books, 1990).
2. *National Highway Traffic Safety Administration Report*, 1996.
3. MADD ウェブサイト（www.madd.org）より引用。
4. John Dresty, "Neo-Prohibition," *The Chronicle*, May 12, 2005.
5. アメリカのメディアでは、0.10 BAC が血中アルコール濃度 0.10 を指すことはよく知られている。等価換算は、体重、性別、食物摂取、飲酒時間の長さ、酒の種類に拠る。自分の体重と飲酒量から BAC を計算するには、Minnesota State Patrol Trooper's Association, "BAC Calculator," www.mspta.com/BAC Calc.htm を参照。さらに詳細については、次のウェブサイトを参照。Intoximeters,

一方、発展的評価は、行動と内省、無評価と評価、激しく疑うことで激しくコミットする、という相反することを同時におこなうことに挑み、問いと行動を結合する。

評価におけるもう一つの緊張は、目標志向的であると同時に創発も許容することから生じる。何かが成功もしくは失敗したという概念には、何か望ましいこと（通常は、目標あるいは意図した結果と呼ぶ）が達成された、もしくは達成されなかったという考え方が内在している。しかし、複雑で非線形、かつ創発的なプロセスでは、方向は流動的で、あいまいで、つねに変化していくことが考えられる。逆説的なことだが、人は思い描いた未来に向かって行動しているわけだが、これだけが目標なのではなく、同時に、創発するものごとを受け入れることも、結果的には目標に**なる**のだ。この緊張を認め、受け入れれば、社会起業家は、短期的な望ましい結果（どこで、どのように前進しているか？）を評価しながら、一方で、予想外の結果、介入から発する予測していなかった（かつ予測不可能な）副作用や副産物や波紋も、見守ることができるのだ（待望の結果に近いところで、あるいはそれを超えて何が起きているか？）。従来の評価によく見られる偏狭な目標志向型アプローチは、こうした重要な予想外の結果を見逃してしまう恐れがある。たしかに、ソーシャルイノベーションの主な活動には、途中の短期的な目的（これが今後６カ月間で達成したいことだ、というように）と長期的なビジョンの両方がありそうだが、ビジョン達成の旅の途上で、複雑系の理論は、予測していない、創発的なものごとを大切にするよう私たちに注意を促す。さらに、「副作用」や「副次的効果」、「予測していなかった結果」、「予想外の結果」という従来の評価で用いられる言葉は、それどころか決定的な業績かもしれない結果、あるいは重大な学習の機会になるかもしれない結果を軽視してしまう傾向がある。従来の評価は、誤りや目標未達を失敗だと判定するが、発展的評価は、それらを学習の機会として、軌道修正あるいは新しい進路選択のチャンスとして扱う。

第４章「強力な他者」では、力関係の変化がテーマだった。コントロールの保持と放棄の間に緊張があり、行き先を知っていることとプロセスが進むにまかせることの間に緊張があり、展開していくプロセスの外にいてそれを評価しながらも、その展開していくプロセスの一部であることの間に緊張がある。現在進行形で強まっていく相互作用と深まっていく関係は、伝統的な形のコントロール（定められた計画を断固として履行する、サンプルや基準が指定されている立証ずみの評価設計を遵守する、など）にとって代わる。相互作用と関係を介して監視するには、（それが相関的で相互依存的なものになるため）別の種類のコントロール、および同様の理由でコントロールを手放すことの両方が必要になる。評価者は、第三者であり、独立し、客観的であるよう伝統的に戒められてきたが、発展的評価では、データ収集は行動と介入の一形態だと認識されている。また、観察という行為は観察対象を変化させるということ、観察者がほんとうの意味で観察対象の外側にいて第三者でありつづけることは決してできないということも認識されている。発展的評価の評価者は、行為と主行為者のできるだけ近くにいて、両者との関係をもつことからしか生まれない観察を体験し、その観察から洞察を得るために、柔軟性のない、あらかじめ設計された典型的なコントロールを放棄する。ここで言う観察には、評価設計において予想されたものと、正式な設計を超えて創発したものの両方がある。さらに、観察者が行動の一部となるような領域に積極的に入っていくと、行為者は評価される側であり、評価者でもあり、発展的評価の進行役でもあるという状態も生じうる。

一方で、より大きなシステムのダイナミクスやマクロなレベルの力に直面した場合、個人の力や責任には制約があることを受け入れ、一方では、個人が変化を生みだすことは可能であり、個人に責任があり、人はそれに従って行動しているのだと信じることになる。緊張はこの逆説にも存在する。それなら、複雑系の枠組みにおける評価は、クロススケールでマイクロ－マクロな内省を後押しすべきだ。それは、個別のマイクロレベルの行為の有効性について、そして、より大きなコントロールできないマクロレベルの力やトレンドに影響を及ぼすようにそれらの行為を実行することについて、学習するのを促すのが目的だ。発展的評価の評価者は、社会起業家とともに働き、より大きなマクロレベルの力とい評価会議 Crossing Borders, Crossing Boundaries におけるロメオ・ダレールの基調講演 "Speaking Truth to Power" と懇親会でのやりとりにもとづく。Dallaire and Beardaley, *Shake Hands with the Devil* も参照。

4. ボルンの革新的なコミュニティ活動組織。http://tamarackcommunity.ca/
5. ポール・ボルンへの直接インタビューより。
6. Westley, "Not on Our Watch," 102.
7. Jim Collins, *Good to Great: Why Some Companies Make the Leap... and Others Don't* (New York: HarperBusiness, 2001).　ジェームズ・C・コリンズ著『ビジョナリー・カンパニー2――飛躍の法則』(山岡洋一訳、日経 BP 社、2001 年)
8. 諸活動を介した投入量から産出量や成果までを段階的に説明するこうした仕様書は、論理モデルと呼ばれる。論理モデルは、大手の慈善財団に助成金を申請すれば、必ずと言っていいほど要求される。この仕様書は、変化の理論もしくはプログラム理論と呼ばれる場合もある。こうした概念化ではつねに、イノベーションがどのように展開していくか、前もって正確に知っているふりをしなければならなくなる。非常に創発的で複雑な環境においては、そのような事前の仕様書は不可能であり、開放性と順応性を妨げるため望ましくもない。代替手法としては、創発と複雑性を受け入れる発展的評価がある。
9. ドロシー・デイはカトリック労働者（Catholic Worker）運動の創設者。彼女の生涯の詳細については、使徒聖パウロ会のウェブサイト（www.paulist.org）に掲載されている Jim Forest, "A Biography of Dorothy Day," を参照。
10. 2004 年 11 月 17 日、ミネソタ・パブリック・ラジオ（MPR）でのインタビュー : http://news.minnesota.publicradio.org/features/2004/11/17_olsond_development/
11. Deanne Foster and Mary Keefe, "Hope Community: The Power of People and Place," in McKnight Foundation, *End of One Way* (Minneapolis, MN: McKnight Foundation, 2004), 34.
12. マイケル・パットンによるインタビュー。
13. 同上
14. 同上
15. Foster and Keefer, "Hope Community: The Power of People and Place."
16. 評価者は、「累積的」評価にもっとも信を置く傾向がある。プログラムの全体的なメリットや価値、重要性を判定し、達成目標に到達できたかどうかなど、プログラムが論理モデルで説明したとおりに機能したかどうか測定することを重視するのだ。対照的に、「形成的」評価（発展的評価）は、プログラムを改善し、強みと弱みを見分け、プログラムが累積的評価の厳密な要求に応えられるよう準備するために実施するものだ。ホープコミュニティの問いは、通常の形成期的評価とは異なっている。それは、ホープのリーダーたちが、データ収集の自由なアプローチを重視していたからだ。そのアプローチでは、設問と関心事項が創発的であり、目標の再設定や、より大きなビジョンや価値観に照らして変化しうる目標の背景の学習のために、試行錯誤が丹念にくり返された。
17. Foster and Keefe, "Hope Community: The Power of People and Place," 40.
18. ダミアノセンターとその歴史の詳細については、www.damianocenter.org を参照。
19. www.amizade.org/Countries/DC.htm を参照。
20. 複雑系の科学と関連づけながら、発展的評価についてもっと詳しく考察してみることは役に立ちそうだ。創発的なソーシャルイノベーションの非線形の性質は、成功とは何かを理解しようともがくなかで内在的な緊張（拮抗関係）を生じさせる。第 3 章「静思の時」では、問いと行動の不可分なつながりがテーマだった。つまり、問いの一形態としての行動、そして行動の一形態としての問いの段階だ。従来の評価は、評価を人の介入（イノベーション）の外に置き、変化を起こそうと取り組んでいる人々から評価者を独立させ、両者間に距離を置くことで、評価の問いと行動を切り離すことを主張する。

6. Steven Johnson, *Emergence: The Connected Lives of Ants, Brains, Cities and Software* (New York: Scribner, 2001). スティーブン・ジョンソン著『創発――蟻・脳・都市・ソフトウェアの自己組織化ネットワーク』(山形浩生訳、ソフトバンククリイティブ、2004 年)
7. これら「ダグ」の実例は、ナイロビの PATH〔米国に拠点を置く健康問題についての NGO〕のゴピナス(C.Y. Gopinath)による。同氏の許諾を得て引用。
8. A. Downie, "Brazil: Showing Others the Way," *San Francisco Chronicle*, March 25, 2001, www.aegis.org/news/sc/2001/sc010310.html.
9. Paulo Freire, *Pedagogy of the Oppressed* (New York: Continuum, 1970) パウロ・フレイレ著『被抑圧者の教育学』(小沢有作訳、亜紀書房、1979 年)
10. Glouberman, and Zimmerman, "Complicated and Complex Systems."
11. ジェーン・ジェイコブズは、*The Death and Life of Great American Cities* (New York: Vintage Books, 1951)『アメリカ大都市の死と生』(黒川紀章訳、鹿島出版会、1977 年)、*Dark Age Ahead*, (New York: Vintage Books, 2005) および *Systems of Survival* (New York: Vintage Books, 1994)『市場の倫理　統治の倫理』(香西泰訳、日本経済新聞社、2003 年)など、著書多数。
12. Malcolm Gladwell, *The Tipping Point* (New York: Little Brown and Co., 2000) マルコム・グラッドウェル著『ティッピング・ポイント――いかにして「小さな変化」が「大きな変化」を生み出すか』(高橋啓訳、飛鳥新社、2000 年)
13. Henry Mintzberg, "Crafting Strategy," *Harvard Business Review* 65, 4(1987): 66-76.〔邦訳は『H・ミンツバーグ経営論』(ダイヤモンド社)に収録の第 6 章「戦略クラフティング」〕
14. E. Helpman and Paul Krugman, *Market Structure and Foreign Trade* (Cambridge, MA: MIT Press, 1985)
15. ポール・ボルンと OP2000 の事例は、直接インタビュー、および、D. McNair and E. Leviten-Reid, "A Radical Notion," *Making Waves* 13, 3 (2002): 19-29 にもとづく。ポール・ボルンの現在の活動については、www.tamarackcommunity.ca を参照。
16. 即興の論考の詳細については、Karl Weick, "Improvisation as a Mindset for Organizational Analysis," *Organization Science* 9 (September/October 1998): 543-555 を参照。「無から有を生み出す」かのように即興をあまりにも単純化して解釈すると、即興者の基礎となっている訓練や経験に目がいかなくなり、彼らが時間を割いている実際の稽古やプロセスを覆い隠してしまう。即興は、「無から有」どころか、頭で考えたことを論理的に、説得力のある形で、なおかつ表情豊かにまとめあげるための無数の約束事など、幅広い知識を吸収してきたかどうかにかかっている。
17. 多様なレベルで創発してくるパターンに目配りしている集団の成員が、神経を集中させて何かを聞き取ろうとする姿勢を、ワイクは「注意深さ(heedfulness)」と呼んだ。
18. P. Berliner, *Thinking in Jazz: The Infinite Art of Improvization* (Chicago: University of Chicago Press, 1994), 401.

**第 6 章　冷たい天国**

1. Terry J. Allen, "The General and the Genocide: General Roméo Dallaire," *Amnesty International NOW Magazine*, Winter 2002. (www.thirdworldtraveler.com に掲載)および Roméo A. Dallaire and Brent Beardsley, *Shake Hands with the Devil: The Failure of Humanity in Rwanda* (Toronto: Random House Canada, 2004) を参照。
2. Tana Dineen, "The Solitary, Tortured Nobility of Roméo Dallaire," *Ottawa Citizen*, July 13, 2000. 2006 年 5 月 2 日、www.tanadineen.com より引用。
3. 2005 年 11 月 5 日、カナダ評価学会(CES)と米国評価協会(AEA)がトロントで共催した国際

変化に抵抗するようになる。「金持ちはますます金持ちになり、貧乏人はますます貧乏になる」は、この原則を端的に示すよく用いられる表現だ。社会の中枢は、いったん中枢の座につくと、それを失うまいとするのだ。

3. Leonard Cohen and Sharon Robinson, "Everybody Knows," from the album Cohen Live, Stranger Music Inc. (BMI), 1988.
4. HIV/AIDS の事例は、HIV/AIDS 治療のアプローチを変えることに取り組む緒団体間の相互作用の調査研究にもとづく。詳細については、S. Maguire, N. Phillips, and C. Hardy, "When 'Silence = Death,' Keep Talking: Trust, Control and the Discursive Construction of Identity in the Canadian HIV/AIDS Treatment Domain," Organization Studies, 22,2 (2001): 287-312 を参照。
5. 同上、300.
6. 同上
7. 同上、309.
8. F. Westley, "Not on our Watch: The Biodiversity Crisis and Global Collaborative Response," in D.L Cooperrider and J.E. Dutton (eds), *Organizational Dimensions of Global Change* (Thousand Oaks, Sage Publications, 1999), 88-113.
9. ユリシーズ・シールと CBSG の事例は、直接インタビュー、および F. Westley and H. Vredenburg, "Interorganizational Collaboration and the Preservation of Global Biodiversity," *Organization Science* 8, 4 (1997), 381-403 など、過去の著述にもとづく。CBSG とその活動の詳細は www.cbsg.org を参照。
10. K. Alvarez, *The Twilight of the Panther* (Sarasota, FL: Myakka River, 1994.), 447.
11. メアリー・ゴードンと Roots of Empathy の事例は、直接インタビュー、および PBS（米国公共放送サービス）シリーズ「Global Tribe」のエイミー・エルドン（Amy Eldon）によるインタビュー（www.pbs.org/kcet/globaltribe/voices/voi_gordon.html）にもとづく。Roots of Empathy の詳細については、www.rootsofempathy.org を参照。
12. Russell Daye, *Political Forgiveness: Lessons from South Africa* (New York: Orbis Books, 2004).
13. "The Evolution of Palliative Care," *Patient Education and Counseling* 41(2000): 7、"A Personal Therapeutic Journey," *British Medical Journal* 313, no. 7072(1996), http://bmj.bmjjournals.com および Cicely Saunders, Dorothy H. Summers and Neville Teller (eds), *Hospice: The Living Idea* (London: Edward Arnold, 1981) など、シスリー・ソーンダーズのさまざまな著作物にもとづく。
14. Robert G. Twycross, "Palliative Care: An International Necessity," *Journal of Pain and Palliative Care Pharmacotherapy* 16, 1(2002), 5.79.
15. バルフォア・マウント医師の事例は、Frances Westley, "Vision Worlds," *Advances in Strategic Management*, 8(1992): 271-306 にもとづく。

**第 5 章　世界があなたを見つける**

1. Geldof, *Is That It?* 281.
2. M. Czikszentmihaly, *Finding Flow* (New York: Basic Books, 1997).
3. 同上、30-31.
4. エドウィン・ランドに対するインタビュー。詳細は、F. Westley and H. Mintzberg, "Visionary Leadership and Strategic Management," *Strategic Management Journal* 19, 2 (1989): 134-143 を参照。
5. E. Durkheim, *The Elementary Forms of the Religious Life* (New York: Free Press, 1965), 134.　エミル デュルケム著『宗教生活の原初形態（上・下）』（古野清人訳、岩波書店、1975 年）

Planned Lifetime Advocacy Network (PLAN) にもとづく。ウォレン・ニルソンはマギル大学経営大学院の博士号候補生。PLAN についての詳しい情報は、www.plan.ca で入手できる。

13. T. Kuntz, "What Keeps Us Safe: The Care between Citizens" *Abilities* (Winter 2001): 40-41.

**第 4 章　強力な他者**

1. W.B. Yeats, "Remorse for Intemperate Speech," Geldof, *Is That It?* 中の引用。
2. 複雑系の理論では、このような分布は「べき乗則」と呼ばれる。カオスの縁の自己組織系を特徴づける、不規則な、むらのある関係の分布だ。この種の「べき乗則」のよく引き合いに出される例はインターネット。アクセス数の非常に多いインターネットのサイトは、検索エンジンの検索結果の上位に表示されるようになり、そのためますますアクセス数が増える。人気サイトには、平均を大きく上回るアクセスがあるというパターンが現れ、「もてる者」と「もたざる者」が（連続的な階層構造ではなく）はっきりと分かれる。つまり、べき乗則は、漸増ではなく、不連続な激増のパターンが現れるということ、数学的に言えば、「〜のX乗」というパターンが生じることを意味する。

　下図の 1 と 2 は、2 タイプの分布の単純な比較。図 1 は、「正規」分布と呼ばれる釣鐘型の分布だ。この場合、平均値（中央）の状態が発生頻度においても高く、平均値周辺に事例が集中している。平均値から遠くなるほど、事例が少なくなる。たとえば、ある地域のブロックごとの家屋数を表すと図 1 のようになる。4 〜 5 軒の家しかないブロックと平均値より多い 15 〜 16 軒の家があるブロックはどちらも同程度に少数派だが、平均値前後の家屋数のブロックが突出して多く、テールは急激に消失する。大半のブロックの家屋数は 10 軒前後であり、平均値が非常に重要な記述子《デスクリプター》になる。このコミュニティのブロックの平均家屋数は、そのまま地域の家屋密度を記述していると言えるわけだ。同じタイプの分布は人間の身長にも当てはまる。平均身長は人口分布を記述するうえで有効な手段だ。人口の大半は平均身長付近に集中し、ホラー映画や空想文学でもないかぎり、平均の 10 倍も背が高い人や、平均の 10 倍も背が低い人というのは誰も考えないだろう。しかし、図 2 は、平均値付近に事例の集中が見られない、べき乗則分布となっている。ウェブサイトの接続頻度の分布はまったく漸増的ではない。

　べき乗則のパターンは、個々の行為によってつくりだされるのではないが、多数のマイクロレベルの選択の結果として生じる。べき乗則によって特徴づけられるシステムの中には、「ティッピング・ポイント」、すなわち流行などによる突発的な再配置に陥りやすいものもある。たとえば、言葉の偏った使用（ある言葉がほかの言葉より格段に使用頻度が高い）がこれに当たる。べき乗則によって特徴づけられるシステムは、おそらくティッピング・ポイントに対してより抵抗を示すだろうと認識することが重要だ。ある社会秩序を形成・維持するための資源の配分がべき乗則のパターンに入ると、その社会システムは

図 1 ●正規分布

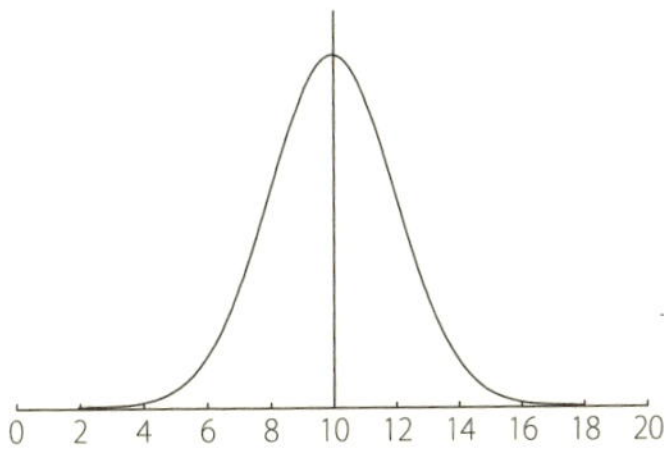


図 2 ●ウェブサイトのべき乗則分布

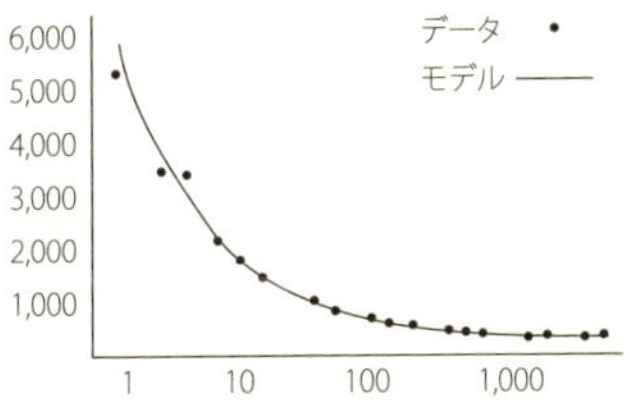

て、ジェニー・ベリエンが書いている。"The Boston Miracle: The Emergence of New Institutional Structures in the Absence of Rational Planning," honours thesis, Harvard College, March 1997.

3. Alexis Gendron と Kathleen Valley は "Reverend Jeffrey Brown"（1 に同じ）の中で、黒人コミュニティとアイルランド系白人警察官、すなわち当時「アイルランドマフィア」と呼ばれていた警察との間の不信は、両者間の見解の相違も一因であったと強調している。
4. ブラウンはモーニングスター事件の詳細について語っている。ダン・ケネディは、*Boston Phoenix* 紙の 1996 年 6 月 11 日の記事 "The Best: Local Heroes" で、事件の詳細と犠牲者の氏名、および事件発生の正確な日付を報じている。
5. 10 ポイント連合（TenPoint Coalition）の詳細については、www.bostontenpoint.org を参照。
6. Geldof, is That It? 271.
7. Robert Frost, "Two Tramps in Mud Time," in *The Complete Poems of Robert Frost* (New York: Holt Rine and Winston, 1967), 359.
8. エドワード・ローレンツの発見は、James Gleick, *Chaos: Making of a New Science* (New York Viking), 1987 など、多くの本で紹介されている。
9. Jonathan Patz et al., "Impact of Regional Climate Change on Human Health," *Nature*, November 17, 2005, 1-8.

**第 3 章　静思の時**

1. グラミン銀行とムハマド・ユヌスの事例については、主に次の二つの書籍にもとづく。David Bornstein, *The Price of a Dream: The Story of the Grameen Bank* (Oxford: Oxford University Press, 1996)、および Muhammad Yunus, *Banker to the Poor: Micro-Lending and the Battle against World Poverty* (New York: Public Affairs, 1999)　ムハマド・ユヌス、アラン・ジョリ著『ムハマド・ユヌス自伝――貧困なき世界をめざす銀行家』（猪熊弘子訳、早川書房、1998 年）。　グラミン銀行についての詳しい情報は、www.grameen-info.org/bank で入手できる。
2. Yunus, *Banker to the Poor*, 34.
3. 同上、48.
4. 同上、63.
5. David Bornstein, *How to Change the World* (New York: Oxford University Press 2004)　デービッド・ボーンスタイン著『世界を変える人たち――社会起業家たちの勇気とアイデアの力』（井上英之監訳、有賀裕子訳、ダイヤモンド社、2007 年）
6. Yunus, *Banker to the Poor*, 35-36.
7. Parker Palmer, *The Active Life* (San Francisco: Jossey-Bass, 1990), 55-56.
8. 同上、55-56.
9. レジリエンスの概念は、Resilience Alliance（レジリエンス連合）におけるホリングらの研究にもとづく。2002 年、彼らは多数の学者を集め、L.H. Gunderson and C.S. Holling (eds), *Panarchy: Understanding Transformations in Human and Natural Systems* (Washington, D.C.: Island Press) でパナーキー・モデルについてまとめた〔パナーキーについては第 7 章で言及〕。
10. Resilience Alliance のウェブサイトに掲載の図から翻案。www.resalliance.org/570.php を参照。
11. Danny Miller, *The Icarus Paradox: How Exceptional Companies Bring about Their Own Demise* (New York: HarperCollins, 1992)　ダニー・ミラー著『イカロス・パラドックス――企業の成功・衰退、及び復活の力学』（イカロス・パラドックス刊行会訳、亀田ブックサービス、2006 年）
12. PLAN の事例は、当シンクタンクの研究助手ウォレン・ニルソンが、フランシス・ウェストリーの指導のもと本プロジェクトのためにおこなった事例研究、Voice and Ground: Social Innovation at the

# 原注

※文献のうち邦訳のあるものには邦題を付記した。ただし本文中の訳文はいずれも独自に訳出している。

## 第1章　暮れ初めの灯り

1. ライブエイドの事例は、ボブ・ゲルドフの自伝、*Is That It?* (London: Penguin, 1986) やライブエイドに関する多数の新聞記事にもとづく。F. Westley, "Bob Geldof and Live Aid: The Affective Side of Global Social Innovation," Human Relations 44, 10 (1991): 1011-1036 も参照。
2. World Bank, *Controlling AIDS: Public Priorities in a Global Epidemic* (New York: Oxford University Press, 1997).
3. ブラジルの事例の詳しい背景情報については、James Begun, Brenda Zimmerman and Kevin Dooley, "Health Care Organizations as Complex Adaptive Systems," S.M. Mick and M. Wyttenbach (eds), *Advances in Health Care Organization Theory* (San Francisco: Jossey-Bass, 2003): 253-288 を参照。
4. P.G. Forest, T. Mckintosh and G. Marchilden (eds), *Health Care Services and the Process of Change* (Toronto: University of Toronto Press, 2004): 5 の S. Glouberman and B. Zimmerman, "Complicated and Complex Systems: What Would Successful Reform of Medicine Look Like" から翻案。
5. 同上、26-53
6. 同上、5
7. エリック・ヤングの未刊行のスピーチ、"Policy Learning and Distributed Governance: Lessons from Canada and the U.K.," June 5, 2003, Canadian High Commission/Demos Conference, London, UK より。
8. リンダ・ランドストロムについての詳細は、www.lindalundstrom.com を参照。
9. ラスティ・プリチャードの事例は、直接インタビューにもとづく。
10. John Perkins, *Let Justice Roll Down* (Regal Books, 1976), and Robert Lupton, *Theirs Is the Kingdom* (New York: Harper and Row, 1989). www.ccda.org も参照。
11. Jonathan Crane, "The Epidemic Theory of Ghettos and Neighborhood Effects on Dropping Out," *American Journal of Sociology* 95, 5 (1989): 1226-1254.
12. Hannah Arendt, *Between Past and Future: Eight Exercises in Political Thought* (New York: Viking, 1968), 4.　ハンナ・アーレント著『過去と未来の間』(斎藤純一、引田隆也訳、みすず書房、1994年)
13. R. Fisher, Bruce Patton and W. Ury, *Getting to Yes: Negotiating Agreement without Giving In* (New York: Penguin, 1983)　ロジャー・フィッシャー、ブルース・パットン、ウィリアム・ユーリー著『ハーバード流交渉術』(金山宣夫、浅井和子訳、阪急コミュニケーションズ、1998年)

## 第2章　「かもしれない」をめざして

1. ジェフリー（ジェフ）・ブラウン師の事例は、2003年3月のマギル大学における同氏プレゼンテーションにもとづき、ナーダ・ファーラが一部をまとめ、また、一部は、Alexis Gendron and Kathleen Valley, 2000, Harvard Business School Case, "Reverend Jeffrey Brown: Cops, Kids and Ministers." にもとづく。
2. ニューヨークやシカゴなどのアメリカの大都市のようにボストンがドラッグやギャング犯罪の巣となりつつあることを認めたくないがために、警察が青少年の暴力問題を無視する姿勢をとった経緯につい

● 著者

## フランシス・ウェストリー

Frances Westley

戦略的変革とビジョナリー・リーダーシップの分野で幅広い著書がある。デュポン・カナダのソーシャルイノベーション・シンクタンクを率いる。マギル大学経営大学院を拠点に活動しており、本書の発想の多くはそこで発展した。

## ブレンダ・ツィンマーマン

Brenda Zimmerman

ヨーク大学シューリック・ビジネススクール教授。組織を複雑系の理論に当てはめた研究・執筆活動に携わっている。

## マイケル・クイン・パットン

Michael Quinn Patton

組織開発コンサルタント。プログラム評価の技術と科学に関する著書多数。

● 訳者

## 東出 顕子

Akiko Higashide

翻訳家。津田塾大学学芸学部国際関係学科卒業。翻訳会社勤務を経てフリーに。訳書にシェリー・カーター＝スコット『ハートフル・ストーリーズ』（ディスカヴァー・トゥエンティワン、2006年）、ロレッタ・シュワルツ・ノーベル『アメリカの毒を食らう人たち』（東洋経済新報社、2008年）など。

● 英治出版からのお知らせ

本書に関するご意見・ご感想を E-mail（editor@eijipress.co.jp）で受け付けています。また、英治出版ではメールマガジン、ブログ、ツイッターなどで新刊情報やイベント情報を配信しております。ぜひ一度、アクセスしてみて下さい。

メールマガジン ：会員登録はホームページにて
ブログ ：www.eijipress.co.jp/blog/
ツイッター ID ：@eijipress
フェイスブック ：www.facebook.com/eijipress
Web メディア ：eijionline.com

# 誰が世界を変えるのか

## ソーシャルイノベーションはここから始まる

発行日 2008 年 8 月 25 日 第 1 版 第 1 刷
2020 年 3 月 25 日 第 1 版 第 3 刷
著者 フランシス・ウェストリー、ブレンダ・ツィンマーマン、
マイケル・クイン・パットン
訳者 東出顕子（ひがしで・あきこ）
発行人 原田英治
発行 英治出版株式会社
〒 150-0022 東京都渋谷区恵比寿南 1-9-12 ピトレスクビル 4F
電話 03-5773-0193 FAX 03-5773-0194
http://www.eijipress.co.jp/
プロデューサー 高野達成
スタッフ 藤竹賢一郎 山下智也 鈴木美穂 下田理 田中三枝
安村侑希子 平野貴裕 上村悠也 桑江リリー 石﨑優木
山本有子 渡邉吏佐子 中西さおり 関紀子 片山実咲
印刷・製本 シナノ書籍印刷株式会社
装丁 英治出版デザイン室


ISBN978-4-86276-036-4 C0030 Printed in Japan